Liebesbriefe großer Männer

Liebesbriefe großer Männer

ewig Dein,
ewig mein,
ewig uns

Herausgegeben von
Sabine Anders und Katharina Maier

marixverlag

Bibliografische Information der Deutschen Nationalbibliothek
Die Deutsche Nationalbibliothek verzeichnet diese Publikation in der Deutschen Nationalbibliografie; detaillierte bibliografische Daten sind im Internet über
http://dnb.d-nb.de abrufbar.

11. Auflage 2012

Alle Briefe wurden behutsam an die neue Rechtschreibung angepasst.
Covergestaltung und Titelbild: Nele Schütz Design, München
Satz und Bearbeitung: Medienservice Feiß, Burgwitz
Gesetzt in der Adobe Garamond Pro
Gesamtherstellung:
Bercker Graphischer Betrieb GmbH & Co.KG, Kevelaer
Printed in Germany

ISBN: 978-3-86539-187-2

www.marixverlag.de

Inhalt

Plinius der Jüngere

(um 61-115)

an seine Frau Calpurnia*

Plinius der Jüngere gilt als Begründer der literarischen Gattung des zur Veröffentlichung gedachten Briefes. Über seine ersten beiden Ehefrauen weiß man nichts. An seine dritte Ehefrau Calpurnia, die sehr jung war, sind drei Briefe des römischen Senators erhalten. Die Ehe blieb kinderlos, Calpurnia erlitt eine Fehlgeburt.

Epistula 6,4: Gaius Plinius grüsst seine Calpurnia

Niemals habe ich mehr über meine Geschäfte geklagt, die mir nicht erlaubt haben, Dir zu folgen, als Du wegen Deiner Gesundheit nach Campanien aufbrachst, noch Dir nach Deinem Weggang unverzüglich nachzureisen. Denn jetzt wünsche ich besonders, mit Dir zusammen zu sein, um mich mit eigenen Augen davon zu überzeugen, ob Du Dich körperlich erholt hast und ob Du letzten Endes die Freuden der Abgeschiedenheit und den Reichtum der Gegend unbeschadet überstehst. Allerdings würde ich mich selbst dann um Dich sorgen, wenn Du kräftiger wärest; denn es erfüllt einen mit Ungewissheit und Sorge, zeitweise nichts über denjenigen zu wissen, den man am innigsten liebt. Im Augenblick jedoch leide ich sowohl unter dem Gedanken an Deine Abwesenheit als auch unter dem an Deine schwache Konstitution; beides quält mich mit den verschiedensten Sorgen und Ungewissheiten. Ich befürchte alles Mögliche, ich bilde mir alles Mögliche ein, wie es natürlich ist, wenn man sich sorgt, und was in mir die größten Befürchtungen auslöst, ist meiner Einbildungskraft am nächsten. Umso mehr bitte ich Dich, mir ein oder zwei Briefe am Tag zu schreiben, um meine Furcht zu lindern. Denn solange ich sie lese, bin ich beruhigt,

* Übersetzung aus dem Lateinischen von Sabine Anders

und meine Angst setzt sofort wieder ein, wenn ich mit dem Lesen fertig bin. Lebe wohl.

Epistula 6,7: Gaius Plinius grüsst seine Calpurnia

Du schreibst, dass Dir meine Abwesenheit sehr zu schaffen macht, und dass Dein einziger Trost darin besteht, an Stelle von mir meine Briefe zu bekommen und sie vor Dir zu haben. Es freut mich, dass Du nach mir fragst, und es ist bezaubernd, dass Du Dir mit Hilfe meiner Briefe Linderung verschaffst. Ich wiederum lese Deine Briefe mit dem größten Eifer und nehme sie wieder und wieder zur Hand, als wären sie neu. Umso mehr stehe ich jedoch vor Sehnsucht nach Dir in Flammen. Denn wenn die Briefe schon so viel Liebenswürdigkeit ausstrahlen, wie viel dann erst ihre süße Verfasserin beim Sprechen! Schreibe mir trotz allem so oft wie möglich, auch wenn es mir gleichermaßen Freude wie Leid bereitet. Lebe wohl.

Epistula 7,5: Gaius Plinius grüsst seine Calpurnia

Es ist unglaublich, wie sehr ich mich nach Dir sehne. Vor allem ist die Liebe daran schuld, denn schließlich können wir uns nicht daran gewöhnen, ohne den Geliebten zu sein. Das ist der Grund dafür, dass ich einen Großteil der Nächte mit Deinem Bild vor Augen wach liege, daher kommt es, dass mich meine Füße ohne mein Zutun untertags – zu der Zeit, in der ich früher immer mit Dir zusammen war – im wahrsten Sinne des Wortes zu Deinem Zimmer führen, und dass ich dann traurig und betrübt wie ein Ausgesperrter von dem leeren Haus zurückkehre. Diese Qual lässt nur dann nach, wenn ich mich auf dem Forum in Gerichtsreden für Freunde verausgaben kann. Beurteile Du, wie mein Leben aussieht, wenn ich Ruhe nur noch in der Arbeit und Trost nur noch in Sorge und Kummer finde. Lebe wohl.

Pietro Bembo

(1470-1547)

an Lucrezia Borgia

Pietro Bembo war ein italienischer Humanist und Kardinal. Er soll mit Lucrezia Borgia, der Tochter von Rodrigo Borgia, dem späteren Papst Alexander VI., ein Verhältnis gehabt haben. Er widmete ihr eines seiner bedeutendsten Werke, Gli Asolani, *einen philosophischen Dialog über die platonische Liebe.*

Venedig, 10. Februar 1505

Solange ich lebe, erinnere ich mich nicht, je einen Brief erhalten zu haben, der mir so süß gewesen wäre, wie der, den Eure Herrlichkeit mir bei meiner Abreise übergab und in dem Ihr mir den deutlichsten Beweis liefertet, dass ich in Eurer Huld stehe. Wenn ich auch dafür schon früher einige Anzeichen gehabt habe, so hat mir doch diese Gewissheit von Eurer Hand unendliche Genugtuung und Beruhigung gewährt. Ich sage Euch daher allen Dank, den ich Euch für ein so köstliches Geschenk schulde – habe ich doch auf der Welt nichts anderes als Euch. In Erwiderung auf die Stelle, in der Ihr sagt, ich hätte wohl daran getan, Euren Kummer durch meinen Brief zu lindern, und dass Ihr schon längst darauf gewartet hättet, versichere ich Euch, dass ich Euch das erste Mal, das ich Euch sah, so fest in mein Herz geschlossen habe, dass Ihr in keinerlei Weise wieder herauskönnt. Und wenn ich lange Zeit Euch gegenüber geschwiegen habe, so ist dies aus dem Grunde geschehen, weil mein verwünschtes Missgeschick, das sich all meinen weiterreichenden Wünschen auf das Heftigste entgegenstemmt, es gewollt hat, dass mein einziges Sinnen und Trachten darauf stand, wie ich die Glut in meinem verwundeten und entflammten Herzen stillen könnte. Obgleich nun dieses selbe Missgeschick mir jetzt mehr als je hindernd in den Weg tritt, so schreckt es mich dennoch nicht ab und wird mich niemals abschrecken,

Euch trotzdem zu lieben, Euch für meine und meines Lebens einzige und teure Herrin zu halten und Euch mit all jener lauteren und von Herzen kommenden Treue zu dienen, mit der ein aufrichtig und unwandelbar Liebender der Dame, die er über alles auf Erden liebt und verehrt, dienen kann. Ich bitte Euch inständig, ändert Eure Gesinnung betreffs dieser Liebe nicht, wenn sich auch, wie Ihr seht, vieles unseren Wünschen hindernd in den Weg stellt, sondern seid umso mehr darauf bedacht, Eure Liebe zu höherer Glut anzufachen, je mehr Ihr die Schwierigkeiten Eures Unternehmens erkennt, und bedenkt, dass jedermann zu lieben versteht, wo alles leicht und günstig und glatt vonstattengeht, wo sich aber tausend Schwierigkeiten und Hemmnisse, tausend Wachen, tausend Barrikaden, tausend Mauern entgegenstellen, da vermag nicht jedermann zu lieben oder will es nicht, wenn er es auch vermag, oder besitzt keine Ausdauer, wenn er es auch will. Daher ist es auch etwas sehr Seltenes, und weil es sehr selten ist, ist es auch etwas sehr Schönes, Hochherziges, Rühmenswertes und ein klarer Beweis sowie ein deutliches Anzeichen einer edlen, erhabenen Gesinnung. Denn, wie sehr ich auch eine ruhige Entwicklung unserer Liebe Schwierigkeiten vorziehe, so höre ich doch nicht auf, mich an der Kühnheit des Gedankens zu weiden, dass ich Euch allen Schicksalsgewalten zum Trotz liebe, und dass es nichts gibt, was mir diese Liebe aus dem Herzen reißen kann. Ich stelle mir vor, dass, wenn auch Ihr Euch durch nichts bewegen lasst, mir Eure Liebe zu entziehen, endlich doch der Tag kommen muss, an dem das Schicksal von uns besiegt und überwunden wird, wenn wir nur den Mut nicht sinken lassen. Dann wird uns die Erinnerung an unsere Festigkeit und Beständigkeit lieb und wert sein, und wir werden uns bei dieser Erinnerung glücklich fühlen, da der Triumph umso größer und erhebender ist, je schwerer und mühsamer der Sieg zu erringen war. Da Ihr mir versichert, Ihr wünschtet das Leben „nur, um es mir zu widmen", so erkläre ich Euch, dass ich fortan nicht nur ebenfalls mein Leben einzig zu dem Zwecke verwenden will, Euch zu dienen, und nach nichts anderem trachten, auf nichts anderes sinnen, sondern dass ich mich auch keinen Augenblick bedenken will, es Euch zuliebe aufs Spiel zu setzen und hinzuopfern. Da man doch auf alle Fälle sterben muss und zehn bis zwanzig Jahre mehr oder weniger keinen Unterschied ausmachen, so wäre es mir viel erwünschter, wenn ich doch einmal diese Welt verlassen muss, dass dies jetzt und in Eurem Dienste geschähe, als dass ich, Eurer Huld beraubt, noch lange zu leben hätte. Da Ihr wisst, dass ich mich glücklich schätze, wenn ich Euch etwas zuliebe tun kann, so bitte ich Euch, Ihr möchtet ganz ohne Rücksicht auf mein Leben über mich verfügen. Vor allem aber bitte ich Euch, darauf achtzuhaben, dass niemand Eure Gedanken erfahren oder erraten kann, damit uns die Wege, die zu unserer Liebe führen, nicht noch mehr versperrt und verlegt werden, als es jetzt schon der Fall ist. Traut niemandem, es sei auch, wer es wolle, bis ich zu Euch komme, was bestimmt zu Ostern geschehen wird, wenn ich dann noch am Leben bin. Der Überbringer dieser Zeilen, der mir auf das Treueste ergeben ist, wird auf dem Rückweg von Verona wieder bei Euch vorsprechen, um sich zu erkundigen, ob Ihr mir keine Befehle zu erteilen habt. Habt die Gewogenheit, in der Zwischenzeit eine Antwort für mich fertigzumachen und sie ihm in der größten Heimlichkeit auszuhändigen; dann wird sie mir auf das Sicherste überbracht werden. Da wir uns ferner nicht mündlich unterhalten können, so bitte ich Euch, damit zufrieden sein zu wollen, dass Ihr brieflich mit mir nach Herzenslust plaudern könnt, und mir zu berichten, in welcher Weise Ihr lebt, welches Eure Gedanken sind, wer Euer Vertrauter ist, was Euch quält und was Euch tröstet. Achtet wohl darauf, dass Euch niemand schreiben sieht; denn ich weiß, dass man Euch bewacht. Ich werde also, wie erwähnt, zu Ostern kommen und auf einen Monat oder etwas länger nach Rom gehen.

Nunmehr küsse ich Eure allersüßeste Hand, von der mein Herz zusammengepresst wird, und außerdem küsse ich, wenn Ihr mir die Erlaubnis dazu gebt, eins von Euren holden, strahlenden und süßen Augen, die mein ganzes Herz verzaubert haben und die hauptsächlichste und schönste, wenn auch nicht die einzigste Ursache meiner Liebesglut sind. Erinnert Euch bisweilen daran, dass ich an nichts anderes denke, nichts anderes vor Augen habe, nichts anderes verehre als Euch, und dass ich keine Schicksalsschläge, kein Unglück, das mich treffen könnte, fürchte, wenn ich weiß, ich gehöre Euch in treuem Gedenken und in Liebe an, dass ich keine andere Seligkeit in diesem Leben kenne als Eure Zuneigung, die der sicherste Hafen und Ruheplatz für mein umhergeworfenes Lebensschifflein ist. Habt die Gewogenheit, das beifolgende Agnus Dei, das ich eine Zeitlang auf meiner Brust getragen habe, zuweilen des Nachts aus Liebe zu mir zu tragen, wenn Ihr es am Tage nicht tragen könnt, damit die teure Wohnstatt Eures herrlichen Herzens, die ich ein einziges Mal küssen möchte, und sei es um den Preis meines Lebens, wenigstens von dem Amulett, das lange Zeit auf der Wohnstatt des meinen geruht hat, berührt wird.

Martin Luther

(1483-1546)

an seine Frau Katharina (Herr Käthe)

Der Reformator Martin Luther verhalf Katharina von Bora auf ihre Bitte hin mit einigen anderen Nonnen zur Flucht aus dem Kloster. Er brachte die Frauen in Wittenberg unter und vermittelte ihnen Ehemänner oder Anstellungen. Katharina heiratete er schließlich selbst, nachdem zwei Versuche, sie mit anderen zu vermählen, gescheitert waren.

Dessau, 24. Juli 1534

Lieber Herr Käthe!
Gestern hatte ich einen bösen Trunk gefasset, da musst ich singen. Trink ich nicht wohl, das ist mir leid, und tät's so recht gerne, und gedacht, wie gut Wein und Bier hab ich daheime, dazu eine schöne Frauen oder (soll ich sagen) Herren. Und du tätest wohl, dass Du mir herüberschicketest den ganzen Keller voll meins Weins und ein Pfloschen Deines Bieres, so erst

Du kannst. Sunst komme ich für dem neuen Bier nicht wieder. Hiermit Gott befohlen, samt unsre Jungern und allem Gesind. Amen.

Dein Liebchen
Martin Luther

Weimar, 2. Juli 1540

Gnädige und freundliche liebe Jungfrau Käthe, Gnädige Frau von Zülsdorf (und wie Euer Gnaden mehr heißt), ich füge Euch und Euer Gnaden untertäniglich zu wissen, dass mir's hier wohl gehet; ich fresse wie ein Böhme und saufe wie ein Deutscher, das sei Gott gedankt. […] Ich habe der Kinder Briefe gekriegt, aber von Euer Gnaden hab ich nichts kriegt. Werdet jetzt auf die vierte Schrift, ob Gott will, einmal antworten, mit Eurer gnädigen Hand. […]

Seid fröhlich alle und betet. Amen!

Martinus Luther

Dein Herzliebchen

Voltaire (François-Marie Arouet)

(1694-1778)

an Marie-Louise Denis*

François-Marie Arouet alias Voltaire wird so manch abenteuerliche Frauengeschichte nachgesagt. Schon als 19-jähriger Sekretär in Den Haag hätte der spätere große Aufklärer beinahe eine 17-jährige Hugenottin entführt, die eine satirische Zeitschrift herausgab. Voltaire hat nie geheiratet; eine seiner Geliebten war Marie-Louise Denis,

* Übersetzung aus dem Französischen von Katharina Maier (mit Ausnahme des Briefes vom 27. Dezember 1745)

seine Nichte, mit der er seinen Lebensabend verbrachte und die er in seinem Testament als Universalerbin einsetzte. Marie-Louises erster Mann war nach nur vier Jahren Ehe gestorben. Nach Voltaires Tod heiratete sie im Alter von 68 Jahren noch einmal.

Montag, 27. Dezember 1745

Sie haben mir einen beglückenden Brief geschrieben, den ich an mein Herz gedrückt habe; ich bin gar nicht überrascht, dass Sie so gut Italienisch schreiben. Es ziemt sich für Sie, die Sprache der Liebe zu beherrschen. Bei Gott, ich kann Ihnen keinen Glauben schenken, wenn Sie mir sagen, dass Sie keinen Liebhaber hätten. Wie kann das möglich sein? Wie können Sie so viel Anmut einfach brachliegen lassen? Sie – und keine sinnliche Liebe? Ach, meine Allerliebste, Sie beleidigen Ihren Gott. Sie sagen mir, dass mein Brief brennende sinnliche Begierde in Ihnen geweckt hat, auch ich brenne vor Begierde. Ihre Worte haben mein Herz höher schlagen lassen und meine Leidenschaft entflammt. Ihrem Brief habe ich den Tribut entrichtet, den ich Ihrer Person hätte spenden wollen. Die Begierde verflüchtigt sich jedoch bald, aber die Freundschaft, die uns verbindet, das gegenseitige Vertrauen, die Freude des Herzens, die Begierde der Seele schwinden nicht so schnell dahin. Ich werde Sie bis zu meinem Tod lieben. Hier in meinem Zimmer werden Sie die vier Karten für die Aufführung von *Armida* vorfinden. Ich werde sie Ihnen zu Füßen legen und anschließend mit meiner lieben Denis von Paris nach Versailles fahren. Leben Sie wohl, ich umarme Sie tausendmal.

Diesen Mittwoch, Abends

Mein liebes Kind, Ihr Brief tröstet mich sehr über das Unglück hinweg, das es für mich bedeutet, hier in Versailles zu sein, über all die Mühen, die ich hier auf mich nehmen muss, damit mir auch nur die bescheidensten Bitten gewährt werden und um die Bosheiten abzuwehren, die man hier stets bereit ist, einander zuzufügen. Ich werde noch ganz blöd davon und bin sehr unglücklich, dass ich nicht zusammen mit Ihnen in Ruhe und Frieden leben kann, irgendwo weit weg von Königen, Höflin-

gen und Armleuchtern. Diese Gedanken stürzen mich in Verzweiflung. Es treibt mir die Röte ins Gesicht, dass ich ein so großer Philosoph in der Theorie sein kann und ein so armseliges menschliches Exemplar in der Praxis. Nur jene finden Glück und einen Sinn im Leben, die selbiges mit ihren Freunden verbringen. Ich hoffe darauf, bald zurückzukehren; Ihre Gegenwart vertreibt all meinen Kummer und meine Sorgen. Aber welch ein Schicksal ist dies, fortwährend voneinander getrennt zu sein! Sich nach einander zu sehnen, ohne sich sehen zu können! Ach, ich bin es leid, nicht mit Ihnen im selben Haus zu weilen! Es scheint mir, dass Sie mir Seelenfrieden bringen.
Leben Sie wohl, mein liebes Kind. Lieben Sie den Wütenden von Versailles ein wenig!

[1746]

Ach, großer Gott, mein liebes Kind, wer sind die Übeltäter, die Ihnen erzählt haben, ich hätte mit Mme Le Dosseur zu Abend gegessen? Ich habe ganz sicherlich mit überhaupt niemandem zu Abend gegessen, seit ich mit Ihnen zu Abend gegessen habe! Kommen Sie morgen doch zur Generalprobe, wenn Sie können, zusammen mit Mme Desfontaines, falls Sie kann. [...]
Doch das sind schöne Bagatellen. Ich liebe Sie von ganzem Herzen. Das ist Ernst. Man wollte mich begraben, aber ich bin ihnen entschlüpft.

Einen Guten Abend,
V.

Mein liebes Kind, da gibt es tausend Dinge, die ich Ihnen sagen muss. Falls Sie bei sich zu Hause dinieren, werde ich zwischen 3 und 4 Uhr vorbeikommen, um Sie nach ihrem Diner zu sehen. Erwarten Sie den allerbesten ihrer Freunde.

V.

Freitag
[März 1749]

Mia cara, ich habe größere Lust, Sie zu küssen, als Sie keine haben, einen Rückfall zu erleiden. Ich diniere nicht mehr, ich habe um Ihretwillen meine Essgewohntheiten völlig auf den Kopf gestellt, bis Sie sich endlich dazu herablassen, mit mir zu Abend zu essen. Geben Sie um meinetwillen Mme du Bocage einen Korb, sie liebt Sie nicht so wie ich.

Johann Joachim Winckelmann

(1717-1768)

an Friedrich Reinhold von Berg

Der Archäologe Johann Joachim Winckelmann beschäftigte sich Zeit seines Lebens mit griechischer Kunstgeschichte, und seine Schriften wurden maßgebend für die Rezeption der antiken Kunst im 19. Jahrhundert. Er hatte Beziehungen zu mehreren jungen Männern, von denen er in Briefen an Gleichgesinnte offen erzählte, und behauptete sogar, dass der Sinn für männliche Schönheit und für Kunst untrennbar seien. 1768 wurde er aus ungeklärten Gründen in einem Hotel in Triest erstochen; möglicherweise hatte er seinem Mörder, dem Koch des Hotels, Avancen gemacht. Der Täter wurde durch Rädern hingerichtet.

Rom
den 9. Jun. 1762

Edler Freund!

So wie eine zärtliche Mutter untröstlich weinet um ein geliebtes Kind, welches ihr ein gewalttätiger Prinz entreißt und zum gegenwärtigen Tod ins Schlachtfeld stellet; eben so bejammere ich die Trennung von Ihnen, mein süßer Freund, mit Tränen, die aus der Seele selbst fließen. Ein unbegreiflicher Zug zu Ihnen, den nicht Gestalt und Gewächs allein erwecket, ließ mich von dem ersten Augenblicke an, da ich Sie sahe, eine Spur von derjenigen Harmonie fühlen, die über menschliche Begriffe gehet, und von der ewigen Verbindung der Dinge angestimmet wird. In 40 Jahren meines Lebens ist dieses der zweite Fall, in welchem ich mich befunden, und es wird vermutlich der letzte sein. Mein werter Freund, eine gleich starke Neigung kann kein Mensch in der Welt gegen Sie tragen: Denn eine völlige Übereinstimmung der Seelen ist nur allein zwischen zweien möglich; alle anderen Neigungen sind nur Absenker aus diesem edlen Stamme. Aber dieser göttliche Trieb ist den mehresten Menschen unbekannt, und wird daher von vielen übelverstanden gedeutet. Die Liebe in dem höchsten Grad ihrer Stärke muss sich nach allen möglichen Fähigkeiten äußern:

I thee both as Man and Woman prize
For a perfect love implies
Love in all capacities. – Cowley.

Und diese ist der Grund, worauf die unsterblichen Freundschaften der alten Welt, eines Theseus und Pirithous, eines Achilles und Patroclus gebaut sind. Freundschaft ohne Liebe ist nur Bekanntschaft. Jene aber ist heroisch und über alles erhaben; sie erniedrigt den willigen Freund bis in den Staub und treibt ihn bis zum Tod. Alle Tugenden sind teils durch andere Neigungen geschwächet, teils eines falschen Scheines fähig; eine solche Freundschaft, die bis an die äußersten Linien der Menschlichkeit gehet, bricht mit Gewalt hervor, und ist die höchste Tugend, die jetzt unter den Menschenkindern unbekannt ist, und also auch das höchste Gut, welches in dem Besitze derselben besteht. Die christliche Moral lehret dieselbe nicht; aber die Heiden beteten dieselbe an, und die größte Taten des Altertums sind durch dieselbe vollbracht.
Ein einziger Monat Ihres verlängerten Aufenthalts in Rom und mehr Muse, mit Ihnen, mein Freund, besonders zu sprechen, würden diese Freundschaft auf unbeweglichen Grund gesetzt haben, und alle meine Zeit wäre Ihnen gewidmet gewesen. Dem ungeachtet hätte ich mich in starken und schriftlich un-

aussprechlichen Worten erklären müssen, wenn ich nicht gemerket, dass ich Ihnen in einer ungewöhnlichen Sprache reden würde. Sie können also glauben, dass ich nicht bezahlt sein wolle; Ihre gütige Meinung aber behält, ohne dieselbe stattfinden zu lassen, allen ihren Wert, und ich küsse Ihnen die Hände, wie für einen großen Schatz, welchen Sie mir hätten schenken wollen. Der Genius unserer Freundschaft wird Ihnen von ferne folgen bis Paris und Sie dort in dem Sitze der törichten Lüste verlassen; hier aber wird Ihr Bild mein Heiliger sein.
Dem teuern Herrn Grafen von Münnich, welcher aller Menschen Achtung und Liebe erwecket und verdienet, werden Sie mich bestens empfehlen. Meine Wünsche folgen demselben nach auf der großen Bahn der Ehre, die er offen sieht; einst ein großer tugendhafter Mann zu sein, von dessen Bekanntschaft ich in meinem Alter mit Ruhm sprechen kann.
Sie mein Edler, Geliebter, küsse ich mit Herz und Geist, und ersterbe Ihr

untertäniger Diener und eigener
und ewiger Freund
Johann Winckelmann

Friedrich Gottlieb Klopstock

(1724-1803)

an Maria-Sophia Schmidt (Fanny) und Margaretha Moller (Clärchen)

Die unglückliche Liebe des jungen Klopstock zu seiner Cousine Maria-Sophia Schmidt inspirierte ihn zu seinen frühen Oden, in denen sie als „Fanny“ verewigt wurde. Knapp zehn Jahre später heiratete der Dichter Margaretha (Meta) Moller, die nur vier Jahre später im Kindbett starb und von Klopstock in seinen Elegien besungen wurde. In seinen Briefen nannte er sie oft „Clärchen“. Im hohen Alter heiratete er ihre Nichte.

an Maria-Sophia Schmidt

Zürich, den 10. September 1750

Aber, gütige Vorsehung, darf ich dich auch um das Größte bitten, was ich in dieser und jener Welt bitten kann, darf ich dich bitten, dass Fanny meine Fanny werde? O angebetete Vorsehung, darf ich dich um dieses himmlische Geschenk angehen? Ich kann Ihnen, allerliebste Schmidtin, weiter nichts mehr sagen. Denken Sie an meine vielen Tränen, an meine bangen Schmerzen der Liebe, die schon Jahre gedauert haben und die ewig dauern werden, wenn Sie nicht aufhören wollen, hart gegen mein blutendes Herz zu sein. Ich bin Ihr

Klopstock

an Margaretha Moller / Klopstock

Ich bin jetzt früh aufgestanden, um gleich ein bisschen an mein Clärchen zu schreiben. Du hast doch meinen Brief nun schon bekommen? O wenn ich es auch schon durch Dich wüsste! Und dann vorzüglich, wie Dir die Landluft bekommen ist. Du weißt es, und Du musst es immer mehr fühlen, dass mein Leben an Deinem Leben hängt; daher bitte ich Dich um Deiner und meiner Liebe willen, sorge ja für Dein Leben, wie eine Mutter für ihr erstes einziges Kind sorgt, für einen ersten Sohn, den sie unaussprechlich liebt. Versprich mir's, dass Du das tun willst, Clärchen! Dass Du eine so süße Mutter sein willst (ach, die wirst Du auch bald denn im eigentlichsten Verstande sein). Versprich mir das; so verspreche ich Dir, dass wir einst spät wie Daphnis und Daphne sterben wollen. Nun tritt her, Clärchen: Mache Deine süße kleine Miene, und lächle mit allen Deinen unschuldigen Weiblichkeiten, und versprich:

„Ich, Clärchen Klopstock, bekenne und bescheinige mit diesen zwei Augen, die mein Klopstock sehen muss, wenn sie ihn ansehen, dass ich allen Liebesgöttern befehlen will, dass sie alle kleinen Sorgfältigkeiten für mein Leben (denn von den größeren habe ich nichts zu versprechen!), dass sie hinlaufen und diese alle aufwecken sollen, wenn sie auch auf Rosen schliefen. Das verspreche ich und will es so heilig halten, als wenn ich schon Mutter von unserem ersten Sohne wäre."

(Hier ist Raum zu Deinem Namen.)

Ich bin seit meinem gestrigen Briefe, bis des Abends bei Gärtner gewesen. Du fehltest mir kaum: So viel habe ich von Dir gesprochen und an Dich gedacht. Mit Ebert viel, und das verdiente seine Entzückung über unsere Liebe. H ... ist sehr liebenswürdig. Überhaupt könnt ihr euch's nur merken, ihr Mädchen, ihr seid dann am liebenswürdigsten, wenn ihr liebt und es sagt, dass ihr es tut.

Wo bist Du denn jetzt, Clärchen? Vielleicht auf dem Garten; und gewiss allein. Denn so liest Du doch meine Briefe. Wenn Du auf dem Garten bist, so setze Dich wo unter die Blumen, und denke, dass Du Clärchen Klopstock bist. Denke diesen Gedanken, bis an jene seligen Hügel hinauf, wo ich nicht mehr Klopstock und Du nicht mehr Clärchen Klopstock heißen wirst, und wo die nun schon Vorangegangenen um unsere Liebe herum sein werden. –

Nun kann ich nichts weiter schreiben, das fühlst Du wohl, – und dazu kömmt in dem Augenblick Giseke. Er grüßt Dich mit seiner ganzen Freundschaft, und ich, meine beste einzige Clärchen, womit denn ich? Mit meinem und Deinem ganzen Herzen. (Das war ein sehr närrischer Einfall!) Doch Dein Herz ist ja auch mein Herz, und also kann ich ja wohl damit machen, was ich will. Nun lebe wohl, mein Clärchen.

Braunschweig, den 19. Juni 1752.

Dein Klopstock.

Meta an Klopstock

Nun bist Du fort! – Mein Klopstock! – Ach! – – O, ich kann nichts schreiben. Ich bin noch zu beklommen. Vor einem Augenblick saßest Du hier noch bei mir. Ach, mein Klopstock! – Ich kann noch nicht zum Weinen kommen; ich weiß nicht, wie das ist. Ich bin sehr, sehr beklommen. Aber unserm Gott, wie Du sagtest, unserm Gott empfehle ich Dich auch. O ja, Deine Reise ist gewiss glücklich. Sei meinetwegen nur nicht besorgt. Ich will mich schon aufrichten. Du liebst mich ja – ich liebe Dich. – – – und ich sehe Dich bald wieder … Lebe wohl. Ich will mich ankleiden und aufs Land fahren, mein Klopstock! – –

Hamburg, den 15. Juli 1752.

Moller.

Klopstock an sein „Clärchen"

Ich habe nur einige wenige Augenblicke Zeit, Dir zu schreiben, aber ich muss doch schreiben. Gleim und Ramler sind bei mir! Wir wollen gleich essen und kommen eben aus Cramers Predigt … Ach, meine Beste, wenn Du sie nur alle um mich herum fragen könntest, wie ich Dich liebe! Das würde zwar nur sehr wenig sein, was Du erführest; denn wie können sie es wissen? Dennoch würde Dir es süß sein, es so mit anzuhören, wie sie mich aus meiner Entzückung aufwecken! Wie ich dann gern viel viel von Dir sagen mögte und doch nicht herausbringe, das einen andern Inhalt hätte, als: Lasst mich nur gehen! Es ist ein einziges Mädchen. Ich mag gar nichts mehr von ihr sagen. Und ach, wie sehr fühl ich dann wieder, dass ich nicht bei Dir bin. Hier, hier, Clärchen! Hier zittert mein Herz nach Dir. – Doch kein Wort mehr, kein Wort mehr davon. Ich will mir's in meinem Leben nicht mehr unterstehen, die Unaussprechlichkeiten der Umarmung aufschreiben zu wollen … Und doch, Clärchen, und doch (Du verzeihest mir's gewiss, Du Beste!) habe ich gestern den Bitten meiner Eltern, meiner Geschwister, und Gleims und Cramers und Ramlers, endlich nachgeben, und mich entschließen müssen, erst künftigen Donnerstag zu verreisen. Drei Tage war es schon beschlossen, drei Tage hatte ich alle Unruhe der Freundschaft schon ausgehalten, und es war fest, dass ich morgen gewiss reisen wollte. Aber dafür hab ich's allen auch als eine recht große Tat angerechnet. Und das ist es auch! Eine Tat,

die Du beides belohnen und bestrafen musst, Clärchen. Oder willst Du Dich etwa unter der Belohnung erbitten lassen, die Strafe zu vergessen? Ja, ja, das tust gewiss, Du Kleine!
Du bist ja meine süße, süße ewig geliebte Clärchen Klopstock, und ich bin Dein Dein Klopstock.
Wie Dich alle grüßten und küssen wollten, das verstehst Du ohne dies. Ich schreibe auf den Mittewoch wieder. – Ach, lass mich ja recht viel Briefe von Dir in Braunschweig finden. Meine Grüße, Meta, so ein ungetreues Mäulchen wie ich ihr manchmal gebe, wenn ich Dir eben recht sehr ungetreu bin, und Metas Mutter einen Kuss auf die Hand. Denn mehr erlaubt sie ja auch Dir kaum.

Quedlinburg den 13. August 1752.

Meta an Klopstock, kurz vor ihrem Tod im Kindbett

Ich weiß wohl, dass alle Stunden nicht gleich sind, und vor allem die letzten. Denn der Tod einer Wöchnerin ist nichts weniger als ein leichter Tod. Doch lass die letzten Stunden keinen Eindruck auf Dich machen. Du weißt zu sehr, wie viel der Körper da auf die Seele wirkt. – Nun, Gott mag mir geben, was er will; ich bin immer glücklich, ein ferneres Leben mit Dir – oder ein Leben mit Ihm! Aber wirst Du mich auch so leicht verlassen können als ich Dich? Da Du in dieser Welt bleibst und in einer Welt ohne mich? Du weißt, ich habe immer gewünscht, die Nachbleibende zu sein, weil ich wohl weiß, dass das das Schwerste ist …

Hamburg, September 1758.

Grigori Potjomkin

(1739-1791)

an Katharina die Grosse

Grigori Potjomkin, im Deutschen besser bekannt als Potemkin, ist der wohl berühmteste der zahlreichen Liebhaber der russischen Zarin. Der Sohn eines Majors wurde schon zu Beginn ihrer Regierungszeit von Katharina der Großen zum Kammerjunker ernannt, wenig später zum Grafen und zu ihrem Generaladjutanten. Er hatte großen Einfluss auf ihre Politik und wurde von ihr als Ratgeber geschätzt. Das Liebesverhältnis der beiden blieb bis zu seinem Tod bestehen. Angeblich hielt er, als er starb, einen ihrer Briefe an seine Brust gedrückt.

Brief an Katharina die Grosse mit Marginalien der Kaiserin

Potjomkin	Katharina
Gestatte, Teuerste, Dir jetzt zu sagen, wie unser Streit vermutlich enden wird.	*Je eher, je besser.*
Wunder Dich nicht, wenn ich um unsere Liebe besorgt bin.	
Du, neben all den Wohltaten,	*Sei unbesorgt.*
mit denen Du mich überschüttest, hast Du mich überdies in Dein Herz geschlossen.	*Eine Hand wäscht die andere.*
Ich will allein darin wohnen und	*Stark und fest.*
über all meinen Vorgängern stehen, weil Dich niemand so liebt, wie ich Dich liebe.	*Das tust Du und wirst es tun. Ich sehe es und glaube es.*
Und da ich das Werk deiner Hände bin, so möchte ich Dir auch	*Darüber freue ich mich in meiner Seele.*

meine Ruhe verdanken, so ersehne ich, dass Du froh bist, weil Du mir Gutes erweist, dass Du Dich bestrebst, mich glücklich zu machen und dass Du darin Entspannung von den ernsten Pflichten findest, die Deine erhabene Stellung Dir auferlegt.

Amen

Das kommt von selbst.
Gestatte den Gedanken, sich zu beruhigen, und den Gefühlen, ihre Freiheit wiederzuerlangen; sie sind zärtlich und werden schon von selbst den rechten Weg finden.
Schluss mit dem Streit.

Amen

Johann Wolfgang von Goethe

(1749-1832)

an Friederike Brion, Charlotte von Stein, Christiane Vulpius und Marianne Willemer

Eine der ersten Frauen, in die der junge Goethe sich verliebte, war die 19-jährige Pfarrerstochter Friederike Brion, die ihn zu dem berühmten Gedicht Willkommen und Abschied *inspirierte. Nach ihrem Tod verbrannte ihre Schwester Goethes Briefe an sie, nur einer ist in einem Entwurf von Goethe überliefert. Ihre Bekanntschaft dauerte ein knappes Jahr und hat Friederike wohl das Herz gebrochen; sie hat nie geheiratet.*

Straßburg, 15. Oktober 1770

Liebe neue Freundin,
ob ich Ihnen was zu sagen habe, ist wohl keine Frage; ob ich aber just weiß, warum ich eben jetzt schreiben will und was

ich schreiben möchte, das ist ein andres. So viel merke ich an einer gewissen innerlichen Unruhe, dass ich gerne bei Ihnen sein möchte, und in dem Falle ist ein Stückchen Papier so ein wahrer Trost, so ein geflügeltes Pferd: für mich, hier, mitten in dem lärmenden Straßburg, als es Ihnen, in Ihrer Ruhe nur sein kann, wenn Sie die Entfernung von Ihren Freunden recht lebhaft fühlen.

Die Umstände unserer Rückreise können Sie sich ungefähr vorstellen, wenn Sie mir beim Abschiede ansehen konnten, wie leid er mir tat; und wenn Sie beobachteten, wie sehr Weyland nach Hause eilte, so gern er auch unter andern Umständen bei Ihnen geblieben wäre. Seine Gedanken gingen vorwärts, meine zurück, und so ist es natürlich, dass der Diskurs weder weitläufig noch interessant werden konnte.

Zu Ende der Wanzenau machten wir Spekulation, den Weg abzukürzen und verirrten uns glücklich zwischen den Morasten, die Nacht brach herein, und es fehlte nichts, als dass der Regen, der einige Zeit nachher ziemlich freigebig erschien, sich um etwas übereilt hätte; so würden wir alle Ursache gefunden haben, von der Liebe und Treue unsrer Prinzessinnen vollkommen überzeugt zu sein.

Unterdessen war mir die Rolle, die ich, aus Furcht sie zu verlieren, beständig in der Hand trug, ein rechter Talisman, der mir die Beschwerlichkeiten der Reise alle hinwegzauberte. Und noch? Oh, ich mag nichts sagen, entweder Sie können's raten oder Sie glauben's nicht. Endlich langten wir an, und der erste Gedanke, den wir hatten, der auch schon auf dem Weg unsre Freude gewesen war, endigte sich in ein Projekt, Sie bald wiederzusehen.

Es ist ein gar zu herziges Ding um die Hoffnung, *wiederzusehen*. Und wir andern mit den verwöhnten Herzchen, wenn uns ein bisschen was leid tut, gleich sind wir mit der Arznei da und sagen: Liebes Herzchen, sei ruhig, du wirst nicht lange von ihnen entfernt bleiben, von denen Leuten, die du liebst, sei ruhig, liebes Herzchen! Und dann geben wir ihm inzwischen ein Schattenbild, dass es doch was hat, und dann ist es geschickt und still wie ein kleines Kind, dem die Mama eine Puppe statt des Apfels gibt, wovon es nicht essen sollte. Genug, wir sind hier, und sehen Sie, dass Sie unrecht hatten! Sie wollten nicht glauben, dass mir der Stadtlärm auf Ihre süßen Landfreuden missfallen würde.

Gewiss, Mamsell, Straßburg ist mir noch nie so leer vorgekommen als jetzt. Zwar hoffe ich, es soll besser werden, wenn die Zeit das Andenken unsrer niedlichen und mutwilligen Lustbarkeiten ein wenig ausgelöscht haben wird, wenn ich nicht mehr so lebhaft fühlen werde, wie gut, wie angenehm meine Freundin ist. Doch sollte ich das vergessen können oder wollen? Nein, ich will lieber das wenig Herzweh behalten und oft an Sie schreiben.

Und nun noch vielen Dank, noch viele aufrichtige Empfehlungen Ihren teuren Eltern, Ihrer lieben Schwester, viel hundert – was ich Ihnen gerne wieder gäbe.

Als Goethe 1775 nach Weimar kam, lernte er die sieben Jahre ältere und unglücklich verheiratete Charlotte von Stein kennen. Ihr Verhältnis dauert fast zehn Jahre und zerbrach erst, als Goethe seine fluchtartige Italienreise antrat. Nach seiner Rückkehr über ein Jahr später dauerte es lange, bis die beiden wieder zu einem freundschaftlichen Umgang miteinander fanden.

3. August 1778

Liebste, ich habe gestern Abend bemerkt, dass ich nichts lieber sehe in der Welt als Ihre Augen und dass ich nicht lieber sein mag als bei Ihnen. Es ist schon was Altes, und doch fällt mir's immer einmal wieder auf.

Weimar, 23. Mai 1779

Wenn ich nur etwas anderes hätte Ihnen zu schicken als Blumen und immer dieselbigen Blumen. Es ist wie mit der Liebe, die ist auch monoton.

Weimar, 22. März 1781

Dein Liebe ist mir wie der Morgen- und Abendstern; er geht nach der Sonne unter und vor der Sonne wieder auf. Ja, wie ein Gestirn des Pols, das, nie untergehend, über unserm Haupt einen ewig lebendigen Kranz flicht. Ich bete, dass es mir auf der Bahn des Lebens die Götter nie verdunkeln mögen. Der erste Frühlingsregen wird unserer Spazierfahrt schaden. Die Pflanzen wird er aufquellen, dass wir bald des ersten Grüns uns erfreuen. Wir haben noch so keinen schönen Frühling zusammen erlebt; möchte er keinen Herbst haben. Adieu. Ich frage gegen 12 Uhr nach, wie es wird.
Adieu, Beste, Liebste.

Weimar, 19. Juli 1782

Sage mir, liebe Lotte, wie bist Du aufgestanden? Sag mir, ist es physisch, oder hast du etwas in der Seele, was Dich kränkt? Du glaubst nicht, was mich Dein Zustand gestern geängstigt hat. Das einzige Interesse meines Lebens ist, dass Du offen gegen mich sein magst. Das Eingeschlossne halt' ich nicht aus. Lebe wohl. Der Deine.

Weimar, 24. Juli 1782

Während ich schlief, kam die Erquickung von Dir; wie ich aufwache, erhalte ich sie. Noch weiß ich nicht, wie mir ist; o dass der Zustand bald vorüber gehn möge. Es ist noch so heiß, in einigen Stunden will ich kommen, will abwarten, wo es hinaus will, mein ganzes Wesen ist in seinem Innersten angegriffen. So tief Deine Liebe drang und mir wohl machte, so tief hat der Schmerz die Wege gefunden und zieht mich in mir selbst zusammen. Ich kann nicht weinen, und weiß nicht wohin. Adieu, verzeih mir. Dein Schmerz ist's, der mich ängstigt. Wenn Dir's nicht wieder mit mir wohl werden kann, so geb' ich auf, eine freudige Stunde zu haben.

5. Dezember 1783

Liebe mich, das ist wahrlich fast das Einzige, was mich noch halten mag.

Weimar, 25. Juni 1786

Tue, meine Liebe, was und wie Dir's recht ist, und es soll mir auch so sein. Behalte mich nur lieb und lass uns ein Gut, das wir nie wiederfinden werden, wenigstens bewahren, wenn auch Augenblicke sind, wo wir dessen nicht genießen können. Ich korrigiere am Werther und finde immer, dass der Verfasser übel getan hat, sich nicht nach geendigter Schrift zu erschießen. Heute Mittag isst Wieland mit mir, es wird über Iphigenien Gericht gehalten u.s.w. Lebe wohl und liebe.

Nur drei Wochen nach seiner Rückkehr aus Italien lernte Goethe seine spätere Frau Christiane Vulpius kennen. Eigentlich suchte sie ihn auf, um ihn um Hilfe für ihren Bruder zu bitten, der keinen Erfolg mit seiner Schriftstellerei hatte. Ein Dreivierteljahr blieb ihr Verhältnis geheim. Als Christiane schwanger wurde, holte Goethe sie als Haushälterin in sein Haus. Er heiratete sie erst Jahre später; seine frühen Briefe an sie hat er verbrannt. Christine starb im Jahr 1816, Goethe überlebte sie um 16 Jahre. Auf ihrem Grab ließ er die Inschrift anbringen: „Du versuchst, o Sonne, vergebens / Durch die düsteren Wolken zu scheinen. / Der ganze Gewinn meines Lebens / Ist ihren Verlust zu beweinen."

Trier, 25. August 1792

Wo das Trier in der Welt liegt, kannst Du weder wissen noch Dir vorstellen; das Schlimmste ist, dass es weit von Weimar liegt und dass ich weit von Dir entfernt bin. Es geht mir ganz gut. Ich habe meine Mutter, meine alten Freunde wiedergesehen, bin durch schöne Gegenden gereist, aber auch durch sehr garstige, und habe böse Wege und starke Donnerwetter ausgestanden. Ich bin hier, ungefähr noch eine Tagreise von der Armee, in einem alten Pfaffennest, das in einer angenehmen Gegend liegt. Morgen gehe ich hier ab und werde wohl übermorgen im Lager

sein. Sobald es möglich ist, schreibe ich Dir wieder. Du kannst um mich ganz unbesorgt sein. Ich hoffe, bald meinen Rückweg anzutreten. Mein einziger Wunsch ist, Dich und den Kleinen wiederzusehen, man weiß gar nicht, was man hat, wenn man zusammen ist. Ich vermisse Dich sehr und liebe Dich von Herzen. […] Wenn ich wiederkomme, bringe ich Dir noch manches mit, ich wünsche, recht bald. Lebe wohl. Grüße Meyern und sei mir ein rechter Hausschatz.
Adieu, lieber Engel, ich bin ganz Dein.

Im Lager bei Verdun, 10. September 1792

Ich habe Dir schon viele Briefchen geschrieben und weiß nicht, wenn sie nach und nach bei Dir ankommen werden. Ich habe versäumt, die Blätter zu nummerieren und fange jetzt damit an. Du erfährst wieder, dass ich mich wohl befinde, Du weißt, dass ich Dich herzlich lieb habe. Wärst Du nur jetzt bei mir! Es sind überall große, breite Betten, und Du solltest Dich nicht beklagen, wie es manchmal zu Hause geschieht. Ach! Mein Liebchen! Es ist nichts besser, als beisammen zu sein. Wir wollen es uns immer sagen, wenn wir uns wiederhaben. Denke nur! Wir sind so nah an Champagne und finden kein gutes Glas Wein. Auf dem Frauenplan soll's besser werden, wenn nur erst mein Liebchen Küche und Keller besorgt.
Sei ein guter Hausschatz und bereite mir eine hübsche Wohnung. Sorge für das Bübchen und behalte mich lieb. Behalte mich ja lieb! Denn ich bin manchmal in Gedanken eifersüchtig und stelle mir vor, dass Dir ein andrer besser gefallen könnte, weil ich viele Männer hübscher und angenehmer finde als mich selbst. Das musst Du aber nicht sehen, sondern Du musst mich für den Besten halten, weil ich Dich ganz entsetzlich lieb habe und mir außer Dir nichts gefällt. Ich träume oft von Dir, allerlei konfuses Zeug, doch immer, dass wir uns lieb haben. Und dabei mag es bleiben.
[…] Behalte mich nur lieb und sei ein treues Kind, das andre gibt sich. Solang ich Dein Herz nicht hatte, was half mir das Übrige; jetzt, da ich's habe, möchte ich's gern behalten. Dafür

bin ich auch Dein. Küsse das Kind, grüße Meyern und liebe mich.

Im Alter von 65 Jahren verliebte Goethe sich in die 30-jährige Marianne Willemer, verheiratet mit einem Freund der Familie, der das Verhältnis anscheinend duldete. Sie ist die Suleika des West-Östlichen Divans *und faszinierte ihn mit ihrem eigenen schriftstellerischen Talent. Als Goethe sie nach dem Tod seiner Frau wiedersehen wollte, hielt ihn ein Kutschunfall, den er als böses Omen nahm, davon ab.*

26. Juli 1819

Nein, allerliebste Marianne, ein Wort von mir sollst Du in Baden nicht vermissen, da Du Deine lieben Lippen wieder walten lässt und ein unerfreuliches Stillschweigen brechen magst. Soll ich wiederholen, dass ich Dich von der Gegenwart des Freundes unzertrennlich hielt, und dass bei seinem treuen Anblick alles in mir rege ward, was er uns so gern und edel gönnt? Ob Du gleich schwiegst, hatte ich allerlei zurechtgelegt, der Rückkehrende vermied uns, und es blieb liegen.

Nun da Du sagst, und so lieblich, dass Du mein gedenkst und gern gedenken magst: so höre doppelt und dreifach die Versicherung, dass ich jedes Deiner Gefühle herzlich und unablässig erwidre. Möge Dich dies zur guten Stunde treffen und Dich zu einem recht langen Kommentar über diesen kurzen Text veranlassen. Wäre ich Hudhud [der Wiedehopf, Liebesbote beim Dichter Hafiz], ich liefe Dir nicht über den Weg, sondern schnurstracks auf Dich zu. Nicht als Boten, um meiner selbst willen müsstest Du mich freundlich aufnehmen. Zum Schluss den frommen liebevollen Wunsch

Eja! Wären wir da!

Wolfgang Amadeus Mozart

(1756-1791)

an seine Braut / Frau Konstanze

Als Mozart seine spätere Frau Konstanze Weber kennenlernte, verliebte er sich zunächst in ihre ältere Schwester Aloysia, die seinen Heiratsantrag jedoch ablehnte. Vier Jahre später traf er Konstanze wieder und heiratete sie. Die beiden sollen trotz gegenteiliger Gerüchte eine glückliche Ehe geführt haben; Konstanze war in acht Jahren sechs Mal schwanger, doch nur zwei der Kinder überlebten. Mozarts früher Tod ließ Konstanze in einer prekären finanziellen Situation zurück; dennoch heiratete sie erst zehn Jahre später ein zweites Mal.

an die Braut

Liebste, beste Freundin!
Diesen Namen werden Sie mir ja doch noch wohl erlauben, dass ich Ihnen geben darf? So sehr werden Sie mich ja doch nicht hassen, dass ich nicht mehr Ihr Freund sein darf und Sie nicht mehr meine Freundin sein werden? Und wenn Sie es auch nicht mehr sein wollen, so können Sie es mir doch nicht verbieten, gut für Sie, meine Freundin, zu denken, wie ich es nun schon gewohnt bin. Überlegen Sie wohl, was Sie heute zu mir gesagt haben. Sie haben mir (ohngeachtet allen meinen Bitten) dreimal den Korb gegeben und mir gerade ins Gesicht gesagt, dass Sie mit mir nichts mehr zu tun haben wollten. Ich, dem es nicht so gleichgültig ist wie Ihnen, den geliebten Gegenstand zu verlieren, bin nicht so hitzig, unüberlegt und vernünftig, den Korb anzunehmen. Zu diesem Schritte liebe ich Sie zu sehr. Ich bitte Sie also noch einmal, die Ursach' dieses Verdrusses wohl zu überlegen und zu bedenken, welche war, dass ich mich darüber aufgehalten, dass Sie so unverschämt unüberlegt waren, Ihren Schwestern, und in meiner Gegenwart, zu sagen, dass Sie

sich von einem Chapeau haben die Waden messen lassen. Das tut kein Frauenzimmer, welches auf Ehre hält. Die Maxime, in der Compagnie mitzumachen, ist ganz gut. Dabei muss man aber viele Nebensachen betrachten; ob es lauter gute Freunde und Bekannte beisammen sind? Ob ich ein Kind oder schon ein Mädchen zum Heiraten bin? Besonders aber, ob ich eine versprochene Braut bin? Hauptsächlich aber, ob lauter Leute meines Gleichen oder niedrigere als ich, besonders aber Vornehmere als ich, dabei sind? – Wenn es sich wirklich die Baronin selbst hat tun lassen, so ist es ganz was anderes, weil sie schon eine übertragene Frau (die ohnmöglich mehr reizen kann) ist und überhaupt eine Liebhaberin vom etcetera ist. Ich hoffe nicht, liebste Freundin, dass Sie jemals so ein Leben führen wollten wie sie, wenn Sie auch nicht meine Frau sein wollen. Wenn Sie schon dem Triebe mitzumachen – obwohl das Mitmachen einer Mannsperson nicht allzeit gut steht, desto weniger einem Frauenzimmer – konnten Sie aber ohnmöglich widerstehen, so hätten Sie in Gottes Namen das Band genommen und sich selbst die Waden gemessen – (sowie es noch alle Frauenzimmer von Ehre in meiner Gegenwart in dergleichen Fällen getan haben), und sich nicht von einem Chapeau (ich – ich würde es niemalen im Beisein anderer Ihnen getan haben), ich würde Ihnen selbst das Band gereicht haben, desto weniger also von einem Fremden, der mich gar nichts angeht. – Doch das ist vorbei und ein kleines Geständnis Ihrer dortmaligen, etwas unüberlegten Aufführung würde alles wieder gutgemacht haben und – wenn Sie es nicht übelnehmen, liebste Freundin – noch gut machen. Daraus sehen Sie, wie sehr ich Sie liebe. Ich brause nicht auf wie Sie – ich denke – ich überlege und ich fühle. Fühlen Sie, haben Sie Gefühl, so weiß ich gewiss, dass ich noch heute ruhig werde sagen können: die Konstanze ist die tugendhafte, ehrliebende, vernünftige und getreue Geliebte des rechtschaffenen und für Sie wohldenkenden Mozart.

an die Frau

Dresden 16. April 1789
Nachts um halb 12 Uhr.

Liebstes bestes Weibchen!
Liebes Weibchen ich habe eine Menge Bitten an Dich; –
1 mo bitte ich Dich, dass Du nicht traurig bist;
2 do dass Du auf Deine Gesundheit achtest und der Frühlingsluft nicht trauest.
3 tio dass Du nicht allein zu Fuße, am liebsten aber gar nicht zu Fuße ausgehest.
4 to dass Du meiner Liebe ganz versichert sein sollst; – keinen Brief habe ich Dir noch geschrieben, wo ich nicht Dein liebes Porträt vor meiner gestellt hätte. –
5 to bitte ich Dich, nicht allein auf Deine und meine Ehre in Deinem Betragen Rücksicht zu nehmen, sondern auch auf den Schein. – Sei nicht böse auf diese Bitte. – Du musst mich eben dieshalb noch mehr lieben, weil ich auf Ehre halte.
6 to et ultimo bitte ich Dich in Deinen Briefen ausführlicher zu sein. – Nun lebe wohl, Liebste, Beste! – Denke, dass ich alle Nacht ehe ich ins Bett gehe eine gute halbe Stunde mit Deinem Porträt spreche, und so auch beim Erwachen.
O stru! stri! ich küsse und drück Dich 1095060437082 mal (hier kannst Du Dich im Aussprechen üben) und bin ewig Dein treuester Gatte und Freund

W. A. Mozart.

Friedrich von Schiller

(1759-1805)

an Charlotte Lengefeld, seine spätere Frau

Der 28-jährige Schiller lernte über gemeinsame Bekannte die Schwestern Caroline und Charlotte von Lengefeld kennen. Im Sommer darauf nahm er eine Mietwohnung in der Nähe ihres Wohnsitzes, um sie öfter sehen zu können. Er fühlte sich eigentlich stärker zu Caroline, der Älteren, hingezogen, heiratete aber schließlich Charlotte und blieb sein ganzes Leben mit ihr zusammen.

[Bad Lauchstädt?, 3. August 1789. Montag]

Ist es wahr, teuerste Lotte? Darf ich hoffen, dass Caroline in Ihrer Seele gelesen hat und aus Ihrem Herzen mir beantwort hat, was ich mir nicht getraute, zu gestehen? O wie schwer ist mir dieses Geheimnis geworden, das ich, solange wir uns kennen, zu bewahren gehabt habe! Oft, als wir noch beisammen lebten, nahm ich meinen ganzen Mut zusammen und kam zu Ihnen, mit dem Vorsatz, es Ihnen zu entdecken – aber dieser Mut verließ mich immer. Ich glaubte, Eigennutz in einem Wunsche zu entdecken, ich fürchtete, dass ich nur meine Glückseligkeit dabei vor Augen hätte, und dieser Gedanke scheuchte mich zurück. Konnte ich Ihnen nicht werden, was Sie mir waren, so hätte mein Leiden Sie betrübt, und ich hätte die schöne Harmonie unserer Freundschaft durch mein Geständnis zerstört, ich hätte auch das verloren, was ich hatte, Ihre reine und schwesterliche Freundschaft. Und doch gab es wieder Augenblicke, wo meine Hoffnung auflebte, wo die Glückseligkeit, die wir uns geben konnten, mir über alle Rücksichten erhaben schien, wo ich es sogar für edel hielt, ihr alles Übrige zum Opfer zu bringen. Sie konnten ohne mich glücklich sein – aber durch mich nie unglücklich werden. Dieses fühlte ich lebendig in mir – und darauf baute ich dann meine Hoffnungen. Sie konnten sich einem andern schenken, aber keiner konnte Sie reiner und zärtlicher lieben als ich. Keinem konnte Ihre Glückseligkeit heiliger sein, als sie es mir war und immer sein wird. Mein ganzes Dasein, alles, was in mir lebt, alles, meine Teuerste, widme ich Ihnen, und wenn ich mich zu veredeln strebe, so geschieht's, um Ihrer immer würdiger zu werden, um Sie immer glücklicher zu machen. Vortrefflichkeit der Seelen ist ein schönes und ein unzerreißbares Band der Freundschaft und Liebe. Unsre Freundschaft und Liebe wird unzerreißbar und ewig sein, wie die Gefühle, worauf wir sie gründen.

Vergessen Sie jetzt alles, was Ihrem Herzen Zwang auflegen könnte, und lassen Sie nur Ihre Empfindungen reden. Bestätigen Sie, was Caroline mich hoffen ließ. Sagen Sie mir, dass Sie mein sein wollen, und dass meine Glückseligkeit Ihnen kein Opfer kostet. O versichern Sie mir dieses, und nur mit einem einzigen Wort. Nahe waren sich unsre Herzen schon längst. Lassen Sie auch noch das einzige Fremde hinwegfallen, was sich bisher zwischen uns stellte, und nichts die freie Mitteilung unserer Seelen stören.

Leben Sie wohl, teuerste Lotte. Ich sehne mich nach einem ruhigen Augenblicke, Ihnen alle Gefühle meines Herzens zu schildern, die in dem langen Zeitraum, dass diese Einzige Sehnsucht in meiner Seele lebt, mich glücklich und wieder unglücklich gemacht haben. Wie viel habe ich Ihnen noch zu sagen!

Säumen Sie nicht, meine Unruhe auf immer und ewig zu verbannen. Ich gebe alle Freuden meines Lebens in Ihre Hand. Ach, es ist schon lange, dass ich sie mir unter keiner andern Gestalt mehr dachte als unter Ihrem Bilde. Leben Sie wohl, meine Teuerste.

[Jena] Dienstagabends 25. August [1789]

Wie schön bin ich heute erweckt worden! Das Erste, worauf mein Auge fiel, waren Briefe von Euch. Mit dem Gedanken schlief ich ein, heute welche zu erhalten. An diesen periodischen Freuden werde ich künftig alle meine Zeit abzählen, bis uns endlich dieser dürftige Behelf nicht mehr nötig ist.

Aber wie ungenügsam sind doch unsre Wünsche! Wie viel hätte ich noch vor einem Monat um die bloße Hoffnung dessen gegeben, was jetzt schon in Erfüllung gegangen ist! Um einen einzigen Blick in Deine Seele! Und jetzt, da ich alles darin lese, was mein Herz sich so lange wünschte, eilt mein Verlangen der Zukunft vor, und ich erschrecke über den langen Zeitraum, der uns noch trennen soll. Wie kurz ist der Frühling des Lebens, die Blütenzeit des Geistes, und von diesem kurzen Frühling soll ich Jahre vielleicht noch verlieren, ehe ich das besitze, was mein ist. Unerschöpflich ist die Liebe und wenig sind der Tage des Lenzes!

In einer neuen schöneren Welt schwebt meine Seele, seitdem ich weiß, dass Ihr mein seid, teure, liebe Lotte, seitdem Du Deine Seele mir entgegen trugst. Mit langen Zweifeln ließest Du mich ringen, und ich weiß nicht, welche seltsame Kälte ich oft in Dir zu bemerken glaubte, die meine glühenden Geständnisse in mein Herz zurückzwang. Ein wohltätiger Engel war mir Caroline, die meinem furchtsamen Geheimnis so schön entgegenkam. Ich habe Dir unrecht getan, teure Lotte. Die stille Ruhe Deiner Empfindungen habe ich verkannt und einem abgemessenen Betragen zugeschrieben, das meine Wünsche von Dir entfernen sollte. O Du musst sie mir noch erzählen, die Geschichte unsrer werdenden Liebe. Aber aus Deinem Munde will ich sie hören.

Es war ein schneller, und doch so sanfter Übergang! Was wir einander gestanden, waren wir einander längst, aber jetzt erst genieße ich alle unsre vergangenen Stunden. Ich durchlebe sie noch einmal, und alles zeigt sich mir jetzt in einem schöneren Licht.

Wie gut kommt mir der glückliche Wahnsinn jetzt zustatten, der mich so oft aus der Gegenwart entrückte. Die Gegenwart ist leer und traurig um mich herum – und in ungeborenen Fernen blühen meine Freuden. Ich kann mir die Resignation, die Genügsamkeit nicht geben, die eine Stärke weiblicher Seelen ist. Ungeduldig strebt die meinige, alles zu vollenden, was noch nicht vollendet ist. Du siehst ruhig der Zukunft entgegen – das vermag ich nicht.

Caroline wirft mir vor, dass ich habe zweifeln können, Ihr würdet mich verstehen, Ihr würdet meine Hoffnungen mir erwidern. Aber eben diese *Genügsamkeit*, diese Nachgiebigkeit gegen eine scheinbare Notwendigkeit fürchtete ich bei Euch. Ich fürchtete, Ihr könntet Eure Wünsche in den Zwang der Umstände einschließen, und – wie soll ich mich recht deutlich machen? – ich fürchtete, Ihr könntet Euch unsre Freundschaft ohne Liebe vollenden und das innere Leben der Freundschaft mit einer Trennung zusammendenken. Sobald ich mich überzeugt haben würde, dass unsere immerwährende Vereinigung auch Euch die notwendige Bedingung zum Glücke der Freundschaft sei – hätte ich nie mehr an Eurer Stärke gezweifelt, diese Bedingung durchzusetzen.

Aber mündlich davon mehr. Wie viel werden wir diesen Herbst noch miteinander zu berichtigen haben. Ich will alles tun, um ihn zu beschleunigen.

Wolzogens Brief folgt hier zurück. Er machte mir sehr viel Freude. Seine Anhänglichkeit ist so innig, und nichts Fremdes hat sich noch in sein Wesen gemischt. Er ist ein gar guter Mensch, ich wünschte, dass er um uns leben könnte.

Lebe wohl, teure, liebe Lotte und denke, dass für mich keine Freude ist, als bis ich wieder Briefe von Euch sehe. Adieu. Meine Lieben.

S.

[Jena, 8. Januar 1790] Freitagabends

Die Zweifel, die Du Dir aufwirfst, meine Liebe, ob Du mir auch wirklich das seist, was Du wünschest, enthalten einen stillen Vorwurf gegen mich, ob ich gleich weiß, dass Du mir keinen machen wolltest. Diese Zweifel hättest Du nicht, wenn meine Liebe für Dich einen lebhaften Ausdruck gehabt hätte, wenn ich mehr Worte dafür gehabt hätte, was Du meinem Herzen bist. Aber diese Zweifel werden bei Dir aufhören, wenn Du mich ganz kennst, wenn Du mit meinem Wesen vertraut genug geworden bist, um zu wissen, in welche Sprache sich meine Empfindungen kleiden. Auch meine Liebe ist still, wie mein ganzes übriges Wesen – nicht aus einzelnen raschen Aufwallungen, aus dem ganzen Zusammenklang meines Lebens wirst Du sie kennenlernen. Es wird noch ein schönes Studium für uns beide geben, bis wir einander abgelernt haben, welche Saite am willigsten und wohlklingendsten tönt, bis jedes von uns die zarten Stellen im Herzen oder in der Laune des andern kennt, durch die man sich am gefälligsten berührt und am wenigsten fehlgeht. Ich sehe voraus, meine Liebe, dass wir noch allerlei Erfahrungen über einander machen werden, die eine schöne Beschäftigung für uns versprechen. Schon allein dieses, dass jedes von uns da seine Wünsche anknüpft, wo das andre reich ist, dieses zu lernen, ist keine so leichte Kunst, aber sie belohnt augenblicklich und unaussprechlich. Ich könnte Dich auf allerlei Eigenheiten in mir vorbereiten, aber lieber will ich sie von Dir selbst finden lassen. Deine Blicke in meine Seele müssen Dein eigen sein, was Du selbst entdeckst, wirst Du desto glücklicher und desto feiner anwenden. Irre Dich nicht an den seltsamen Gestalten meiner Seele, die oft in schnellen Übergängen wechseln. Sie haben mit unserer Liebe nichts zu tun. Diese schnelle Beweglichkeit meiner Seele ist eine Eigenheit in mir, daran Du Dich nach und nach gewöhnen musst. Wie freue ich mich der Zukunft, die uns alles dieses mit einem sanften Lichte unvermerkt aufhellen wird.

Heute ist Dein Brief an meine Mutter fortgegangen. Es wird ein glücklicher Augenblick für sie sein, wenn sie ihn erhält. Ich schreibe morgen an die ch[ère] M[ère] und will sie pressieren. Ihr müsst es aber auch, oder vielmehr Caroline.

Carolinen kann ich heute nicht mehr schreiben. Den Augenblick muss dieser Brief fort, sonst wird die Post geschlossen und Ihr erhaltet morgen gar nichts.

Ich schließe Euch an meine Seele. Ach, Ihr seid mir immer zur Seite – Lebt wohl, meine Liebe. Morgen erhalte ich Briefe von Euch. Ich erwarte sie mit Sehnsucht. Tausendmal umarme ich Dich. Adieu.

S.

Wilhelm von Humboldt

(1767-1835)

an seine Braut / Frau Caroline und an Johanna Motherby

Der eng mit den Dichtern der deutschen Klassik verbundene Humanist Humboldt heiratete 1791 die ausgesprochen gebildete Caroline von Dacheröden, eine Jugendfreundin von Charlotte von Lengefeld, Schillers späterer Frau. Ihr eheliches Verhältnis, wie es sich in ihrem Briefwechsel manifestierte, wurde zu einem Vorbild für die bürgerliche Ehe der Zeit, doch später führten sie eine Art offene Beziehung, im Zuge derer Humboldt ein Verhältnis mit Johanna Motherby unterhielt und Caroline mit Wilhelm von Burgsdorff.

an Caroline von Dacheröden

[Göttingen] den 1. [September] 1788

Ach! Lina, heute sind's 8 Tage, seit ich Dich nicht sah! Warum konnt' ich sie nicht zu der Länge eines Lebens ausdehnen, die Augenblicke, da ich in wonnevoller Entzückung in Deinen Armen lag! Auch Du warst ja glücklich. Ich las es aus Deinen Blicken. Und sagtest Du mir nicht selbst:
„Ich bin immer glücklich, Wilhelm, wenn ich andere glücklich mache!" Und, machtest Du mich nicht glücklich? Was ich empfand, als ich beim Wegreisen wieder durch Burgörner, als ich vor der Laube vorbeikam, wo ich jene namenlosen Freuden genossen hatte, als ich Dein Haupt sah, als ich, wo ich hinblickte, eine Stelle sah, wo ich mit Dir gestanden, mit Dir gegangen, wo ich so unendlich glücklich gewesen war! Und die Nacht darauf, ich ritt die Nacht durch – verzeih, Du wolltest es nicht, aber ich war schon länger geblieben, ich musste eilen –, wie war mir da so weh, so bang und doch dabei wie wohl, denn ich war so allein, die ganze Natur – und das habe ich so gern – sympathisierte mit meinem Gefühl. Es war so finster um mich her, lauter düstere

Regengewölke, nur hie und da ein fernes Wetterleuchten. Ich kam durch ein Dorf durch, wo ich Musik und Tanz fand. Den Eindruck kann ich Dir nicht beschreiben. Diese lärmende Freude in dem Augenblick, da mein Herz so wehmütig gestimmt, da es nur für die sanfteren, stilleren Gefühle, zu welchen die Wehmut selbst gehört, empfänglich war – ich ritt, so schnell ich konnte, fort. Und nun, seitdem ich hier bin, leb' ich und bin ich noch immer bei Dir. Der Gedanke der Trennung hat meine Seele noch keinen Augenblick verlassen, ich kann selbst meinen vertrauteren Freunden, deren ich doch auch einige hier habe, noch nicht das wieder sein, was ich ihnen sonst war. Ich bin zu voll von dem Gefühl, Dich besessen und Dich wieder verloren zu haben. Ach, verzeih mir, Lina, Dein Wilhelm ist schwach, den Gedanken der Trennung kann sein Herz oft nicht tragen. Aber es wird austoben, dieses dumpfe Gefühl, und dann wird übrigbleiben, was allein unser und unsrer heiligen Verbindung ganz würdig ist, jene erhabene, genügsame Liebe, die die Seelen verschwistert, wenngleich weite Räume die Körper trennen.

Und was machst Du denn, meine traute, liebe, süße Lina?

Ach, auch in Deinen Augen las ich tiefes Gefühl des Schmerzes bei der ersten Trennung nach kurzem Genuss. Du batest mich noch so, zu bleiben; es hätte Dich glücklicher gemacht. Wie es mir durch die Seele ging, Dir, Dir Einziggeliebten, das abzuschlagen! Und doch musste ich es. Ach, hätte ich bleiben können, nie trennte ich mich von Deiner Seite. – Aber nicht wahr, Lina, wir sind doch jetzt weit, weit glücklicher, als wir ehemals waren? Wir haben uns nun gesehen, Du hast mich Bruder, ich Dich Schwester gegrüßt, wir haben die Frucht der Liebe unsres Karls, die seligen Freuden der Verbindung genossen. Unsre Seelen sind jetzt einander näher. O Lina, wie soll ich Dir danken für das, was Du mir gabst in jenen Stunden, da ich an Deinem Busen lag, ungestört und ohne Zeugen? Ach, ich wagte es nicht, diese Liebe zu hoffen. Furchtsam harrte ich Dein in der Laube. Wird sie mich auch lieben? fragte ich mich oft. Oh, ich glaube so selten, geliebt zu werden. Das macht mich oft sehr unglücklich. Sage mir, meine Lina, woher das kommt? …

Ich habe Dir ein zeigbares Briefchen geschrieben. Sage mir's, ob's so gut war. Ich kann gar nichts schreiben, wenn mein Herz kein Teil nehmen darf …
Lebe nun wohl, Freundin meiner Seele, Geliebte, Schwester! Lebe wohl, sei glücklich! O Lina, Du wirst geliebt, und wer geliebt wird, ist nie ganz unglücklich. Lebe wohl und liebe ewig

Deinen Wilhelm

Caroline an Humboldt

Erfurt, Freitagabend [6. Mai 1791]

Ach, Wilhelm, wem könnte sich Deine Seele entfalten, wer diese Zartheit der Gefühle, diese anspruchslose Größe, diesen Zauberglanz der Schönheit in Dir bewundern und nicht, entflammt von heißer Begierde, tiefer in Dich sich zu versenken, neue Kräfte in sich fühlen und erhöhten Mut? Und in wessen Seele kann all das tiefer glühen als in der meinigen? – Wer hat Dich gesehen, wer wird Dich noch sehen, wie ich Dich sah? Oh, nur einmal im menschlichen Leben und nur dem Blick unendlicher Liebe erschließt sich so die Seele – einem Wesen und keinem vor ihm und keinem mehr durch die Dauer der Ewigkeit. Ihm blüht es, vor ihm lebt und webt es und fühlt sich in seinem ursprünglichsten Sein, je wahrer es das andere aufnimmt, je inniger es in ihn überfließt, je unaussprechlicher es eins mit ihm wird.

Humboldt an Johanna Motherby

Berlin, den 7. März 1810

Mir ist ein Wesen wie Sie nie erschienen; Sie haben wieder Gefühle in mir erschlossen, die ich für tot und abgestorben hielt; ich bin auch so unendlich gewiss, dass das immer gleich und unverändert in mir bleiben wird, dass ich die Erinnerung dieser Vergangenheit und die Hoffnung selbst einer gleich schönen Zukunft nicht mehr von meinem Dasein abtrennen kann. Auch in Ihnen, Liebe, muss jeder Zweifel deshalb verbannt sein. Sie müssen gefühlt haben, dass jeder meiner Blicke, jedes meiner

Worte tief aus meinem Innern hervorkam, dass die Gefühle, die ich mich nicht scheue, einzugestehen, mit allen übrigen tief und fest in mir gewurzelten harmonisch verbunden waren, dass ich nie von Ihnen etwas forderte, ja nie gern in Ihnen nur geduldet hätte, was die gleiche Harmonie in Ihnen hätte stören können. Und Sie sehen jetzt, dass es ebenso auch, da ich abwesend bin, in mir geblieben ist. Auch in der unbeschränktesten Freiheit, die man der Empfindung ewig erhalten muss, gibt es ein immer die Unveränderlichkeit verbürgendes Gefühl und wieder ein Zusammenstimmen der Wesen, über das hinaus es nun kein höheres mehr geben kann. Ein wunderbarer Zufall oder vielmehr ein Schicksal, dem ich immer dankbar sein werde, hat mir Sie zugeführt, es ist durch Sie vieles in mir entstanden, das ich nie gedacht hatte, und nichts, was ehemals in mir war, hat sich gehemmt und unterdrückt gefühlt; ich gäbe mein Leben darum, Sie zufriedener und glücklicher zu machen, ich weiß auch, dass ich nicht leicht je aufhören kann, in Ihr Empfinden und Denken verwebt zu sein, ich fühle noch lebendiger, dass ich Ihnen noch viel sein kann, wenn Sie nur in sich den Glauben an mich erhalten, und so bin ich, seit ich Sie kenne, unendlich reiner mit mir selbst, abgeschlossener in allen Wünschen und Erinnerungen, oft weniger glücklich, aber doch mehr Eins mit mir und allem, was mich umgibt. Das weniger glücklich muss Sie nicht schmerzen, liebe Freundin. Es gibt leidenschaftliche Augenblicke, von denen Ruhe und Glück fern sind, die aber, wer das wahre Leben versteht, nie aus sich wegwünscht. Es ist nicht notwendig, glücklich zu sein, aber unerlässlich, seine eigentliche, tiefe Bestimmung zu erfüllen; auch der Seidenwurm mag nicht glücklich sein, wenn er sich einspinnt, aber es gibt ein Gefühl, das weit mehr als Glück ist, die Ruhe der Wehmut, und die geht allemal aus der Erfüllung der Bestimmung hervor. Die Bestimmung aber ist in jedem Menschen eine eigene, auch findet man sie nie, wenn man danach sucht; aber in Momenten der Rührung, im Zusammensein mit Gleichgestimmten oder in der Einsamkeit mit sich selbst, geht sie hervor wie eine Flamme im Dunkel, und wer nicht willkürlich die Augen verschließt, verkennt sie nie. Daran halten auch Sie sich, meine Liebe, wenn Sie sich verlassen fühlen. Eigentlich sind Sie es nie. Es gibt Gedanken, die Sie immer umgeben, und Gedanken stärken auch in der Ferne – – –

[undatiert]

Dann werde ich Dich immer tiefer erkennen, immer mehr anbeten und lieben, wenn ich es mehr könnte. Und das ist das Wunderbare der Liebe, dass man es immer kann. Ich zähle die Stunden, bis ich Deinen ersten Brief habe. Dann kann ich jeden achten Tag auf einen neuen rechnen. Welche Seligkeit. Es gibt nur zwei unwandelbare Dinge: die Sterne im Himmel und die Liebe und Treue des Weibes auf Erden. Gott! Wenn Du einmal nicht schreiben, wenn Du es vergessen, etwas anderes vorziehen, es unterlassen könntest, weil ich geschwiegen hätte. Aber verzeih' den sträflichen Gedanken. Es kann nicht sein. Du bist treu und liebend. – Ich muss Dir sehr sonderbar vorkommen, aber ich bin einmal anders wie andere, und Du hast mich gewollt, wie ich bin, sonst hättest Du nie meine innersten Gefühle beschworen. Wenn Du es verlangtest, konnte ich mit Dir sein wie mit andren Menschen und in der Brust verschließen, was höher und würdiger ist. Es hat nie ein Mensch solch eine unendliche Gewalt über mich besessen, und keiner das eigne Glück mehr verschmäht. Aber es ist mir zurückgekommen, wie verschmähte Liebe sich anschmiegt, und wenn der glücklich ist, der nichts in und um sich abändern möchte, der genießend hängt am Gelungenen und Heitren und an des Schicksals Missgunst und dem Schmerz, der immer eins ist mit sich und nie zürnt mit dem Schicksal, der nie einem andren, auch keinem Kinde, ein Haar krümmte und, wo er Schmerz machte, mit Liebe zahlte, so habe ich nichts zu wünschen übrig. Auch glaubst Du nicht, holdes Kind, wie ruhig ich des Todes gedenke. Er kommt mir nicht anders vor als ein ruhiges Ausstrecken und ein sorgenloses Liegen in freundlicher Erde. Aber ich weiß nicht, was ich habe, dass ich immer auf Gedanken mit Dir komme, die sich tiefer bewegen müssen. Ich möchte Dir heiter und leicht schreiben, um Dich froh und heiter zu machen. Aber es will mir nicht gelingen, meine Gefühle sind zu tief, dass ich – – – –

Ich umarme Dich tausendmal. Lebe wohl!

Napoleon Bonaparte

(1769-1821)

an Kaiserin Joséphine

Napoleon verliebte sich zunächst in die Schwester der Frau, um deren Hand sein Bruder warb, brach die Beziehung jedoch wenige Jahre später ab, um die sechs Jahre ältere Joséphine zu heiraten. Joséphine war im Alter von nur 15 Jahren mit dem Mann verheiratet worden, dem eigentlich ihre jüngere Schwester versprochen worden war, die jedoch an Tuberkulose starb. Die Ehe hielt nur sechs Jahre. Napoleon heiratete Joséphine aus Liebe, aber die Verbindung brachte ihm auch viele politische Vorteile. Joséphine ehelichte den General unter anderem, weil ihr damaliger Liebhaber ihr dazu riet. Ihren ausschweifenden Lebensstil und ihre Liebhaber behielt sie auch nach der Heirat. Im Jahr 1804 krönte Napoleon Joséphine eigenhändig zur Kaiserin, ein Titel, den sie auch nach der „Vernunftscheidung" wegen Kinderlosigkeit im Jahre 1810 behielt.

Marmirolo, den 29. MessiJor, 9 Uhr abends.
[17. Juli 1796]

Ich habe Deinen Brief erhalten, meine anbetungswürdige Freundin; er hat mein Herz mit Freude erfüllt. Tausend Dank für die Mühe, die Du Dir genommen, mich über Dein Befinden zu benachrichtigen; heute wird es Dir gewiss besser gehen, ja ich bin sicher, dass Du gesund bist. Ich rate Dir dringend zu reiten; es wird nicht verfehlen, auf Deine Gesundheit wohltuend zu wirken.

Seit ich Dich verlassen, bin ich stets traurig gewesen; glücklich bin ich nur in Deiner Nähe. Fortwährend denke ich im Geiste an Deine Küsse, Deine Tränen, Deine reizende Eifersucht, und der Zauber der unvergleichlichen Joséphine entfacht immer von Neuem die wildglühende Flamme meines Herzens und meiner Sinne. Wann werde ich endlich, frei von Sorgen und Geschäften, all meine Zeit bei Dir verbringen können, nichts anderes zu tun haben, als Dich zu lieben, an nichts anderes zu denken brauchen als an das Glück, es Dir zu sagen und zu beweisen? Ich werde Dir Dein Pferd schicken, hoffe aber, dass Du mir bald nachkommen kannst. Vor einiger Zeit glaubte ich, Dich zu lieben, aber seitdem ich Dich gesehen, fühle ich, dass ich Dich noch tausendmal mehr liebe. Seitdem ich Dich kenne, bete ich Dich täglich mehr an, das beweist, wie falsch der Grundsatz La Bruyeres ist: Die Liebe kommt mit einem Male. Alles in der Natur geht seinen Gang und hat seine verschiedenen Grade der Steigerung. Ach! lass mich, ich bitte Dich, wenigstens einige Deiner Fehler sehen! Sei weniger schön, weniger anmutsvoll, weniger zärtlich, weniger gut; besonders sei niemals eifersüchtig, weine niemals; Deine Tränen bringen mich um die Vernunft, erhitzen mein Blut. Glaube mir, es steht nicht mehr in meiner Macht, auch nur einen Gedanken zu haben, der nicht Dir gehörte, eine Idee, die ich nicht Dir unterbreitete.

Ruhe Dich nur gut aus. Erhole Dich recht schnell und komme mir nach, damit wir wenigstens, ehe wir sterben, sagen können: Wir verlebten so viele glückliche Tage!

Millionen Küsse, selbst für Fortune [Joséphines Schoßhund], trotz seiner Garstigkeit.

Bonaparte.

Brescia, den 13. Fructidor des Jahres IV.
[10. August 1796]

Ich komme eben an, meine angebetete Freundin, mein erster Gedanke ist, Dir zu schreiben. Dein Wohlbefinden und Dein Bild sind nicht einen Augenblick während der ganzen Reise aus meinem Gedächtnis entschwunden, und ich werde nicht früher ruhig, als bis ich einen Brief von Dir habe. Ich harre mit Ungeduld darauf. Du kannst Dir meine Sorge um Dich nicht vor-

stellen. Ich verließ Dich traurig, kummervoll und halb krank. Wenn Dich die tiefste und zärtlichste Liebe glücklich machen könnte, müsstest Du es sein ... Die Geschäfte erdrücken mich fast.
Leb wohl, meine süße Joséphine; liebe mich, lass Dir's gut gehen und denke oft, oft an mich.

Bonaparte.

Verona, den 3. Frimaire des Jahres V.
[13. November 1796]

Ich liebe Dich gar nicht mehr; im Gegenteil ich verabscheue Dich. Du bist hässlich, ungeschickt, dumm, unansehnlich. Du schreibst mir nie, liebst Deinen Mann nicht; Du weißt genau, welches Vergnügen Deine Briefe ihm bereiten und schreibst ihm nicht einmal ein paar hingeworfene Zeilen!
Was tun Sie denn den ganzen Tag, Madame? Welches wichtige Geschäft raubt Ihnen die Zeit, an Ihren Herzallerliebsten zu schreiben? Welche Neigung erstickt und schiebt die Liebe beiseite, jene zärtliche, beständige Liebe, die Sie mir versprachen? Wer kann der ausgezeichnete Geliebte sein, der Ihre ganze Zeit in Anspruch nimmt, der über Ihre Tage verfügt und Sie verhindert, sich mit Ihrem Manne zu beschäftigen? Joséphine, nehmen Sie sich in acht; in einer schönen Nacht werden die Türen eingedrückt werden, und ich stehe vor Ihnen.
Ich bin wirklich besorgt, meine liebe Freundin, so lange nichts von Dir zu hören; schreibe mir schnell vier Seiten voll der liebenswürdigen Dinge, die mein Herz mit Freude und Glück erfüllen.
In Kurzem hoffe ich, Dich in meine Arme zu schließen und Dich mit einer Million Küssen, so heiß wie unter dem Äquator, zu bedecken.

Bonaparte.

Brünn, den 19. Frimaire des Jahres XIV.
[10. Dezember 1805]

Ich habe lange nichts von Dir gehört. Lassen die schönen Feste von Baden, Stuttgart und München denn die armen Soldaten, die mit Staub, Regen und Blut bedeckt sind, ganz und gar vergessen?
Ich gedenke, in Kurzem nach Wien zu gehen. Man ist mit der Abschließung des Friedens beschäftigt. Die Russen sind fort und suchen das Weite; sie kehren tüchtig geschlagen und recht gedemütigt nach Russland zurück.
Ich möchte gern bald wieder bei Dir sein.
Leb wohl, meine Freundin. Mein Augenleiden ist geheilt.

Napoleon.

Warschau, den 18. Januar 1807.

Ich fürchte, Du machst Dir viel Kummer über unsere Trennung, die noch um einige Wochen verlängert werden muss, sowie über Deine Rückkehr nach Paris. Ich verlange, dass Du mehr Charakterstärke zeigst! Man sagt mir, Du weinst beständig: pfui, wie hässlich das ist! Dein Brief vom 7. Januar bereitet mir Schmerz. Sei meiner würdig und zeige mehr Festigkeit. Repräsentiere auf würdige Weise in Paris, und sei vor allen Dingen froh!
Ich befinde mich sehr wohl und liebe Dich sehr; aber wenn Du immer weinst, halte ich Dich für mut- und charakterlos. Ich mag feige Menschen nicht leiden; eine Kaiserin muss Mut besitzen!

Napoleon.

Diesen Brief schrieb Napoleon an Joséphine nur eine Woche nach der Scheidung am 10.1.1810:

Trianon, den 17. Januar 1810.

Meine Freundin, Audenarde, den ich heute Morgen zu Dir sandte, sagte mir, dass Du allen Lebensmut verloren hättest, seitdem du in Malmaison wärest. Und doch ist dieses Schloss Zeuge unseres Glücks und unserer Gefühle gewesen, die sich

niemals verändern können noch dürfen, wenigstens nicht von meiner Seite aus.
Ich möchte Dich sehr gern besuchen, allein erst muss ich wissen, ob Du auch stark genug bist und nicht schwach; ich bin es auch ein wenig und leide sehr.
Leb wohl, Joséphine, gute Nacht! Wenn Du an mir zweifeltest, wärest Du recht undankbar.

Napoleon.

Ludwig van Beethoven

(1770-1827)

an die „Unsterbliche Geliebte" und an Bettina Brentano / von Arnim

An wen Beethoven seinen berühmten Brief „An die Unsterbliche Geliebte" schrieb, weiß man bis heute nicht. Eine mögliche Kandidatin ist Antonie Brentano, die er 1810 durch ihre Schwägerin Bettina kennenlernte und der er das Originalmanuskript seines Liedes An die Geliebte *schenkte. Beethoven und Bettina Brentano, die 1811 Achim von Arnim heiratete, bewunderten sich gegenseitig aufs Tiefste.*

an die „Unsterbliche Geliebte"

Am 6. Juli, Morgens.

Mein Engel, mein Alles, mein Ich – nur einige Worte heute, und zwar mit Bleistift – mit Deinem, erst bis morgen ist meine Wohnung sicher bestimmt, welcher nichtswürdige Zeitverderb in d[er]g[leichen] – warum dieser tiefe Gram, wo die Notwendigkeit spricht. – Kann unsre Liebe anders bestehen als durch Aufopferungen, durch nicht alles Verlangen, kannst Du es ändern, dass Du nicht ganz mein, ich nicht ganz Dein bin. – Ach Gott, blicke in die schöne Natur und beruhige Dein Gemüt über das Müssende. – Die Liebe fordert alles und ganz mit Recht, so ist es mir mit Dir, Dir mit mir – nur vergisst Du so leicht, dass ich für mich und für Dich leben muss, wären wir ganz vereinigt, Du würdest dieses Schmerzliche ebenso wenig als ich empfinden – meine Reise war schrecklich, ich kam erst morgens 4 Uhr gestern hier an, da es an Pferden mangelte, wählte die Post eine andere Reiseroute, aber welch schrecklicher Weg, auf der letzten Station warnte man mich, bei Nacht zu fahren, machte mich einen Wald fürchten, aber das reizte mich nur – und ich hatte unrecht, der Wagen musste bei dem schrecklichen Wege brechen, grundlos, bloßer Landweg – ohne solche Postillione, wie ich hatte, wäre ich liegen geblieben unterwegs – Esterhazi hatte auf dem andern gewöhnlichen Wege hierfür dasselbe Schicksal mit acht Pferden, was ich mit vier – jedoch hatte ich zum Teil wieder Vergnügen, wie immer, wenn ich was glücklich überstehe. – Nun geschwind vom Innern zum Äußern, wir werden uns wohl bald sehen, auch heute kann ich Dir meine Bemerkungen nicht mitteilen, welche ich während dieser einigen Tage über mein Leben machte – wären unsre Herzen immer dicht aneinander, ich machte wohl keine d[er]g[leichen]. Die Brust ist voll, Dir viel zu sagen – ach – es gibt Momente, wo ich finde, dass die Sprache noch gar nichts ist. – Erheitre Dich – bleibe mein treuer einziger Schatz, mein Alles, wie ich Dir, das Übrige müssen die Götter schicken, was für uns sein muss und sein soll. –

Dein treuer Ludwig.

Abends, Montags, am 6. Juli.

Du leidest, Du mein teuerstes Wesen – eben jetzt nehme ich wahr, dass die Briefe in aller Frühe aufgegeben werden müssen. Montags – Donnerstags – die einzigen Tage, wo die Post von hier nach K. geht. – Du leidest – ach, wo ich bin, bist Du mit mir, mit mir, und Dir werde ich machen, dass ich mit Dir leben kann, welches Leben!! so!! ohne Dich – verfolgt von der Güte des Menschen hier und da, die ich meine – ebenso wenig verdienen zu wollen, als sie verdienen – Demut des Menschen gegen den Menschen – sie schmerzt mich – und wenn ich mich im

Zusammenhang des Universums betrachte, was bin ich und was ist der – den man den Größten nennt – und doch – ist wieder hierin das Göttliche des Menschen – ich weine, wenn ich denke, dass Du erst wahrscheinlich Sonnabends die erste Nachricht von mir erhältst – wie Du mich auch liebst – stärker liebe ich Dich doch – doch nie verberge Dich vor mir – gute Nacht – als Badender muss ich schlafen gehn – ach Gott – so nah! so weit! ist es nicht ein wahres Himmelsgebäude, unsre Liebe, aber auch so fest, wie die Feste des Himmels. –

Guten Morgen am 7. Juli.

Schon im Bette drangen sich die Ideen zu Dir, meine Unsterbliche Geliebte, hier und da freudig, dann wieder traurig, vom Schicksale abwartend, ob es uns erhört – leben kann ich entweder nur ganz mit Dir oder gar nicht, ja, ich habe beschlossen, in der Ferne so lange herumzuirren, bis ich in Deine Arme fliegen kann und mich ganz heimatlich bei Dir nennen kann, meine Seele von Dir umgeben ins Reich der Geister schicken kann – ja leider muss es sein, Du wirst Dich fassen umso mehr, da Du meine Treue gegen Dich kennst, nie eine andre kann mein Herz besitzen, nie – nie – o Gott, warum sich entfernen müssen, was man so liebt, und doch ist mein Leben in W., so wie jetzt, ein kümmerliches Leben. – Deine Liebe macht mich zum Glücklichsten und Unglücklichsten zugleich – in meinen Jahren jetzt bedürfte ich einiger Einförmigkeit, Gleichheit des Lebens – kann diese bei unserm Verhältnisse bestehn? – Engel, eben erfahre ich, dass die Post alle Tage abgeht – und ich muss daher schließen, damit Du den B. gleich erhältst – sei ruhig, nur durch ruhiges Beschauen unsres Daseins können wir unsern Zweck, zusammen zu leben, erreichen – sei ruhig – liebe mich – heute – gestern – welche Sehnsucht mit Tränen nach Dir – Dir – Dir, mein Leben – mein Alles – leb wohl – o liebe mich fort. – Verkenne nie das treuste Herz Deines Geliebten

ewig Dein
ewig mein
ewig uns.

an Bettina Brentano / von Arnim

Wien, LI. August 1810

Teuerste Freundin!
Kein schönerer Frühling als der heurige, das sage ich und fühle es auch, weil ich Ihre Bekanntschaft gemacht habe. Sie haben wohl selbst gesehen, dass ich in der Gesellschaft bin wie ein Fisch auf dem Sand, der wälzt sich und wälzt sich und kann nicht fort, bis eine wohlwollende Galathee ihn wieder in das gewaltige Meer hineinschafft. Ja, ich war recht auf dem Trockenen, liebste Freundin, ich ward' von Ihnen überrascht in einem Augenblick, wo der Missmut ganz mein Meister war, aber wahrlich, er verschwand mit Ihrem Anblick, ich habe es gleich weg gehabt, dass Sie aus einer andern Welt sind als dieser absurden, der man mit dem besten Willen die Ohren nicht auftun kann. Ich bin ein elender Mensch und beklage mich über die andern!!
Das verzeihen Sie mir wohl mit Ihrem guten Herzen, das aus Ihren Augen sieht, und mit Ihrem Verstand, der in Ihren Ohren liegt – zum wenigsten verstehen Ihre Ohren zu schmeicheln, wenn Sie zuhören. Meine Ohren sind leider eine Scheidewand, durch die ich keine freundliche Kommunikation mit Menschen leicht haben kann. Sonst vielleicht! – hätte ich mehr Zutrauen gefasst zu Ihnen, so konnte ich nur den großen gescheuten Blick Ihrer Augen verstehen, und der hat mir zugesetzt, dass ich's nimmer vergessen werde. – Liebe Freundin, liebstes Mädchen – die Kunst! Wer versteht die? – Mit wem kann man sich bereden über diese große Göttin … – – – wie lieb sind mir die wenigen Tage, wo wir zusammen schwatzten, oder vielmehr korrespondierten, ich habe die kleinen Zettel alle aufbewahrt, auf denen Ihre geistreichen lieben, liebsten Antworten stehen, so habe ich meinen schlechten Ohren doch zu verdanken, dass der beste Teil dieser flüchtigen Gespräche aufgeschrieben ist.
Seit Sie weg sind, habe ich verdrießliche Stunden gehabt, Schattenstunden, in denen man nichts tun kann, ich bin wohl an drei Stunden in der Schönbrunner Allee herumgelaufen, als Sie weg waren, aber kein Engel ist mir da begegnet, der mich gepackt

hätte wie *Du Engel* – verzeihen Sie, liebste Freundin, diese Abweichung von der Tonart, solche Intervalle muss ich haben, um meinem Herzen Luft zu machen. Und an Goethe haben Sie von mir geschrieben, nicht wahr? Dass ich meinen Kopf möchte in einen Sack stecken, wo ich nichts höre und nichts sehe von allem, was in der Weh vorgeht, weil Du, liebster Engel, mir doch nicht begegnen wirst, aber einen Brief werde ich ja doch von Ihnen erhalten, die Hoffnung nährt mich, sie nährt ja die halbe Welt, und ich habe sie mein Lebtag zur Nachbarin gehabt, was wäre sonst mit mir geworden! Ich schicke hier mit eigner Hand *Kennst Du das Land* als eine Erinnerung an die Stunde, wo ich Sie kennenlernte, ich schicke auch das andere, was ich komponiert habe, seit ich Abschied von Dir genommen habe, liebes, liebstes Herz!

> Herz, mein Herz, was soll das geben,
> Was bedränget dich so sehr;
> Welch ein neues fremdes Leben,
> Ich erkenne dich nicht mehr.

Ja, liebste Freundin, antworten Sie mir hierauf, schreiben Sie mir, was es geben soll mit mir, seit mein Herz solch ein Rebeller geworden ist. Schreiben Sie Ihrem treuesten Freund

Beethoven

Töplitz, 15. August 1812

Liebste, gute Freundin!
Könige und Fürsten können wohl Professoren machen und Geheimräte und Titel und Ordensbänder umhängen, aber große Menschen können sie nicht machen, Geister, die über das Weltgeschmeiß hervorragen, das müssen sie wohl bleiben lassen zu machen, und damit muss man sie in Respekt haben – wenn so zwei zusammenkommen wie ich und der *Goethe*, da müssen die großen Herren merken, was bei unser einem als groß gelten kann. Wir begegneten gestern auf dem Heimweg der ganzen kaiserlichen Familie, wir sahen sie von Weitem kommen, und

der Goethe machte sich von meinem Arm los, um sich an die Seite zu stellen, ich mochte sagen, was ich wollte, ich konnte ihn keinen Schritt weiterbringen, ich drückte meinen Hut auf den Kopf und knöpfte meinen Überrock zu und ging mit untergeschlagenen Armen mitten durch den dicksten Haufen, Fürsten und Schranzen haben Spalier gemacht, der Herzog Rudolph hat mir den Hut abgezogen, die Frau Kaiserin hat gegrüßt zuerst. – Die Herrschaften *kennen* mich, ich sah zu meinem wahren Spaß die Prozession an Goethe vorbeidefilieren – er stand mit abgezogenem Hut tief gebückt an der Seite – dann habe ich ihm den Kopf gewaschen, ich gab kein Pardon und habe ihm all seine Sünden vorgeworfen, am meisten die gegen Sie, liebste Freundin, wir hatten gerade von Ihnen gesprochen. Gott, hätte ich eine solche Zeit mit Ihnen haben können wie der, das glauben Sie mir, ich hätte noch viel mehr Großes hervorgebracht. Ein Musiker ist auch Dichter, er kann sich auch durch ein Paar Augen plötzlich in eine schönere Welt versetzt fühlen, wo größere Geister sich mit ihm einen Spaß machen und ihm recht tüchtige Aufgaben machen – was kam mir nicht alles im Sinn, wie ich Sie kennenlernte auf der kleinen Sternwarte während dem herrlichen Mairegen, der war ganz fruchtbar auch für mich. Die schönsten Themas schlüpften damals aus Ihren Blicken in mein Herz, die erst die Welt noch entzücken sollen, wenn der Beethoven nicht mehr dirigiert. Schenkt mir Gott noch ein paar Jahre, dann muss ich Dich wiedersehen, liebste Freundin, so verlangt's die Stimme, die immer recht behält in mir. Geister können einander auch lieben, ich werde immer um den Ihrigen werben.
Adieu, adieu, Beste, Dein letzter Brief lag eine ganze Nacht auf meinem Herzen und erquickte mich da, Musikanten erlauben sich alles.
Gott, wie liebe ich Sie. Dein treuester Freund und tauber Bruder

Beethoven

Friedrich Hölderlin

(1770-1843)

an Louise Nast und Susette Gontard (Diotima)

Während seines Besuchs der Klosterschule in Maulbronn verliebte Hölderlin sich als 16-jähriger in Louise Nast, die Tochter des Klosterverwalters. Sie erwiderte seine Liebe, und es kam zu einer heimlichen Verlobung. Drei Jahre später allerdings beendete Hölderlin das Verhältnis – brieflich; warum, ist unbekannt. In Susette Gontard, Frau eines Frankfurter Bankiers, verliebte Hölderlin sich während seiner Tätigkeit als Hauslehrer für ihren Sohn. Als der Ehemann von dem Verhältnis erfuhr, musste der Dichter die Stellung verlassen.

an Lousie Nast

Liebe, gute Louise!
Liebe, gute Louise!
Noch nie fühlte ich den Wert Deiner edlen Seele stärker, sah nie meinen Abstand von Dir deutlicher, als bei Deinem letzten Brief. O könnt' ich zu Deinen Füßen den trüben Augenblick Dir abbitten, den ich Dir vielleicht durch meine trübsinnige Laune machte, könntest Du sehen, wie unwürdig Deiner so unbeschreiblich edlen Liebe ich mich in dem Augenblick fühle, wann ich daran denke, dass meine Grillen die Achtung, die ich ewig für Dich habe, u. haben soll, so unverzeihlich bei Seit setzten. Louise! Louise! liebes herrliches Mädchen! und Du antwortest mir mit dieser himmlischen Güte? Liebst mich noch eben so heiß? Tröstest mich so zärtlich über meiner freilich ziemlich traurigen Lage? Täglich, täglich neue Beweise – wie viel ich an Dir habe – je öfter ich den Brief lese, desto schätzbarer wird er mir – kein Wort Deiner Liebe entging mir, keine Silbe, die mich so ganz in Dein schönes Herz sehen ließ. O lieber Gott! was müssen das für selige Tage sein, da wir auf ewig vereint so

ganz für einander leben – Louise – was werd' ich da an Dir haben – Du wirst mich aufheitern in trüben Stunden, Du wirst mir die Lasten, die ich zu tragen habe, versüßen, Du wirst mich mit der Welt versöhnen, wann ich beleidigt bin, Du wirst mir alles, alles sein – O! Ich bin so glücklich! Ich verspreche Dir von nun an, süßes liebes Mädchen – von nun an – wann ich wieder so feindselig schreibe, will ich nimmer Dein Hölderlin sein. Was ich diesen Nachmittag für eine selige Stunde hatte! Ich wollte Deinen letzten Brief wieder lesen – bekam aber einen ältern in die Hand – u. dann wieder einen andern – bis ich endlich alle gelesen hatte – auch den allerersten, liebe Seele! „Sie haben mein ganzes Herz", schriebst Du damals, u. O Gott! ich hab' es noch, nach so vielen Prüfungen, die über Dich ergangen sind, nach so vielen Leiden, die Du um mich ausstehen musstest, hab' ich es noch, dieses teure Herz, u. nicht wahr, liebe Louise! ich werd es ewig behalten? – Ich musste innhalten, der Gedanke, dass ich Dein Herz habe u. die Erinnerung an all die Wonne der Vergangenheit macht mich ganz weich – es wäre Dir ja auch so gegangen – bei diesen Gedanken. –

Lebe wohl, liebe Louise!
und vergiss nie Deinen
Hölderlin.

Das war ein Brief von Dir, liebe Seele! Hättst Du mich sehen können, wie ich Tränen der innigsten Freude weinte, auf dieses neue Zeichen Deiner so unaussprechlich süßen beglückenden Liebe, wie ich in dem Augenblick so innig fühlte, was ich an Dir habe, wie meine Tage wieder so heiter, so ruhig hinfließen. O Mädchen! Auch in der Trennung ist Deine Liebe Seligkeit, auch dieses Sehnen ist Wonne Deinem Jüngling – denn jeder Augenblick sagt mir, dass Du Dich ebenso nach mir sehnst, dass Dir diese etlichen Jahre ebenso lange werden als mir. Und nur noch elf Wochen bis Ostern, Liebe? Freilich ist's lächerlich, nur noch elf Wochen – aber wir wollen uns eben so trösten – und dann – O Louise! Louise! dann – Ich kann sie nicht nennen, all die Seligkeit, die meiner in Deinen Armen wartet … der Buchstabe ist eben Buchstabe, u. da lass ich Dich's lieber fühlen, wie diese Erwartung mein Herz erhebt – Und Du erinnerst Dich noch der lieben Worte, unsers letzten Besuches? Sie sind Dir tief in die Seele eingegraben? O Louise! sie sind mein einziger Gedanke in der Einsamkeit, meine einzige Beschäftigung in den seligen Dir geweiheten Stunden.

O, u. Dein Traum? – Herrliches, liebes Mädchen, wie bin ich so glücklich? Um wie viel glücklicher wär' ich, wann ich in Deinen Armen mein ganzes wonnerfülltes Herz vor Dir ergießen könnte. Es ist mir so wohl, wann ich daran denke, wie ich oft so geduldig, u. doch so voll der innigsten Sehnsucht an jenem Plätzchen wartete, bis ich die Teure am Fenster sah, u. wie er mich entzückte, der Gedanke, dass Du in der ganzen lieben Welt auf nichts blickest als auf Deinen Hölderlin, dass nur ich in dieser Brust wohne – Louise! Louise! u. wann ich Dich aus Deinem Hause dem Kreuzgang zu gehen sah – es ist mir noch alles so lebendig – der schöne majestätische Gang, das liebevolle Auge nach mir heraufblickend – u. die Erwartung der seligen Stunde auf Deinem Gesichte so ganz ausgedrückt – u. wie uns Erd u. Himmel schwanden, in der Stille u. Dämmerung! – – Und die gute Heinrike ist wirklich bei Dir? Möchte doch all die Freundschaft, die sie uns erwiesen hat, ihr tausendfach in ihrer neuen Lage vergolten werden. Sie wird mit ihrer heitern gefälligen Seele sich und ihren Gatten gewiss beglücken. Und Du erinnerst Dich auch noch der glücklichen Zeiten in Leonberg – denkst Du noch an all die seligen Stunden? Die Stunden der feurigsten, süßesten Liebe? O Louise! Ist's dann nimmer möglich, an irgendeinem Orte bei guten Leuten so nah um Dich zu sein? Verdien' ich's nicht noch? so beglückt zu werden – – Doch wieder ewige Pläne! – Es wird Dir aber auch so gehen, liebe Seele! Die Tage, die ich in Leonberg zubrachte, waren zu schön, als dass ich sie mir nicht noch oft wiederträumen sollte. O, nur der Abschied! – – Es goss so eine süße Wehmut über meine ganze Seele u. begleitete mich den ganzen Weg über. Nur, als ich die Berge um Nürtingen sah u. der Wald vor Leonberg so nach u. nach sich hinter mir verlor – da stürzten mir Tränen des bittersten Schmerzens aus den Augen – ich musste lange hinstehen. – Der übrige Teil meiner Reise wurde mir noch einmal so sauer als zuvor. –

Deinen Jfr. Schwestern tausend Komplimente – auch an Jfr. Käufelin u. ich lass ihr zum neuen Jahre einen flinken Pinsel wünschen ...

Schlaf wohl, liebes Mädchen! Liebe mich, wie bisher. Ich bin ewig

Dein Hölderlin.

Diotima an Hölderlin

Sonntag den 3ten, Abends 9 Uhr

Ich bin ganz allein und kann nicht schlafen gehen, ohne Dir, bestes, liebstes Herz! gute Nacht zu sagen, könntest Du jetzt fühlen, wie innig ich Dich fühle, wie die heiligsten Momente unserer Liebe vor meiner Seele schweben! Wie glücklich würde ich sein! wenn ich das wissen könnte! Schlaf sanft und süß, mein Bild umschwebe Dich! – – –

Hölderlin an Diotima

Täglich muss ich die verschwundene Gottheit wieder rufen. Wenn ich an große Männer denke, in großen Zeiten, wie sie, ein heilig Feuer, um sich griffen, und alles Tote, Hölzerne, das Stroh der Welt in Flamme verwandelten, die mit ihnen aufflog zum Himmel, und dann an mich, wie ich oft, ein glimmend Lämpchen, umhergehe und betteln möchte um einen Tropfen Öl, um eine Weile noch die Nacht hindurch zu scheinen – siehe! da geht ein wunderbarer Schauer mir durch alle Glieder, und leise ruf ich mir das Schreckenswort zu: lebendiger Toter!

Weißt Du, woran es liegt, die Menschen fürchten sich voreinander, dass der Genius des einen den andern verzehre, und darum gönnen sie sich wohl Speise und Trank, aber nichts, was die Seele nährt, und können es nicht leiden, wenn etwas, was sie sagen und tun, im andern einmal geistig aufgefasst, in Flamme

verwandelt wird. Die Törigen! Wie wenn irgendetwas, was die Menschen einander sagen könnten, mehr wäre als Brennholz, das erst, wenn es vom geistigen Feuer ergriffen wird, wieder zu Feuer wird, so wie es aus Leben und Feuer hervorging. Und gönnen sie die Nahrung nur gegenseitig einander, so leben und leuchten ja beide, und keiner verzehrt den andern.
Erinnerst Du Dich unserer ungestörten Stunden, wo wir und wir nur umeinander waren? Das war Triumph! Beide so frei und stolz und wach und blühend und glänzend an Seel und Herz und Aug und Angesicht, und beide so in himmlischem Frieden nebeneinander! Ich hab es damals schon geahndet und gesagt: Man könnte wohl die Welt durchwandern und fände es schwerlich wieder so. Und täglich fühl ich das ernster.
Gestern Nachmittag kam Muhrbeck zu mir aufs Zimmer. Die Franzosen sind schon wieder in Italien geschlagen, sagt' er. Wenn's nur gut mit uns steht, sagt ich ihm, so steht es schon gut in der Welt, und er fiel mir um den Hals, und wir küssten uns die tiefbewegte freudige Seele auf die Lippen, und unsre weinenden Augen begegneten sich. Dann ging er. Solche Augenblicke hab ich doch noch. Aber kann das eine Welt ersetzen? Und das ist's, was meine Treue ewig macht. In dem und jenem sind viele vortrefflich. Aber eine Natur wie Deine, wo so alles in innigem unzerstörbarem lebendigem Bunde vereint ist, diese ist die Perle der Zeit, und wer sie erkannt hat, und wie ihr himmlisch angeboren eigen Glück dann auch ihr tiefes Unglück ist, der ist auch ewig glücklich und ewig unglücklich.

Diotima an Hölderlin

6. Februar 1799

Denke nur nicht, Lieber, dass das Schicksal unsrer Liebe mich empören oder gänzlich niederdrücken möchte. Ich weine wohl oft bittre, bittre Tränen, aber eben diese Tränen sind es, die mich erhalten. Solange Du lebst, mag ich nicht untergehen. Fühlte ich nicht mehr, wäre die Liebe aus mir verschwunden, und was wäre mir das Leben ohne Liebe, ich würde in Nacht und Tod hinabsinken. Solange Du mich liebst, kann ich mich nicht verschlimmern, Du hältst mich empor und führest mich den Weg zur Schönheit! Habe Glauben an mich und baue fest auf mein Herz und denke wie ich, dass unser liebstes, innerstes Wesen unveränderlich sich gleichbleiben und sich angehören wird!

Hölderlin an Diotima

Hier *unsern* Hyperion, Liebe! Ein wenig Freude wird diese Frucht unserer seelenvollen Tage Dir doch geben. Verzeih mir's, dass Diotima stirbt. Du erinnerst Dich, wir haben uns ehmals nicht ganz darüber vereinigen können. Ich glaubte, es wäre, der ganzen Anlage nach, notwendig. Liebste! alles, was von ihr und uns, vom Leben unseres Lebens hie und da gesagt ist, nimm es wie einen Dank, der öfters umso wahrer ist, je ungeschickter er sich ausdrückt. Hätte ich mich zu Deinen Füßen nach und nach zum Künstler bilden können in Ruhe und Freiheit, ja ich glaube, ich wär' es schnell geworden, wonach in allem Leide mein Herz sich in Träumen und am hellen Tage und oft mit schweigender Verzweiflung sehnt.

Es ist wohl der Tränen alle wert, die wir seit Jahren geweint, dass wir die Freude nicht haben sollten, die wir uns geben können, aber es ist himmelschreiend, wenn wir denken müssen, dass wir beide mit unsern besten Kräften vielleicht vergehen müssen, weil wir uns fehlen. Und sieh! das macht mich eben so stille manchmal, weil ich mich hüten muss vor solchen Gedanken. Deine Krankheit, Dein Brief – es trat mir wieder, so sehr ich sonst verblinden möchte, so klar vor die Augen, dass Du immer, immer leidest – und ich Knabe kann nur weinen drüber! – Was ist besser, sage mir's, dass wir's verschweigen, was in unserm Herzen ist, oder dass wir uns es sagen! – Immer hab' ich die Memme gespielt, um Dich zu schonen – habe immer getan, als könnt' ich mich in alles schicken, als wär ich so recht zum Spielball der Menschen und der Umstände gemacht und hätte kein festes Herz in mir, das treu und frei in seinem Rechte für sein Bestes schlüge, teuerstes Leben! habe oft meine liebste

Liebe, selbst die Gedanken an Dich mir manchmal versagt und verleugnet, nur um so sanft wie möglich um Deinetwillen dies Schicksal durchzuleben, Du auch, Du hast immer gerungen, Friedliche! um Ruhe zu haben, hast mit Heldenkraft geduldet und verschwiegen, was nicht zu ändern ist, hast Deines Herzens ewige Wahl in Dir verborgen und begraben, und darum dämmert's oft vor uns, und wir wissen nicht mehr, was wir sind und haben, kennen uns kaum noch selbst; dieser ewige Kampf und Widerspruch im Innern, der muss Dich freilich langsam töten, und wenn kein Gott ihn da besänftigen kann, so hab' ich keine Wahl, als zu verkümmern über Dir und mir oder nichts mehr zu achten als Dich und einen Weg mit Dir zu suchen, der den Kampf uns endet.

Ich habe schon gedacht, als könnten wir auch von Verleugnung leben, als machte vielleicht auch dies uns stark, dass wir entschieden der Hoffnung das Lebewohl sagten,

[Brief bricht ab]

Friedrich Creuzer

(1771-1858)

an Karoline von Günderrode

Der Philologe Friedrich Creuzer und Karoline von Günderrode lernten sich im Kreis der Romantiker um die Brentanos kennen. Es war der in dem untenstehenden Brief erwähnte Carl von Savigny, Karolines erste große Liebe, der sie dort einführte; er selbst heiratete später Kunigunde Brentano, eine Schwester von Clemens und Bettina. Creuzer und Karoline liebten sich gegenseitig, aber Creuzer war nicht bereit, sich von seiner 13 Jahre älteren Ehefrau zu trennen, da sie drohte, sich umzubringen, falls er es tun sollte. Creuzer schlug also Karoline vor, zu dritt zusammenzuleben, doch als er krank wurde und seine Frau ihn gesundpflegte, schwor er ihr, sich von Karoline zu trennen. Als diese davon erfuhr, nahm sie sich das Leben. Sie war 26.

Donnerstag. Oktober 1804.

Dein heute angekommener Brief ist wieder einmal so recht voll überströmender und hin- und herflutender Fülle. Das erschreckt mich nicht mehr. Schwelge Du immer nur in Deiner Kraft. Du sollst mir doch gehorchen lernen – aber dann sollst Du Dich auch erst recht frei fühlen und recht mutwillig spielen, Du Zauberin!

Freitag.

Wie ganz anders ist es heute, als es gestern war! – Es war abermals Täuschung, was mir den Glauben der Freiheit gab. Eine neue Erklärung meiner Frau entreißt mich diesem Wahn. Freilassen kann sie mich nicht – verlassen will sie mich – aber wie? Wie man in den Tod gehet! – Nun höre ich auf zu glauben, aber auch zu hoffen. Ich bin nicht hart genug, töten zu können – sterben kann ich. Dieser Rückfall entscheidet mein Schicksal. Ich muss Ihnen alles sagen. In Ihrem Besitz kannte ich keine Grenze. Sie sollten, so hoffte ich, noch mein Weib werden. Meine Frau sollte bei uns zu bleiben wünschen – als Mutter, als Führerin unseres Hauswesens. – Frei und poetisch sollte Ihr Leben sein. Und Savigny, dem Schwarz vorgestern einiges gesagt hatte und welcher mich nun über mein Verhältnis zu Ihnen befragte (zürnen Sie mir nicht!), Savigny schien diese Idee mit Liebe auszubilden (wenngleich nicht ohne Besorgnis wegen Ihrer Narzissnatur). Er und ich rechneten dabei auf Ihren großen Mut, auf eine große Liebe zu mir. Einen bestimmten Plan über die Art meines Lebens mit Ihnen musste ich mir machen, weil davon mein wahrscheinlich sehr naher Entschluss wegen Landshut abhing. Nun aber, da ich kein Menschenopfer fordern kann, ist mir Ihr Besitz versagt.

Zwar den Trost, Sie zuweilen in meinem Hause zu sehen, lässt mir das Mitleid meiner Frau. Aber was ist das für den, der sich dem Himmel so nahe glaubte! Und werden Sie das nun noch können!

Ich hab' mein Leben verloren. Schwarz ist nun auch auf der Seite meiner Frau. Da er zuweilen Ihre Briefe beim Eröffnen las,

so schicken Sie ferner nichts mehr durch ihn, sondern an mich unmittelbar. Ich empfange alles sicher. Schwarz, seitdem er gehört, dass ich nach Landshut will, versteht mein Gemüt nicht mehr und hält mich für treulos. Ich hab' nun keinen Vertrauten mehr.
Wirst Du mich nun auch lassen und mir nicht mehr schreiben?

Deinem F. C.

Freitag, 3. Oktober 1805.

Deines letzten Briefes Ton hat mir einen tiefen Schmerz gegeben, Lina! Dieses Resignieren kann nicht beruhigen. Du bist ein großes Wesen und stark und fromm. Ich fange an zu fühlen, Du bist zu fromm für mich, ich verdiene Dich nicht – darum tritt das Schicksal so zwischen uns. So denke ich oft, aber herrschend bleibt der Gedanke nicht, herrschender in mir ist der Stolz und der Gedanke, dass ich Dich verdienen werde, und die süße Hoffnung, dass ich Dich gewinne. Hättest Du doch in meinen Augen lesen können, als ich vorgestern Nacht Deine zwei Sonette las. Wie bin ich doch so ganz Dein, wahrlich es bedarf solchen neuen Zaubers nicht, mich zu fesseln; aber wie süß ist dennoch dieser Zauber, wie schmeichelnd gleitet er ins Herz!
Du bist unerschöpflich an Poesie und Liebe. Liebe habe ich auch und ewige Liebe ohne Maß, aber die Poesie wird mich ganz fliehen, wenn ich Dich nur lieben darf und nicht auch haben und bei Dir sein und mich einwohnen in der Heimat Deines Herzens. Ich bin nicht hoffnungslos, aber traurig, dass die Hoffnung, Dich zu besitzen, abhängig gemacht ist von der äußern Macht des Zufalles. Adieu, teure, teure Seele – ich schreibe Dir nächstens mehr. Du antwortest mir niemals auf die Frage, ob Du gesund.

Karoline von Günderrode an Creuzer

Aus dem Oktober 1805.

Mein ganzes Leben bleibt Dir gewidmet, geliebter, süßer Freund. In solcher Ergebung, in so anspruchsloser Liebe werd' ich immer Dir angehören, Dir leben und Dir sterben. Liebe mich auch immer, Geliebter. Lass keine Zeit, kein Verhältnis zwischen uns treten. Den Verlust Deiner Liebe könnte ich nicht ertragen, versprich mir, mich nimmer zu verlassen. O Du Leben meines Lebens, verlasse meine Seele nicht. Siehe, es ist mir freier und reiner geworden, seit ich allem irdischen Hoffen entsagte. In heilige Wehmut hat sich der ungestüme Schmerz aufgelöst. Das Schicksal ist besiegt. Du bist mein über allem Schicksal. Es kann Dich mir nichts mehr entreißen, da ich Dich auf solche Weise gewonnen habe.

Creuzer an Karoline von Günderrode

Heidelberg, 8. Dezember 1805

Verzeihe mir meine Fragen im letzten Briefe, geliebte Freundin. Siehe, zuweilen bin ich gar zu traurig und dann meine ich: Ich dürfe gar nichts hoffen, dürfe nichts besitzen, was des Lebens Preis und Blüte ist. Deine himmlische Liebe aber schlägt jeden Zweifel nieder – dass sie verschwinden wie düstere Wolken vor der lieben Sonne. Blicke aber auch in dieses Herz und siehe den Dank darin für solche Güte.

Dein Bild erwarte ich sehnlich, seitdem ich wieder den Mut errungen, es zu besitzen ... O Du geliebte Seele, wie bist Du gut! Es wird Dir nicht ganz gleichen, das weiß ich schon. Denn wer vermag nur, zu malen diesen Engelsblick und darzustellen diese überirdische Schöne, die über Dein ganzes Wesen ausgegossen ist? Nur Symbole vom Heiligsten und Höchsten entlehnt und in einer Poesie dargestellt, die Musik ist ohne Worte und doch wieder bestimmter als Musik – das könnte mehr genügen.

Oft lebe ich ganz in der Idee von dem, was ich einst schreiben will für Dich – und doch werden noch einige Jahre vielleicht

hingehen, bis es vollendet. Ich werde darin uralte Mythen untersuchen vom Dienste des Dionysos und von der großen Gottheit des alten Pan, der ein ewiges Lied gesungen, wovon Pythagoras und die Weisen der Vorzeit einzelne Laute gehöret.
Oft bete ich zur großen Natur, dass sie mir verleihen möge Glück im treuen Forschen, um nur zu erkennen, was die große Vorwelt von ihr gewusst, und in Sinnbildern dargestellt und was den unwürdigen Enkeln der Nachwelt verborgen ist – und wenn sie es wüssten – eine Torheit sein würde.
Ich will nicht mehr zweifeln, sondern an Dich glauben, das heißt an die ewige Tugend, Du Heilige – Du Reine …
Süßes Leben Lina adieu.

Heinrich von Kleist

(1777-1811)

an Wilhelmine von Zenge und Henriette Vogel

Kleist lernte die Generalstochter Wilhelmine von Zenge während seines Studiums kennen und war zwei Jahre lang mit ihr verlobt; sie trennten sich, da Wilhelmine nicht bereit war, mit ihm das einfache, bäuerliche Leben zu führen, das Kleist nach seiner Rousseau-Lektüre vorschwebte. Henriette Vogel begenete er zu einer Zeit, da er verstärkt Selbstmordgedanken hegte; sie litt unter Gebärmutterkrebs und wollte ebenfalls sterben. Nach gemeinsamer Übereinkunft erschoss Kleist 1811 zuerst sie und dann sich selbst am Ufer des heutigen Kleinen Wannsee im Südwesten Berlins.

an Wilhelmine von Zenge

Berlin, den 13. November 1800

Liebe Wilhelmine, O Dein Brief hat mir eine ganz außerordentliche Freude gewährt. Dich so anzuschmiegen an meine Wünsche, so innig einzugreifen in mein Interesse – O es soll Dir gewiss einst belohnt werden! Grade auf diesem Lebenswege, wo Du alles fahren lässt, was doch sonst die Weiber reizt, Ehre, Reichtum, Wohlleben, grade auf diesem Wege wirst Du umso gewisser etwas anderes finden, das doch mehr wert ist als das alles – Liebe. Denn wo es noch andere Genüsse gibt, da teilt sich das Herz, aber wo es nichts gibt als Liebe, da öffnet sich ihr das ganze Wesen, da umfasst es ihr ganzes Glück, da werden alle ihre unendlichen Genüsse erschöpft – ja, gewiss, Wilhelmine, Du sollst einst glücklich sein.

Aber lass uns nicht bloß frohen Träumereien folgen – Es ist wahr, wenn ich mir das freundliche Tal denke, das einst unsre Hütte umgrenzen wird, und mich in dieser Hütte und Dich und die Wissenschaften, und weiter nichts – O dann sind mir alle Ehrenstellen und alle Reichtümer verächtlich, dann ist es mir, als könnte mich nichts glücklich machen als die Erfüllung dieses Wunsches, und als müsste ich unverzüglich an seine Erreichung schreiten – – Aber die Vernunft muss doch auch mitsprechen, und wir wollen einmal hören, was sie sagt. Wir wollen einmal recht vernünftig diesen ganzen Schritt prüfen.

Ich will kein Amt nehmen. Warum will ich es nicht? – O wie viele Antworten liegen mir auf der Seele! Ich kann nicht eingreifen in ein Interesse, das ich mit meiner Vernunft nicht prüfen darf. Ich soll tun, was der Staat von mir verlangt, und doch soll ich nicht untersuchen, ob das, was er von mir verlangt, gut ist. Zu seinen unbekannten Zwecken soll ich ein bloßes Werkzeug sein – ich kann es nicht. Ein eigner Zweck steht mir vor Augen, nach ihm würde ich handeln müssen, und wenn der Staat es anders will, dem Staate nicht gehorchen dürfen. Meinen Stolz würde ich darin suchen, die Aussprüche meiner Vernunft geltend zu machen gegen den Willen meiner Obern – nein, Wilhelmine, es geht nicht, ich passe mich für kein Amt. Ich bin auch wirklich zu ungeschickt, um es zu führen. Ordnung, Genauigkeit, Geduld, Unverdrossenheit, das sind Eigenschaften die bei einem Amte unentbehrlich sind und die mir doch ganz fehlen. Ich arbeite nur für meine Bildung gern, und da bin ich unüberwindlich geduldig und unverdrossen. Aber für die Amtsbesoldung Listen zu schreiben und Rechnungen zu führen, ach, ich würde eilen,

eilen, dass sie nur fertig würden, und zu meinen geliebten Wissenschaften zurückkehren. Ich würde die Zeit meinem Amte stehlen, um sie meiner Bildung zu widmen – nein, Wilhelmine, es geht nicht, es geht nicht. Ja, ich bin selbst zu ungeschickt, mir ein Amt zu erwerben. Denn, zufrieden, mir wirklich Kenntnisse zu erwerben, bekümmert es mich wenig, ob andere sie in mir wahrnehmen. Sie zur Schau aufstellen oder zum Kauf ausbieten, wäre mir ganz unmöglich – und würde man denjenigen wohl begünstigen, der den Stolz hat, jede Gunst zu entbehren und der durch keine andere Fürsprache steigen will als durch die Fürsprache seiner eignen Verdienste? – Aber das Entscheidendste ist dieses, dass selbst ein Amt, und wäre es eine Ministerstelle, mich nicht glücklich machen kann. Mich nicht, Wilhelmine – denn eines ist gewiss, ich bin einmal in meinem Hause glücklich oder niemals, nicht auf Bällen, nicht im Opernhause, nicht in Gesellschaften, und wären es die Gesellschaften der Fürsten, ja wäre es auch die Gesellschaft unsres eignen Königs – – und wollte ich darum Minister werden, um häusliches Glück zu genießen? Wollte ich darum mich in eine Hauptstadt begraben und mich in ein Chaos von verwickelten Verhältnissen stürzen, um still und ruhig bei meiner Frau zu leben? Wollte ich mir darum Ehrenstellen erwerben und mich darum mit Ordensbändern behängen, um Staat zu machen damit vor meinem Weibe und meinen Kindern? Ich will von der Freiheit nicht reden, weil Du mir schon einmal Einwürfe dagegen gemacht hast, ob Du zwar wohl gleich, wie alle Weiber, das nicht recht verstehen magst; aber Liebe und Bildung sind zwei unerlässliche Bedingungen meines künftigen Glückes – – und was könnte mir in einem Amte davon zuteil werden als höchstens ein karger, sparsamer Teil von beiden? Wollte ich an die Wissenschaften gehen, so brächte mir der Sekretär einen Stoß voll Akten, und wollte ich einen großen Gedanken verfolgen, so meldete mir der Kammerdiener, dass das Vorzimmer voll Fremden stehe. Wollte ich den Abend bei meinem Weibe zubringen, so ließe mich der König zu sich rufen, und um mir auch die Nächte zu rauben, müsste ich in die Provinzen reisen und die Fabriken zählen. O wie würde ich den Orden und die Reichtümer und den ganzen Bettel der großen Welt verwünschen, wie würde ich bitterlich weinen, meine Bestimmung so unwiederbringlich verfehlt zu haben, wie würde ich mir mit heißer Sehnsucht trocknes Brot wünschen und mit ihm Liebe, Bildung und Freiheit – Nein, Wilhelmine, ich darf kein Amt wählen, weil ich das ganze Glück, das es gewähren kann, verachte.

[…] Lass mich ganz aufrichtig sein, liebes Mädchen. Ich will von mir mit Dir reden, als spräche ich mit mir selbst. Gesetzt, Du fändest die Rede eitel, was schadet es? Du bist nichts anders als ich, und vor Dir will ich nicht besser erscheinen als vor mir selbst, auch Schwächen will ich vor Dir nicht verstecken. Also aufrichtig und ohne allen Rückhalt.

Ich bilde mir ein, dass ich Fähigkeiten habe, seltnere Fähigkeiten, meine ich – ich glaube es, weil mir keine Wissenschaft zu schwer wird; weil ich rasch darin vorrücke, weil ich manches schon aus eigener Erfindung hinzugetan habe – und am Ende glaube ich es auch darum, weil alle Leute es mir sagen. Also kurz, ich glaube es. Da stünde mir nun für die Zukunft das ganze schriftstellerische Fach offen. Darin fühle ich, dass ich sehr gern arbeiten würde. – O da ist die Aussicht auf Erwerb äußerst vielseitig. Ich könnte nach Paris gehen und die neueste Philosophie in dieses neugierige Land verpflanzen – doch das siehst Du alles so vollständig nicht ein als ich. Da müsstest Du schon meiner bloßen Versicherung glauben, und ich versichere Dir hiermit, dass, wenn Du mir nur ein paar Jahre, höchstens sechs, Spielraum gibst, ich dann gewiss Gelegenheit finden werde, mir Geld zu erwerben.

Aber so lange sollen wir noch getrennt sein? Liebe Wilhelmine, ich will auch hierin ganz aufrichtig sein. Ich fühle, dass es mir notwendig ist, bald ein Weib zu haben. Dir selbst wird meine Ungeduld nicht entgangen sein – ich muss diese unruhigen Wünsche, die mich unaufhörlich wie Schuldner mahnen, zu befriedigen suchen. Sie stören mich in meinen Beschäftigungen – auch damit ich moralisch gut bleibe, ist es nötig – sei aber ganz ruhig, ich bleibe es gewiss. Nur kämpfen möchte ich nicht gern. Man muss sich die Tugend so leicht machen als möglich. Wenn ich nur erst ein Weib habe, so werde ich meinem Ziele ganz ruhig und ganz sicher entgegen gehen – aber bis dahin – O werde bald, bald, mein Weib.

Also, ich wünsche es mit meiner ganzen Seele und entsage dem ganzen prächtigen Bettel von Adel und Stand und Ehre und Reichtum, wenn ich nur Liebe bei Dir finde. Wenn es nur möglich ist, dass wir so ohne Mangel beieinander leben können etwa sechs Jahre lang, nämlich bis so lange, wo ich mir etwas zu erwerben hoffe, o dann bin ich glücklich.

Aber ist dies möglich? O Du gutes, treffliches Mädchen! Ist es möglich, so ist es nur durch Dich möglich. Hätte mich mein Schicksal zu einem andern Mädchen geführt, das nicht so anspruchslos und genügsam wäre wie Du, ja dann müsste ich diesen innigsten Wunsch unfehlbar unterdrücken. Aber auch Du willst nichts als Liebe und Bildung – O beides sollst Du von mir erhalten, von dem ersten mehr selbst als Du fordern wirst, von dem andern so viel ich geben kann, aber beides mit Freuden. Ich erwarte mit Sehnsucht Deine Berechnung. Du kannst das alles besser prüfen als ich. Aber lass Dich nicht verführen von Deiner Liebe. Sei karg gegen mich, aber nicht gegen Dich. Nein, ich schwöre Dir, ich will Dich mit dieser scheinbaren Selbstverleugnung nicht an Edelmut übertreffen. Setze also nicht vergeblich Edelmut an Edelmut, das würde unser beiderseitiges Interesse verwirren. Lass uns wahr sein, ohne geschraubte Tugend. Wenn ich weniger verlange als Du, so ist das keine Selbstverleugnung, die mir ein Opfer kostet. Ich fühle, dass ich wirklich wenig bedarf, und mit wahrer Freude würde ich selbst manches entbehren, um Dich damit froher zu machen. Das ist mein Ernst, Wilhelmine, also lass mir diese Freude. Überfluss wirst Du nicht verlangen, aber an dem Notwendigen darf es Dir niemals fehlen, o niemals, denn das würde mich selbst unglücklich machen. Also sei nicht karg gegen Dich in der Berechnung. Fordere lieber mehr als Du brauchst als weniger. Es steht ja doch immer in der Folge bei Dir, mir zufließen zu lassen, was Du übrig hast, und dann werde ich es gewiss immer gern von Dir annehmen.

Ist es unter diesen Bedingungen nicht möglich, dass wir uns bald vereinigen – nicht möglich, nun denn, so müssen wir auf günstigere Zeiten hoffen – aber dann ist die Aussicht dunkel, O sehr dunkel – …
[…] Schreibe mir unverhohlen Deine Meinung über dieses. – Aber dass ja niemand etwas von diesem Plane erfährt. Wenn Du nicht mein künftiges Weib wärest, so hätte ihn vor der Ausführung kein Mensch von mir erfahren. – Lerne nur auf jeden Fall recht fleißig die französische Sprache. – Wie Vater zur Einwilligung zu bringen ist, davon ein andermal. – Ist das alles nicht ausführbar, so bleibt uns, bis zum Tode, eins gewiss, nämlich meine Liebe Dir, und Deine Liebe mir. Ich wenigstens gebe nie einem andern Mädchen meine Hand als Dir.
– Adieu. Ich küsse Dein Bild.

H. K.

an Henriette Vogel

Mein Jettchen, mein Herzchen, mein Liebes, mein Täubchen,
Mein Leben, mein liebes süßes Leben, mein Lebenslicht,
Mein Alles, mein Hab und Gut,
Meine Schlösser, Äcker, Wiesen und Weinberge,
O Sonne meines Lebens, Sonne, Mond und Sterne,
Himmel und Erde, meine Vergangenheit und Zukunft,
Meine Braut, mein Mädchen, meine liebe Freundin,
Mein Herzblut, meine Eingeweide, mein Augenstern,
O Liebste, wie nenn' ich Dich?
Mein Goldkind, meine Perle, mein Edelstein,
Meine Krone, meine Königin und Kaiserin.
Du lieber Liebling meines Herzens, mein Höchstes und Teuerstes,
Mein Alles und Jedes, mein Weib, meine Hochzeit,
Die Taufe meiner Kinder, mein Trauerspiel, mein Nachruhm.
Ach Du bist mein zweites, besseres Ich,
Meine Tugenden, meine Verdienste, meine Hoffnung,
Die Vergebung meiner Sünden, meine Zukunft und Seligkeit,

O Himmelstöchterchen,
Mein Gotteskind, meine Fürsprecherin und Fürbitterin,
Mein Schutzengel, mein Cherubim und Seraph,
Wie lieb' ich dich!

Henriette an Kleist

Mein Heinrich, mein Süßtönender, mein Hyazinthenbeet …
Meine Wiedergeburt, meine Freiheit, meine Fessel, mein
Sabbath,
Mein Tasso, mein Ritter, mein Graf Wetter,
Mein zarter Page, mein Erzdichter,
Mein schönes Tal, meine Belohnung, mein Wertester! Meine
Lethe …
Meine Seele sollst Du haben …

Henriette

Mein Schatten am Mittag, mein Quell in der Wüste,
Meine geliebte Mutter, meine Religion, meine innere Musik,
Mein armer kranker Heinrich, mein zartes weißes Lämmchen,
Meine Himmelspforte.

H.

Clemens Brentano

(1778-1842)

an Sophie Mereau, Karoline von Günderrode und Achim von Arnim

Sophie ging ihre erste Ehe mit Carl Mereau angeblich unter anderem ein, weil dieser mit Schiller befreundet war und sie den Dichter kennenlernen wollte. Mit Clemens Brentano hatte sie schon während ihrer Ehe ein Verhältnis, heiratete ihn aber erst, als sie nach der Scheidung von ihrem ersten Mann von Brentano schwanger wurde. Sie starb bei der Geburt seines dritten Kindes.

[Jena, den 18./21. August 1799.]

Liebe Sophie!
Es ist kaum recht, dass ich Dir heut noch schreibe, da Du heut ohnedies von mir und andern schon so viel bist geliebt worden, aber ich kann nun nicht anders, und zwei Stunden habe ich nun schon auf meinem Sofa gesessen und von Dir geträumt, von Dir gelacht und geweint. Zwei Stunden habe ich schon gedacht, ob ich wohl ohne Dich leben könnte, aber, Du Arme, es ist wohl nicht möglich. Und wenn es wahr ist, dass Du mich liebst, ach, dann ist es gar nicht möglich! Ich stand an Deinem Wagen, als Du ausstiegst, und wollte Dich berühren, um zu sehen, ob Du denn wirklich in der Welt sein könntest, weil Du mich liebst, und ich mich Dir so ganz, so aufrichtig gegeben habe, aber Du sahst mich nicht, und ich stand doch so dicht neben Dir, es war Dir in dem Augenblick gewiss recht wohl, dass Du so lieblich bist und so geliebt, ob gerade von mir, ach nun! das sei gut, weil Du mich nicht sahst. Hättest Du es gewusst, wie glücklich Du mich diesen Abend gemacht hättest, hättest Du mich bemerkt oder mir Deine Hand gegeben, Gott hätte gewiss gemacht, dass Du mich gesehen hättest, aber – ich bin's doch wohl nicht wert. Ich habe wieder recht sehnlich gewünscht, dass Du tot sein mögest und ich auch, denn es ist mir so leid, dass Du manches erfuhrst, und schmerzt mich so sehr, dass Du nicht weißt und vielleicht nie wissen wirst, wie es dem Menschen so süß an der Wiege gesungen ist, den ich liebe und für den ich lebe. Wenn ich denke, dass wir füreinander und miteinander leben könnten, da ist das andre Leben all vorbei, und wir müssten es wahrlich im Geheimen tun, sonst wär es nicht recht, denn die andern alle würden sonst sehen, wie sie von Gott misshandelt sind und wie alle ihre Freuden nur Elend sind. Es ist gut, Sophie, dass Du nicht so geworden bist, was Du werden konntest, wäre Deine Geschichte so wie Du gewesen, sonst hätte ich Dich doch nicht

verdient – ach, und doch kann ich so weinen, dass Du so elend bist, Dein Lächeln sieht aus wie die weiße Rose im Totenkranz und Deine Träne wie die im wütenden Hochzeittanze herabfallende, zertretne Perle des Brautkranzes. Ich habe sonderbar an Dich gedacht auf meinem Sofa, meine Zither klimperte recht freundlich drein, und ich war so traurig. Es war mir, als ging ich mit meiner Schwester in einem Garten, der mir gehörte, und sei ein ruhiger, ansässiger Mann, in einem Busche stand Dein Bild von Marmor, und ich weinte, es war Dein Denkmal, Du warst Gott sei Dank tot, und ich glaubte drum wieder an einen Himmel, denn Du hattest nicht mit mir Dich vereinigen können, weil Du zu schwach warst, ich kniete vor das Bild nieder und weinte heftig. Da sagte meine Schwester, du Armer, du wirst wohl nimmer wieder froh werden, meine Mutter war auch da und küsste das Bild. Das sah ich alles so lebhaft bei wachenden Augen, dass ich leise an zu weinen fing, nie habe ich so lange und so sanft geweint, meine Tränen stellten sich ein, als sollten sie nicht laut werden, um die traurige Wahrheit in meinem Herzen zu wecken. Wie wird das nun sein, wenn ich Dich nun nicht wiedersehe und Du mich vergisst, mit Gewalt vergisst, weil Du sagen wirst, der Arme, ich kann ihm nicht helfen und kann nur traurig an ihn denken, so wird er mir's gerne verzeihen, wenn ich ihn vergesse, er liebt mich ja so sehr, denn, Liebe, Du wirst es fühlen, wie ich Dich liebe.

Wie wir gestern von der Trisnizz heruntergingen, das werde ich nimmer vergessen, wie Du mir nahekamst und mir im Gehen die Hand ein bisschen gabst. Ach, es wird mir unendlich wohl, wenn sich unsre Seelen begegnen. Ich ging so fremd neben Dir her, und sprach von meiner Schwester mit Dir, das Einzige, was wir vor den Menschen sagen können, was wir beide lieben. In mir, da war's, als müsste ich Dich von den Menschen wegstehlen und mich vor Dich hinknien und beten, wie ich Dich liebe. Da gabst Du mir Deine Hand, das wird Dir Gott belohnen, denn ich kann Dir wahrlich nicht mehr geben, Du hast mein ganzes Leben. Recht gut will ich werden, Sophie, damit Du mich noch mehr liebst, und damit ich recht elend werden kann, wenn ich

Dich nicht erringe, so elend, dass ich dann sterben muss, weil ich Dich verdiene. – In Dornburg hast Du mich sehr gekränkt, ich war unsern Pfad gegangen und hatte so heftig geweint, alles das war vorbei, ach, und ich kenne Dich so gut, es ist leicht etwas für Dich vorbei, seit Du so schrecklich viel verlorst und so wenig Stärke hast, um etwas zu erringen, ich weiß jedes Wort, das Du mir gesagt hast, und Du vergisst sie alle Augenblicke. Ich kann schwören, dass Du einzig und allein mich beschäftigst und es ewig wirst. Nun also, da ich voll Wehmut in Dornburg zitternd zu Dir trat und Dir sagte, dass ich an allen den Orten war, wo Du mich zu lieben schienst, antwortest Du mit einem kalten Blicke, in der kurzen Zeit, das ist nicht möglich. Wahrlich, ich möchte wohl glauben, dass Du Dich selbst täuschest und mich nur liebst, wenn ich bei Dir bin und Dir so leidend erscheine. Um Gottes willen, wie bist Du – Du würdest erschrecken, wenn Du fühlen könntest, wie mich das alles ruiniert. Während ich mit einer unendlichen Sehnsucht nach Dir die Nacht und den Tag mich quäle und endlich am Abend weinend um Deinen Hals falle und Dich zu verlieren fürchte, hast Du ein Mittagsschläfchen gemacht, und ängstlich um das nötige Mitleid besorgt, sagst Du mir denn, ach, so werden Sie mir nie einen Beweis Ihrer Liebe geben. Du sprichst das alles so leicht und hörst das alles so leicht und weißt nicht, dass Du mein Inneres damit zerfleischest, und dass alles, was ich Dir sage, die letzten Wahrheiten, der letzte Wille eines Menschen ist, der dem Tode seines Glaubens an Hoffnung Deiner Liebe nahe stehet. Am Dienstage Nachmittage sahst Du mich so schrecklich kalt an, als brauchtest Du meine Liebe nicht mehr, da Du Deinen Bruder hattest. Du legtest eine Hölle in mir an durch Deine tote Behandlung des Lebens eines Menschen, der nun sich ganz verlassen hat, um bei Dir zu sein, und den Du nicht verlassen musst, weil er Dich allein kennt und doch so innig liebt. Es war mir so innig wohl, wie ich Dich bei Ekhard auf dem Sofa im Arm Deines Bruders sah. Du vermiedst meinen Blick, und das schmerzte mich. Sage, was habe ich Dir getan, dass Du meine Augen vermiedst, als Freudentränen in ihnen standen, dass ich Dich zum ersten Male im Arme eines andern sah, ohne Dein Dasein verachten zu müssen, denn ich verachte das Dasein der verhandelten Liebe, ach verzeihe, ich bin bitter geworden, bitter aus Liebe und Stolz und Ekel. Ich hatte Deine Hand erschlichen hinter dem Rücken Deiner Schwägerin, das war eine der schönsten Szenen meines Lebens, wie die zwei Enden der freundlichen Linie im Chaos einer berauschten Gesellschaft sich liebend berührten, als werde hier ein schöner Kreis geschlossen, ohne dass der stille Mittelpunkt, Dein Bruder, der die Extreme nicht kennt, was davon wusste. Aber der Kreis verschwand bald wie die Ringe einer stillen Wasserfläche, in der sich Leiden spiegeln und in die meine Träne fiel. Du drohtest mir und warst so schrecklich allgemein in Deinen Worten, dass ich Deine Liebe verlor, es wogte in mir der Sturm der gekränkten Liebe und in Dir der Sturm eines vergnügten Nachmittags und des schrecklichen Empfindungsgemisches Deiner Jugend und Deiner Gegenwart. Sophie, ich kenne Dich so gut, ach, es entgeht mir keine Deiner Ursachen mehr, selbst die Deiner Täuschung nicht. Du hängst noch schrecklich am Augenblick, und mit Jammer sehe ich Deine Zukunft sterben. Auch mich sehe ich sterben, so elend war ich noch nie. Wenn Du mich nicht liebtest, wenn Du Dich nur täuschtest, das wäre wohl sehr schrecklich, denke doch dran, jetzt da Du Deinen Bruder in den Armen hast, ob Du mich nur liebst, wenn ich Dir fehle, und ob ich Dir nur dann fehle, wenn Du nichts hast. In Deinem ganzen Wesen liegt eine Zerrüttung, eine Augenblicklichkeit, ein beständiges Retten mit kleinen Schritten, die mich fürchterlich ängstigt. Wenn Du mich sehen könntest, wie ich gar nichts mehr tun kann, nicht einmal mehr Zither spielen, wie mir die Tränen der Hilflosigkeit aus den Augen stürzen, wenn ich nur einem freundlichen Wesen in die Augen sehe, ach, Du würdest mich auf eine Stunde lieben und denken, dass ich doch ein guter Mensch sei. Warum, warum? musst Du jede Freude ermorden, die mir aus Deinen Armen übrigbleibt. Ach, warum konntest Du mir vorwerfen, ich sei kalt gegen Dich gewesen, da ich zwei Stunden vorher Deinen Leichtsinn und Deine Fähigkeit, mich zu vergessen, in Deinen Armen beweinte. Oft zittere ich, Dir nur zu schreiben, denn durch Dein Betragen entsteht die Idee in mir, dass alles das nur für die Minute ist, und dass ich Dir Dinge sage, die Du belächelst und beweinst, so schnell, wie das Grübchen in Deinen Wangen verschwindet und die Träne Deines Auges vertrocknet. Ach Weib, mache mich nicht so elend, wage, mir alles auf einmal zu sagen, mir zu sagen, dass ich Dich vergessen muss, wenn ich Dich nicht ewig beweinen soll. Auch in Deinem Umgange mit mir liegt jenes unbestimmte traurige Hinwandeln, oft ist es mir, als wagtest Du, mich langsam zu Tode zu martern, um nicht zu wagen, mir auf einmal meinen Kummer zu reichen. Wie könntest Du denn oft so töricht sprechen, dass ich Dich vergessen werde bei andern Weibern, wie könntest Du sonst wünschen, dass ich andere Weiber lieben sollte. Der Gedanke dieser Möglichkeit kann Dir nicht süß sein, wenn Du mich nicht liebst.

[Weimar, Juli 1803.]

Ich habe nicht geschlafen, ich habe weinend den Morgen kommen sehen, es war Bettine, die über die Dächer zu mir stieg, mich zu trösten, aber sie hat mich nicht getröstet, in dieser Minute erhalte ich ihre Briefe, und das Zusammentreffen meiner Worte und ihrer Ankunft erschüttert mich heftig. Ich komme zu Dir noch vor Tisch, ich kann nicht mehr schreiben, ich fühle mich unendlich einsam. O Sophie, hilf mir, o um Gottes willen werde ein Engel und hilf mir, fürchte Dich nicht vor mir, ich werde ganz stille bei Dir sein, aber ich muss mit Dir reden und weinen, o wer weinen könnte, in meinem Gehirne, da ist ein Krebs. O Sophie, was willst Du mir geben, damit ich mehr habe als mein Feind, mehr als meine Liebe, ich schwöre Dir, wenn Du mir wieder sagst, ich liebe Dich nicht, so erwürge ich Dich und mich, denn ich sterbe ja dran, es vergiftet mich ja, ist das dann nicht die Liebe, die Du gibst, doch ich will ein Mann sein, ich bin ruhig, o um Gottes willen, lass mich zu Dir kommen, ich werde so freundlich sein wie ein Engel. Meine Seele ist ein biegsames Kind, ich liebe meine Seele, sie ist die Seele eines Engels, Bettinens Seele, und ich will sie göttlich erhalten.

Clemens.

[Frankfurt, den 16. Januar 1804.]

Geliebtes Weib!

Du bist mein Weib, mein liebes, vortreffliches Weib, dies ist der erste Brief, den ich Dir ohne Sehnsucht schreiben kann, ich habe Dich nun, ich kann nicht mehr mit Recht betrübt sein, denn ich habe Dich ja, und durch Dich mich selbst, denn hier, wo mir alles ein Maß werden kann für meine Empfindung, fühle ich mich stolzer und unbewegter als sonst, ich bin nun hier ein Zuschauer geworden, wo ich sonst wie ein armer Suchender herumging, denn ich habe Dich ja, Du liebst mich, ich bin nicht mehr ausgestoßen von der Welt, Du bist mein liebes Weib, Du trägst mein Kind, und wir drei wollen alles werden für uns. Die Bettine, die unendlich lustig ist, ohne alle Ruhe, auch sie ist mehr ein Objekt als ehedem, sie ist übrigens das liebenswürdigste Geschöpf der Welt, die Pracht, der Luxus steigen täglich in unserm Haus, die Heirat der Gundel mit Savigny wird von niemand mehr bezweifelt. Übrigens ist eine Verwirrung, ein Lärm, eine Eitelkeit, eine Genialität, neben meiner Stube spielen in diesem Augenblick der Bethmann, ein russischer Graf und Georg Billard und trinken Champagner, die Partie ein Carolin, ich sitze hier, habe einen alten Tisch von meiner Mutter, einen Strohstuhl, ein altes Klavier, aber einen prächtigen Spiegel, kein Feuer im Ofen, aber ich friere nicht. Nach Dir hat man mich gefragt, ob Du schön seist, ich habe gesagt, Du seist lieb, Christian aber hat auf die Frage, ob Du schön seist, geantwortet, sie ist kleiner als die Gundel und hat einen starken Busen, weiter kann ich nichts sagen, man freut sich meines Glücks und glaubt es, dass ich glücklich sei, so wie man heutzutag seinen Nebenmenschen liebt, um übrigens, weil Du es liebst, mich zu belustigen, will ich täglich ins Theater gehn und breche jetzt ab, denn es ist die Stunde.

Dein Clemens.

Sophie, wenn es Dir eine süße Empfindung macht, dass ich Dich liebe, O so sei recht glücklich, ich liebe Dich sehr.
Lieb Weib, schreibe mir doch ein paar Worte, nur eins, Du kannst ja, ich störe Dich ja nicht, ich freue mich ja so dran, nur ein paar Worte Deinem lieben Jungen, und denke an mich und meinen Fisch.

Sophies langes Zögern machte Clemens sehr zu schaffen, der sich gerade zu jener Zeit in einer tiefen Identitätskrise befand. Die folgenden beiden Briefe, an die vom Romantiker-Kreis um die Brentanos hochverehrte Karoline von Günderrode und vor allem der an den Seelenfreund Achim von Arnim, sind Ausdruck dieses Ringens um Liebe und Identität.

an Karoline von Günderrode

1802

Gute Nacht! Du lieber Engel! Ach, bist Du es, bist Du es nicht, so öffne alle Adern Deines weißen Leibes, dass das heiße schäumende Blut aus tausend wonnigen Springbrunnen spritze, so will ich Dich sehen und trinken, aus den tausend Quellen trinken, bis ich berauscht bin und Deinen Tod mit jauchzender Raserei beweinen kann, weinen wieder in Dich all Dein Blut und das meine in Tränen, bis sich Dein Herz wiederhebt und Du mir vertraust, weil das meinige in Deinem Puls lebt. – O wenn Du mich kenntest, Du würdest den Mut verlieren, mich zu lieben, den Du nicht fassen kannst, da Du mich nicht kennst. – Ich weiß so unendlich viel, dass es mir das Herz zersprengt, es zu sagen, aber Sprechen ist ein langsames Totmartern, und lägst Du nur eine Nacht in meinen Armen, so solltest Du Dir meine Liebe an Deinen warmen Brüsten ausbrühen, und Du wüsstest alles, was ich weiß, und brauchtest nicht mehr zu erschrecken über alles, was ich sagen darf, weil ich will. Wahrhaftig, liebes Kind, die Tugend ist zart, und man kann nicht mit ihr sprechen, die Jugend soll vom Leben lernen. O Du liebe Jugend, warum darf ich Dich nicht lehren, nicht wahr, Du liebst mich nicht? Ja, das tun die Leute, tue Du es auch, denn Du glaubst wohl auch, was die Leute wissen, ist bös und das Geheime gut. Es mag Dir wohl wunderlich werden bei diesen Worten, denn Du magst allerhand, was man nicht soll, o ihr armen, lieben zweibeinigen Engel in der Hölle und Du, Günderödchen, im Fräuleinstift, was habe ich euch so lieb, ihr Teufel und ihr Engel, mein Herz ist keine arme Seele. Alles das schreibe ich in einem süßen, drehenden Rausch, die Mondnacht und der Frühling haben sich nicht gescheut, vor meinen Augen das süße, heilige Liebeswerk zu vollbringen, und damit das Bewusstsein solcher Wollust nicht verlorengehe, haben sie das Seufzen ihrer Liebe an dem Echo meines Busens gebrochen, und wie sie sich umarmten, verwandelten sie sich in eine goldne, süße, bittre, wollüstige Schlange, die mich mit den lebendigen, drückenden, zuckenden Fesseln ihres Leibes umwand. So saß ich am Berge und sah ins weite Tal, das sich wie ein leichter Berg auf mein Herz warf, und da riss ich die Kleider von mir, dass die Umarmung keuscher sei, wie der Blitz, schnell und elektrisch, biss mir die goldene Schlange ins Herz und ringelte wie in gewundener Lust an mir herauf, sie vergiftete mich mit göttlichem Leben, und in mir war ein anderes Leben, es zieht mir mit ergebendem Widerstand durch Adern und Mark, und die Schlange zog durch die Wunde nach, und ringelt sich jetzt freudig und liebend um mein Herz, es ist zu viel, was ich habe. Drum beiße ich mir die Adern auf und will Dir es geben, aber Du hättest es tun sollen und saugen müssen. Öffne Deine Adern nicht, Günderödchen, ich will Dir sie aufbeißen. O ich bin ein arabisches Ross, warum nicht, wenn ich Dich hier hätte und Du solche Hochzeiten feiern sähest neben mir, so sollte Mondnacht und Frühling uns das Echo sein, das ich ihnen war. (Wenn Du mich nicht verstehst, so schreibe mir es, damit ich nicht mehr schreibe.)

Schreibe mir recht vernünftige Briefe, lieber Engel, und wenn Du mich lieben kannst, so tue es, kein Tropfen solchen süßen Weins soll verloren gehn. Ich trinke Deine Gesundheit mit jedem Blick, den ich in den Frühling tue und jeder meiner Gedanken an Dich ist eine Gesundheit, die ich dem Frühling zutrinke. Wenn Du lieb bist, muss ich Dich ja lieben, das ist der Liebe Wesen, mein Wesen und Dein Wesen. Lebe wohl, und habe den Mut, nur darum zu weinen, dass Du nicht bei mir bist im Fleische, sondern nur in Gedanken, denn beide sind eins, und nur im Abendmahl genießen wir den Gott, denn alles Wort muss Fleisch werden, auch das Wort der Liebe.

Clemens Brentano

an Achim von Arnim

Arnim, der 1811 Clemens' Schwester Bettina heiratete, lernte Brentano während seines Studiums in Göttingen kennen.

Marburg, am 8. September 1802

Gestern habe ich einen Brief für Dich an Deine Cousine geschickt. Heute erhalte ich Deinen liebevollen Brief, der mich sehr gerührt hat. Lieber Arnim, wenn mich die Mereau umarmte, musste ich heftig weinen, denn ich ahndete wohl, sie werde mich von sich stoßen, und doch schloss ich meine Arme so heftig um sie. In jenen Zeiten ist meine Eigentümlichkeit gewaltsam zerstört worden, und alle möglichen Bewegungen meiner Seele sind in jener Zeit auf ewig bestimmt. Ich kann nur dann wieder aufleben, wenn ich alle diese Bewegungen um ein neues Leben herumlege, das mich nicht wieder von sich stößt, das ich ungestört und in der Nähe lieben darf, das zu mir herabsieht wie zu einem ewigen Kind und zu dem ich hinaufsehe wie zu einem ewigen Vater. Ich habe auf Erden keinen Menschen gekannt, der mir das sein könnte, außer Dich, hier ist keine Untersuchung erlaubt, und Du selbst kannst mir alles sagen, ich würde Dir glauben. Nur in einem sind unsre Rechte ungleich, Du kannst mir nie beweisen, dass ich Dich nicht ewig lieben muss. Zertreten kannst Du mich, die Mereau konnte mich betrügen, Gott kann den Menschen vergiften, aber er kann die Liebe nicht bezwingen. Du kannst hier nicht bescheiden sein, es wäre morden, wenn die Luft nicht mehr zur Lunge strömen wollte, mit der Entschuldigung, es sei unmöglich, dass sie der Lunge so nützlich sei, genug, es ist Deine Wesenheit. Lieber Arnim, Gott gebe Dir einen einzigen Moment, in dem Du fühlst, dass kein Mann Dich lieben kann wie ich, in dem Du fühlst, dass Du mein ganzes Leben wieder erbauen kannst, mich frei und unabhängig machen kannst von meinem fürchterlichsten Feinde, der mich langsam tötet, von mir selbst und innerlicher Verzweiflung. Ich bin fest überzeugt, dass ich nichts kann als lieben, dass meine Seele nicht in mir wohnt und nicht in der Natur, sondern in einzelnen Menschen. Wer mich zu mir selbst weist, tötet mich. Ich habe geliebt und dem Geliebten geglaubt, und da haben sie mir gesagt, warum gehst Du nie in Dein eignes Herz und bildest Deine eigne Seele aus, Du hast eine recht hübsche Seele. Das habe ich dann geglaubt und bin traurig zurückgegangen in mich, aber ich konnte nichts tun als die Stühle zurechtstellen, damit sie mich besuchen sollten. Ich habe immer geglaubt, das wäre die Ausbildung, aber sie sind nicht gekommen. Und wenn ich mich ans Fenster setzte und auf meiner Laute sang, um sie an mich zu erinnern und sie herbeizulocken, so haben sie mir herübergerufen, sehen Sie, es geht, Sie machen sicher einmal ein artiges Haus in der Stadt. Das hat mir immer innerlich das Herz zerschnitten, dann machte ich die Fenster zu und weinte, da meinten sie, ich appliziere mich. Und wenn ich in einsamer Traurigkeit an die Fenster hauchte, dass sie anliefen, und mit den Fingern die Namen meiner Geliebten hineinmalte, standen sie unten und sprachen, jetzt verarbeitet er das Leben zur Poesie, jetzt ist er auf guten Wegen.

Lieber Arnim, o sei keiner von denen, o lass mich wieder ausziehen, lass mich zu Dir und Dich im Leben begleiten. Ich will Dich erheitern, wenn Du traurig bist, und wenn Dich die Notwendigkeit gefangen nimmt, dass Du die Jugend musst fallen lassen, so will ich sie zu mir nehmen und sie Dir in ernsten Stunden wieder vorführen, dass sie Dich erfreue. Glaube nicht, dass dies eine Stimmung sei, ich habe keine Stimmung mehr, seit ich keine Bestimmung habe. Lange schon trage ich den Gedanken in mir, mich einem Menschen ganz hinzugeben, des-

sen Tätigkeit meinen frommen Wünschen entspräche. Ich habe bis jetzt niemand gefunden, dem ich dienen könnte, als Dir. Der Mereau habe ich immer ihre Gedichte abgeschrieben und die Briefe zugesiegelt, ich habe in meinem Leben nichts getan, wobei mir es so wohl war, und sie hat mir es nicht zu danken brauchen. Seit jener Zeit habe ich nichts Nützliches mehr getan, aber ich fühle wieder einen großen Drang zu dienen und weiß keine Seele auf Erden als Dich. O mache einen festen Kontrakt mit mir, auf den ich Dich vor Gott verklagen kann, wenn Du ihn brichst, mache den Vertrag, mir nichts zu geben als stille Vertraulichkeit, Wahrheit und Schonung. Ich will dafür Deinen Zwecken, Deinen Freuden und Arbeiten alle meine Kräfte der Seele und des Leibes widmen, ich will in Deinem Leben leben. Kannst Du das so recht begreifen, ich glaube wohl nicht, aber ich begreife es. Was Du von Bettinens Liebe sagst, begreife ich auch wohl besser als Du. Bettine liebt Dich auch wie ich, sie könnte auch alles das, aber sie ist eine Jungfrau; und die Natur stellt sie in ein doppeltes Verhältnis mit Dir. Du hast sie nicht verstanden, oder magst sie nicht verstehen, und dann ist die Art, wie Du von Dir und ihr sprichst, freilich sehr zart. Du wirst mich auch nicht verstehen, aber das sollst Du nicht können, solang ich lebe, ich will Dir meine Liebe recht unter die Nase reiben. In einem Jahre bin ich ganz mein eigner Herr, und dann bist Du nicht mehr sicher vor mir, dann bin ich nicht mehr sicher vor Dir, ich komme zu Dir, wo Du bist, und trage Deine Briefe zu Deinen Mädchen und schreibe Deine Verse ab und mache Melodien auf Deine Lieder und schicke sie Bettinen zum Singen; die wird sie traurig singen in ihrem Kämmerlein.
[…] Dein Gedicht *Der flinke Schütze* gefällt mir unendlich wohl, es ist, als stünde es an einem alten Turm unter einem historischen Schweizerbild. Der dritte Hammer außer einigen Zeilen ist auch schön, so auch das End des Lehrgedichts. Es rührt mich in Deinen Gedichten besonders die reizende Ungeschlachtheit, aus der eine kräftige Zukunft hervorblickt; lieber Arnim, bleibe mein Freund! Heute bin ich vierundzwanzig Jahre alt gewor-

den, in meinem Herzen ist viel Schwermut und Liebe, sei mir gut. Schöner konnte mich nichts beschenken als Dein Brief, o schreibe mir bald wieder.

Winkelmann ist in Würzburg und schrieb Savigny von seiner Rührung vor allerlei und vielen Büchern, die er schreiben will. Seine Physiologie, die Dir und Ritter mit dem Ausdruck zurückgegeben dediziert ist, hast Du wohl lange. Dabei behauptet er, dass keine Zeile von Euch drin stehe. Winkelmann ist, wenn er hier bei Savigny ist, sehr liebenswürdig und bescheiden und hoffärtig bis zum Tollwerden. Seine Gedichte gefallen wenig oder keinem Menschen wegen der unendlich gebildeten Einförmigkeit in ihnen. Ein Zug in ihm ist mir sehr kränkend geworden, als ich mit der gewöhnlichen Herzensfreude von Dir sprach und mit dem Geize des Armen Deine Freundlichkeit gegen mich erzählte, um an einem Abend so meinem armen Herzen einen Sukkurs gegen seine großen freundschaftlichen Heldengedichte zu geben, und da ich ihn zum Zeugen alle der Güte und Freude, die man aus Dir schöpfen mag, aufrief, sprach er, er habe Dich in Göttingen wenig gekannt, und als Du fort warst, Dich erst lieben lernen. Und in Göttingen kokettierte er doch so mit seiner Liebe zu Dir gegen mich, dass ich mich Dir gar nicht recht zu nähern wagte, bis endlich der Schmerz die Schwellen überschritt und über Dich, Du hohes Ufer, sich die Flut ergoss. Ich habe Dich lieben lernen, da ich Dir wie ein Bänkelsänger meine eigene Geschichte absang, da hast Du wohl gemerkt, dass es meine Geschichte war, und mich liebgewonnen. Lies doch noch einmal die Briefe, die ich Dir schrieb, ehe Du nach Frankfurt kamst, da wirst Du gewiss glauben, dass ich Dich treu liebe.

[…] Schreibe mir doch noch einmal, ehe Du die Schweiz verlässt, und besonders, ob Du auch begreifen kannst, dass ich Dich so liebe und dass es meine einzige Bestimmung ist, mit Dir zu leben.

Achim von Arnim

(1781-1831)

an Bettina Brentano (Bettine)

Bettina lernte Achim von Arnim als Studienfreund ihres Bruders Clemens kennen. Sie waren zwanzig Jahre lang, bis zu seinem Tod, glücklich verheiratet. Nach dem Tod ihres Mannes kümmerte Bettina sich um seinen literarischen Nachlass und wandte sich vermehrt ihrer eigenen schriftstellerischen Karriere zu, für die sie zuvor wegen ihrer zahlreichen Kinder kaum Zeit hatte.

[Heidelberg, 28 Januar 1808]

Da liegen schon wieder ein paar Blätter an Dich, liebe Bettine, die ich nicht abschicke, weil sie Dir allerlei Kleinigkeiten erzählen, die Dir gleichgültig sein werden, weil Du nicht dabei gewesen, ich schreibe endlich einmal wirklich an Dich, weil Du mich sonst wieder einmal missverstehen möchtest. Ich habe recht viel an Dich gedacht, wie Du mich einmal angesehen, als Du vor mir standest am letzten Abende in Frankfurt, ich habe fast allein an Dich gedacht; hätte ich jetzt nur eine von den süßen Feigen, die ich so in Gedanken bei Dir heruntergeschluckt habe, Du lieber, reicher Fruchtbaum. Es möchte mich wohl sehr unglücklich machen, wenn ich Dich immer so lieb hätte wie in diesem Augenblicke, denn Du hast Vergnügen am Abschiednehmen [...]. Vorgestern war mein Geburtstag, es hat mir kein Mensch Glück gewünscht, denn es wusste niemand, ich hatte den Stolz, wie ein Fürst den Überrock über meinen Stern zu ziehen, um der überlästigen Höflichkeit zu entgehen; denn ich bin hier sehr artig aufgenommen, weil mir die innern Kriege der Leute rein lächerlich sind [...]. Gestern war Ball, ich ging nicht hin, um an Dich zu schreiben, es wurde aber nichts daraus. Nachts erwachte ich von Musik, die Wagen mit Fackeln rollten, ich hörte viele Stimmen, die Musik hielt vor meinem Fenster stille und nun wurde mir kein Ständchen gebracht, sondern die Musik ging weiter und die Leute auseinander, es war nur ein Zufall, dass sie anhielt, und ich konnte im Bette bleiben und brauchte mich nicht zu bedanken. Wie mir das lieb war! – Hast Du von meinem *journale* nichts gehört? – Ich weiß nichts davon, es sind so viele entstanden, dass ich erst einige muss abstehen lassen, ehe mein Klapperstorch ziehen kann. Wenn Du jetzt beim Faust sitzest und singest, ich möchte Dich hören oder noch lieber stören, um Dich zu fragen, ob Du auch die Lautensaiten an Louise Reichardt geschickt, Du brauchst ja nur einen Gruß beizufügen. War es nicht sehr ungeschickt von mir, dass mich der verhinderte Brief so tief ärgerte? Aber wer kann aus seiner Haut, wir müssen erst viel miteinander tanzen, um miteinander in Takt zu kommen, bis endlich Mutwille und Ernst sich verstehen, wie Messer und Gabel, so dass wir die Gabel nicht mehr zum Schneiden brauchen wollen. Ich möchte Dir eben noch viel Schönes schreiben, da, fürchte ich aber, kommt irgendein schwärmender Schäfer, dem Du es zum Frühstück vorliesest. Ach Du liebes Kind, sag mir, wo kauf ich das Vertrauen? Wehe! da kommt's mir vor, als drehtest Du Dich eben auf einem Absatz herum und sagtest: „Es ist doch all nichts!" Oder Du hättest zur Erhabenheit einen Trieb und fändest es schöner, einen Brief nicht zu lesen, worin man etwas Liebes erwartet, weil man es sich besser denken könne. Oder zum Mutwillen, und Du machtest daraus eine Papierknalle. Siehe, wie kommt das? – Es muss mir doch schon so manches kleine Unnatürliche der Art mit Dir begegnet sein, dass mir das einfällt, was mir noch nie bei Mädchen eingefallen, die viel ungütiger gegen mich gewesen sind als Du, Du reine, heilige Güte, Du naiver Tyrann. Du bist es nicht, aber Du hast den Anschein zuweilen von der Freundschaft und Liebe unsrer öden Zeit, die nicht freier macht in sich wie der Anblick des Himmels, den wir atmen, sondern wie ein Strom, der, verbunden der Erde, sich nicht halten kann und keinen, den er ergreift, und sich endlich das noch für Macht und Herrlichkeit anrechnet. – Warum soll ich das nicht denken? – Ist mir doch Berg und Tal hier so nahe, es sind dieselben Füße, mit denen ich zum Schlosse hinaufsteige und herunter, ich wollte, Du wärest hier, und ich würde Dir zeigen, dass ich doch eigentlich nicht so denke, das ist das Dunkel, wenn ich meine Fackel putze, und ich habe Dich lieb, mich hat niemand lieb wie Du.

Achim Arnim.

[Heidelberg, 2. Februar 1808]

Ich bin vielleicht ungerecht, liebe Bettine, aber Du bist nicht gerecht, dass Du so lange nicht schreibst; ich glaube, wenn Du es Dir nicht vorgenommen hättest, Du wärst – wahrhaftig, ich mein, Du bist mir nur aus Eigensinn gut, und wenn Du glaubtest, dass ich Dich recht lieb hätte, so würdest Du mich bald vergessen haben. Die Frau Creuzer fragte mich neulich in der Folge ihrer Fragen über Dein ganzes Haus, ob Du noch so lebhaft wärst? Weißt Du, dass Du mir beim Abschiede sagtest, dass ich Dein Leben wäre? – Da wäre ich ja sehr lebhaft, und kraft dieser Lebhaftigkeit sage ich Dir, dass Du nicht zu leben weißt, da Du nicht schreibst; ob es wahr ist, weiß ich nicht, es ist nur gesagt, weil ich sehr lebhaft bin; man kann erstaunlich viel tun und noch mehr unterlassen, wenn man sehr lebhaft ist, besonders das Schreiben. Ich habe kein Versprechen vergessen; dass ich aber noch keine Kringel gesandt, das entschuldige bei Meline mit der Unmöglichkeit, sie aufzufinden, und finde ich sie, so fürchte ich immer, ich bring sie nicht ganz nach Hause. So geht es mir immer, wenn ich den Kindern von Görres was bringe, je länger der Weg, je schlimmer für sie. Wenn der Himmel es nur mit seinen Wohltaten nicht auch so macht, wissen wir es doch nicht. Morgen ist großes Konzert, wo ich den Flor hiesiger Frühlingsluft in lebendigem Weltatem schweben sehe; wie selten hast Du mir etwas vorgesungen, und wahrscheinlich singst Du Dir jetzt wieder ein Fieber, um in Georgs *Concerte* außerordentlich zu sein. – Schone Dich, liebe Bettine, sei einmal ordentlich und schreib; ich küsse Dich doch in Gedanken,

Achim Arnim.

Bettine an Arnim

[Frankfurt, Februar 1808]

Ich kann nicht begreifen, warum mich der Himmel so straft! Sollten meine zwei Briefe verloren gegangen sein? Es ist unmöglich! Ich öffnete mit klopfendem Herzen Dein letztes Blatt, ich dachte, Du würdest, erfreut über meine Liebe, recht viel Freundliches schreiben, nun find' ich aber nur unverdiente Vorwürfe und Unglauben, der mich mehr kränkt, als wenn Du gar nicht geschrieben hättest. Wenn Du denn so geringe Idee von meinem Herzen hast, als hätte ich Dich nur aus Eigensinn lieb, so sollst Du mir gar nicht mehr gut sein, so will ich nichts von dem Liebhaben wissen. Bilde Dir nur immer ein, was Du willst, fassest Du doch nicht einmal ein Herz, das sich Dir fest anschmiegt. Gestern den ganzen Tag war ich ungeduldig, die Post war ausgeblieben, abends dachte ich noch: „Gewiss hat er dir geschrieben, hättest du nur den Brief jetzt, du könntest so froh einschlafen, könntest so recht alles durchträumen, was er dir Liebes sagt; warum die Post nur heut ausbleiben musste?" Nun weiß ich's wohl, warum sie ausgeblieben ist, ich sollte nur eine traurige Nacht ersparen. Zweimal hab ich Dir geschrieben: eine Antwort auf Deinen ersten Brief, und gleich den andern Tag schrieb ich auch, da kam Hoffmann, und ich schickte den unterbrochnen Brief so fort, an Herrn Buchhändler Zimmer adressiert, frag ihn, vielleicht sind sie bei ihm liegengeblieben, und es wird Dir dann leicht werden, einzusehen, dass ich nicht ungerecht bin, dass ich nicht so lebhaft bin, um nicht schreiben und leben und lieben zu können, was Dir sonst schwer werden möchte. Ich kann Dir gar nichts mehr sagen, ich bin so ärgerlich; es braucht nur diesem Brief auch so zu gehen wie den beiden andern, um dass Du mich für recht leichtsinnig, für eitel, ja für etwas hältst, was ich gar nicht sagen mag. Und doch! ich muss Dich noch lieb haben, ich muss Dir noch um den Hals fallen und Dir tausendmal Adieu sagen, ehe ich diesen Brief fortschicke, ja Du bist mein Leben! Lerne nur auch so lebhaft lieben, als Du lebhaft unrecht tun kannst, Du böser Guter, der mir doch

wohlgefällt, weil er so böse sein kann; es ist ja um meine Liebe, um die Du zankst, gelt, Du hast mich lieb? Gelt, Du hast mich recht, recht lieb? Ach, was lässt sich sonst viel fragen? Wär Dein Himmel nicht weiter von Dir als der meinige von mir, seitdem ich Dir gut bin, so brauchtest Du auch nicht zu fürchten, dass die Länge des Wegs seine Wohltaten zertrümmert wie die Kringel für Meline. – Kommst Du denn bald wieder? Morgen sind es vierzehn Tage, dass Du weg bist. Arnim, Arnim! Es ist Dein eigner Wille, dass Du nicht bei mir bist; wenn es nun endlich einmal des Schicksals Wille wird?
Ach, ich fürchte mich vor der Zeit, wenn wir beide den Bann nicht aufheben können werden, und ich mir nicht sagen kann: „Er kann so leicht wieder hier sein, in einer Nacht." Ach, Du weißt nicht, wie ich lieben kann, und wirst's auch nie erfahren bei Deinem Misstrauen; geh nur hin, hör singen und klingen, ich hab erst zweimal gesungen in diesen Tagen und sing mir kein Fieber, um außerordentlich zu sein, Du hörst ja nicht, ich hab Dir so selten etwas vorgesungen, weil ich keinen Mut hatte und keine Stimme,

> denn gleich im ersten Augenblick
> flog Dir mein Herz entgegen.

[…] Ich war noch nicht im Konzert, noch nicht auf dem Ball, nicht in der Oper, während Du weg bist; ich war zu Haus bei Dir, und zuweilen bei Göthe, dem ich geschrieben hab von Dir, ich war in stiller, unbeweglicher Erwartung der Zeit, die Dich mir wieder bringen sollte, und sammelte mir alle freundliche Erinnerungen, wie ein Baum den Maitau, und ich war ruhig und dachte es all einzusaugen nach und nach und eine recht erquickliche kräftige Nahrung mir zu geben; da kamst Du aber wie ein recht bitterer, scharfer Sturm und schütteltest die bedächtigen und stillen Äste und wusstest nicht, warum ich so still und bescheiden tat, und alle Segenstropfen fielen wie Tränentropfen zur Erde. Siehst Du's nun? Dann sagst Du zu mir: „Schone Dich, liebe Bettine", und hast mich doch erst weggestoßen; nein, nein, ich kann's nicht verzeihen, dass Du mein Herz so schlecht glaubst, dass es Dich vergessen könnte, wenn ich dächte, dass Du mich lieb hättest. Ich frag Dich: Warum bist Du mir denn gut? Wenn Du so etwas glauben kannst? Ich mag Deine Freundschaft nicht, wenn ich sie Dir nicht abverdienen kann, ich mag sie nicht, wenn Du mir nicht gut sein musst um meinetwillen, sondern nur gut sein willst. Ach lieber, lieber Arnim, wärst Du nun hier, so könnte ein einziger Blick von Dir mich trösten. Ich bin nicht von Schlossers Meinung, der behauptet, die Liebe soll keinen Platz für alle übrige Beschäftigung eines edlen Lebens wegnehmen; ich will im Gegenteil, sie soll uns ganz in sich verwandeln, es soll außer ihr nichts und nie was geschehen, es soll durch sie und in ihr alles wirken, was uns herrlich macht. Du bist ja herrlich, Du bist ja gut, Du bist ja mein; was war ich denn sonst? Adieu, ich nehme Deinen Kuss in Gedanken recht gern an und geb ihn treu wieder und nehme ihn aber auch wieder und heb ihn Dir auf.

Bettine.

Arnim an Bettine

[Heidelberg, 6. Februar 1808]

Wie Stammelnde plötzlich in eine lange Periode ausbrechen, so erbreche ich nach langem, übeldeutigem Stillschweigen zwei liebe Briefe von Dir, meine liebe neue Leier! Das sind drei Linien für heute. Für morgen schreibe ich gleich drei Linien dazu. Was erzählst Du mir vom Tode, Du kleines lebendiges Wesen, ich habe genug Tote gesehen, um Dir noch langes Leben zu versichern, genug, damit ich, solange ich lebe, darauf keine große Aussicht nehme; ich habe ganz andre Dinge zu fürchten und zu bedenken, insbesondre, wie ich Dich lieben soll wie keine andre, und dass ich das noch nicht verstehe. Wär ich doch bei Dir, Bettinchen, Du müsstest mir Unterricht geben, sieh, ich wäre so gelehrig in diesem Augenblick, und wenn Du mir beföhlest, ich sollte ein Pfund Federn durch ein Schlüsselloch blasen Dir zu Liebe, ich tät's nicht, sondern ich küsste Dich, dass Du kein

Wort sagen könntest. Sag mir nur, was soll ich denn so Besondres tun, ich bin doch auch nur ein Mensch, wenn ich gleich wunderbar sein soll. Ich hab es immer den Weibern angesehen, sie haben besondre Geheimnisse, einen geheimen Bund, es ist mir oft unheimlich geworden, wenn ihr euch so über uns weggesetzt habt, dass ihr uns nicht versteht, dass wir euch nicht verstehn. Da rede ich nun im Allgemeinen ganz artig, aber käme ich nun zu Dir und es begegnete mir so etwas, so würde ich ganz trotzig in mir, weil ich meinte, Du kämst auf einmal mit einer geheimen Wissenschaft zum Vorschein, nach der Du um die Ecke sehen oder in die Ferne fühlen könntest, Du kannst schreiben, und da fürchte ich, dass Du mich verraten möchtest, wenn ich einmal was zu verraten habe. Du bist eigentlich die Klügste unter Deinen Geschwistern, nicht wahr? Und dabei hast Du noch die Art, sogleich damit in die Religion überzugehen. Lass mich doch gehn! Ja, so sind alle Heidelberger, ich kann hier nicht anders, es kitzelt mir allerwärts, bald spreche ich wie Antönchen, bald wie die Erfahrungsseelenkunde, das macht, es ist Abend, ich will mich zu Bette legen, da wirst Du mir eine ganz dramatische Person. Das sage ich Dir in meiner Person, um diese Zeit bist Du mir ganz besonders nahe, ich werde gleich eine neue Bücherschanze aufwerfen. Da lese ich eben, wie die Brunhilde ihren Mann lebendig als ein Bildnis in ihrem Zimmer aufhängt. So sind die Weiber!

[…] Sieh, ich lege Dir alles zum Schlimmsten aus, und das macht, weil ich Dir so gut bin; ins Meer sieht man bei gutem Wetter viel tiefer als in irgendein stehendes Gewässer, so mag meine Liebe entweder ein Vergrößerungsglas sein, oder Du so groß und mannigfaltig, dass viel darüber zu sagen wäre, wenn ich nur Zeit hätte. Kaum habe ich noch Zeit, Dich zu küssen,

Achim Arnim.

Bettine an Arnim

[Frankfurt, Anfang Februar 1808]

Es ist alles im Haus schon schlafen, lieber, guter Freund! Und nun hab ich mir den Tisch an den Ofen getragen, um Dir noch zu schreiben. Gelt, Du hast jetzt meine Briefe und glaubst nicht mehr, dass ich Dich nur aus Bequemlichkeit und Eigensinn liebe? Gelt, wir denken beide aneinander und haben uns fest lieb im Herzen, gar manches ist in dem meinigen schon erschienen und wieder verschwunden und wieder erschienen, Du darfst nicht entlaufen, musst ewig in Galla, mit lebendigen Farben, drin stehen. Lieber Arnim! Jetzt, wo alles still ist, wärst Du hier! – Könnt ich Deine Hand küssen! Könnt ich es mit eignen Augen sehen, dass Du mir gut bist und grad in dieser Stunde recht gut bist! – Was will der Mensch? – Ich frag Dich, was will er? – Das, was er will, darf er nicht sagen, denn was das Herz verbirgt, das hat es gewiss, aber was es mitteilt, das hat es nur noch zum Teil, und wohl am End wird es ihm ganz entrissen; drum will ich Dir nicht sagen, was ich gern will, weil ich lieber will, was ich nicht hab, als hab, was ich nicht will. Gelt, Du meinst, ich mach da Possen? – Deinen lieben Mund, Deine Augen, Deine Hand, die oft gern von meiner sich festhalten ließ, die hab ich lieb, denn sie sind mir werte Freunde, sie haben mir das Leben so süß gemacht, während ich mit ihnen war, so süß wie Du es gar nicht glaubst, und hab noch Freud dran und mein oft noch, ich hielt die Hand, wenn ich grad so still sitze und in Gedanken mit Dir sprech. Deine Lieder, o die sind mir ein wahres Heil in meiner Liebe, das weißt Du auch nicht, wie ich oft alles überdenk, was ich von Dir gehört hab, wie ich erst mitten drin bin, während ich sie höre, wie ich mitspringe, reite, lache, tanze und weine, und wie ich nachher an die kräftige Zeit denk, in der ich so wohl gelebt hab. Deinen Ernst hab ich lieb, Dein Brummen hab ich lieb, Dein Misstrauen hab ich lieb, aber Dein Lachen und Scherzen nicht immer, nicht immer! hörst Du? – Wenn ich Dir dienen kann zu Trost oder Freud, so lass es geschehen, es macht mich glücklich, und nehm mich an so, wie ich bin, und lass meine Liebe gedeihen in Deiner Hut, dass sie groß und herrlich werde, wie die größte Zeder auf dem höchsten Berg. Und gute Nacht, jetzt hab ich genug geschwätzt, will Dir zuhören im Traum, und Du sollst mir heut Nacht einmal die Wahrheit sagen, wie es steht mit Deinen Träumen, ob Du immer noch Dich in Norden träumst, so natürlich, dass Du ordentlich einen größern Aufwand von Wärme brauchst, als wir in unserm Klima bedürfen.

Bettine.

O Du brummige Natur! Da erbreche ich eben Deinen letzten Brief, in dem Du doch so ziemlich geneigt sein solltest, mich freundlichst zu behandeln, mir Gerechtigkeit widerfahren zu lassen, da hältst Du Dich aber über allerlei Gedanken von mir auf und behandelst meine Worte noch so vielseitig, als wenn ich alle Wissenschaften und Philosophen studiert hätte, da ich doch nichts weiß – und zwar ganz von mir selbst ohne Deine Weisheit – als das Lieben. Wenn ich Dir von den Werken der Hand Gottes spreche, so sind es angenehme schattige Wälder, in denen mir's wohl zu Mut ist wie bei Dir; so sind es schöne klare Wasserströme, in denen ich mich baden möchte und untertauchen und untergehen wie ganz in Deinem Andenken; so sind es grüne üppige Wiesen, auf denen ich als ein Lamm weiden möchte nahrhafte Kräuter wie von Deinem Mund wahre herzernährende Worte und Lehren! – Du bist ja so lehrreich, sonst hätt ich lieber einen Kuss als eine Predigt –, so sind es mir endlich schöne ferne blaue Berge, wie Du mir ein blauer Berg bist dort in Heidelberg, nach dem ich alle Morgen mit neuer Sehnsucht blicke, hinter dem mir alle Abend meine Sonne untergeht, zuweilen trüb, zuweilen glänzend, von dem ich immer sagen muss: Ach, wär ich einmal dort oben. Und endlich werd ich mich auch einmal aufmachen und werd ihn erklettern, diesen Heiligen Berg, auf dem doch nur Gottes Hand sichtbar ist und alle Wege sich in seine Seligkeit verlieren, Du Kurzsichtiger. Die Kraft wird mir der Himmel verleihen, dass ich Dein Herz ersteige, und jetzt sei still und ruhig hiervon. – Du meinst, ich wär am klügsten unter meinen Geschwistern; ich bin gar nicht klug: Wenn mich jemand sähe, wie ich Papier küsse, Deine Briefe so recht herzlich, er würd mich unklug nennen, ja total närrisch. Adieu, es kommt gleich ein neuer Musikmeister zu mir, den ich noch angenommen habe, um die Zeit schneller umzutreiben, die Dich von mir entfernt hält; wenn Du wieder da bist, wird mein Herz wie Eisengewicht sich an jede Minute hängen, und wenn sie denn auch schnell vorübergeht, so wird sie doch mehr kraftvoll sein müssen.

[...] Die ganze Familie ist schon seit mehren Tagen in Konsultationen begriffen, ein Fest auf Savignys Geburtstag, der bis Sonntag gefeiert wird, zu ordnen. Wärst Du dabei, so würde es mir ein recht freudiges Fest sein. Es soll gesungen und getanzt werden. Hast Du denn noch nicht getanzt? Wie steht's mit Deinem Fuß? Denk nur! Es ärgert mich, dass Du tanzen willst, ich weiß gar nicht, warum, aber meine erste Idee war Freude, dass Du Dich verwundet hattest; aber tu mir nur immer den Willen nicht und tanze, so viel Du Lust hast, sag mir's nur nicht, denn ich ärgere mich doch. Du Bester, Liebster, der mir immer so liebreich scheint, als wenn ich von jeher Deine Güte verdient hätte, nie fremd und neu, und doch nie alt und bekannt scheinst, der meine Liebe bewahrt, sorgsam, obschon Du im Überfluss liebend bist, der gar sanft meinen Ungestüm zurechtweist, dessen Liebe ich nie vergelten kann, mein Leben, mein freudigster Gedanke, der mich trösten kann über alles, durch den ich nichts entbehre, in dem ich ruhen möchte ewig, den ich in mein Herz schließe! Alles, alles möcht ich gern vergessen, möcht Dich's sagen hören: Ich bin Dir gut, mehr wie alle.

Bettine.

George Gordon, Lord Byron

(1788-1824)

an Isabella Milbanke, Augusta Leigh und Teresa Guiccioli*

Augusta Leigh war Byrons Halbschwester. Da sie bei ihrer Großmutter aufwuchs, sahen die beiden Geschwister nur sehr wenig voneinander. Augusta heiratete ihren Cousin, fing aber später mit Byron eine Affäre an. Nach seiner Heirat versuchte sie erfolglos, das Verhältnis zu beenden.
Anne Isabella Milbanke lernte Byron kennen, kurz nachdem er durch die Veröffentlichung von Childe Harold *Berühmtheit erlangt hatte. Sie ist die einzige Frau, die er je geheiratet hat – angeblich, um den Verstrickungen seiner anderen Affären zu entgehen. Nach nur einem Jahr ging die Ehe in die Brüche, unter anderem, weil Byron sein Verhältnis mit Augusta nicht aufgab.*

an Isabella Milbanke

6. September 1813

Einverstanden – ich werde Dir gelegentlich schreiben, und Du antwortest, wenn Du Lust und Zeit hast. Du musst mich für sehr eitel und egoistisch gehalten haben, wenn Du dachtest, dass Deine Offenheit mich kränken könnte. Ich sehe nichts in Deinen Briefen, das meine „Gefühle verletzen" könnte. Du hast gesagt, dass Du mich nicht als Liebhaber möchtest, mich aber gerne als Freund behalten würdest – nun, da man in dieser besten aller möglichen Welten auf eine ganze Menge von dem trifft, was Liebe genannt wird, und nur allzu selten auf Freundschaft, konnte ich keinen Anstoß daran nehmen – zumindest nicht nach einiger Überlegung. […]

---

* Übersetzung aus dem Englischen und Italienischen von Sabine Anders

Byrons vorsichtiger Heiratsantrag an Milbanke

9. September 1814

Du warst so gut, in Deinem letzten Brief zu sagen, dass ich „bald“ schreiben darf, aber nicht *oft* – deshalb muss ich mich entschuldigen, dass ich auf diesem Wege schon wieder Deine Zeit in Anspruch nehme, von Deiner Geduld ganz zu schweigen. Es gibt etwas, das ich Dir sagen möchte, und da ich Dich für einige Zeit, vielleicht für länger, nicht sehen werde, werde ich mich bemühen, es gleich zu sagen. Vor ein paar Wochen hast Du mir eine Frage gestellt, auf die ich geantwortet habe. Jetzt habe ich Dir eine zu stellen – sollte sie unangebracht sein, so brauche ich nicht zu erwähnen, dass Deine ausbleibende Antwort eine ausreichende Rüge für mich bedeuten würde. Dies ist sie: Sind die „Hindernisse“, auf die Du angespielt hast, unüberwindlich? Oder gibt es irgendeine Art oder Veränderung meines Verhaltens, die sie möglicherweise aus dem Weg räumen könnte? Mir ist wohl bewusst, dass alle solchen Veränderungen in der Theorie leichter sind als in der Praxis, aber andererseits gibt es nur wenige Dinge, die ich nicht unternehmen würde, um Deine gute Meinung zu erlangen. In jedem Fall wüsste ich gerne das Schlimmste. Doch ich will nicht, dass Du etwas versprichst oder Dich zu irgendetwas verpflichtest; ich will nur wissen, ob es *möglich* wäre, ohne Deine Handlungsfreiheit einzuschränken. Als ich glaubte, dass Du vergeben bist, hatte ich nichts vorzubringen – und eigentlich ist es jetzt immer noch wenig; nur erscheint mir jetzt, da ich von Dir gehört habe, dass Du keinen anderen liebst, meine Aufdringlichkeit, wie wenig Erfolg sie auch hat, vielleicht nicht ganz so egoistisch. Nicht ohne inneren Kampf spreche ich Dich noch einmal auf dieses Thema an. Doch bin ich nicht sehr konsequent, denn in der Absicht, Dich nicht mehr damit zu belästigen, habe ich mich schließlich dazu entschlossen, lieber ein abwesender Freund zu bleiben, als ein anstrengender Gast zu werden – wenn ich Dich kränke, dann besser aus der Entfernung. Den Rest meiner Gefühle kennst Du bereits; wenn ich sie nicht wiederhole, dann nur, um Deinen Unwillen nicht zu erregen oder ihn wenigstens nicht zu vergrößern.

Für immer der Deine,
B

16. November 1814

Mein Herz,
wir sind so weit voneinander getrennt, aber schließlich ist eine Meile genauso schlimm wie eintausend Meilen, was ein großer Trost ist für jemanden, der sechshundert davon zurücklegen muss, bevor er Dich wiedersieht. Falls es Dir irgendeine Genugtuung bereitet – ich fühle mich so unwohl wie ein Pilger mit Erbsen in den Schuhen, und mir ist so kalt wie der Nächstenliebe, der Keuschheit oder irgendeiner anderen Tugend. [...] Richte unseren Eltern so viel von meiner Liebe aus, wie Du loswerden magst, und verfüge über den Rest nach Deinem Belieben.

Immer der Deine,
Byron

AN AUGUSTA LEIGH

15. Oktober 1816

Meine liebste Augusta,
ich war in Kirchen, Theatern, Bibliotheken und Ausstellungen. Der Dom ist edel, das Theater großartig, die Bibliothek hervorragend, und über die Ausstellungen kann ich nichts sagen, außer dass mir ein Bild unter tausenden gefällt. Was mir am meisten Freude bereitet hat, war eine Sammlung mit Originalmanuskripten der Liebesbriefe und Gedichte von Lucrezia Borgia und Kardinal Bembo und eine Locke ihres Haars, so lang und blond und schön, und die Briefe so hübsch und so liebevoll, dass es einen unglücklich macht, nicht früher auf die Welt gekommen zu sein, um sie wenigstens gesehen zu haben. Und was denkst Du wohl, wie sie manchmal *unterschreibt*? Nun, so, †, mit einem Kreuz, von dem sie sagt, dass es „für ihren Namen und so weiter“ stehen soll. Ist das nicht lustig? [Byron und Augusta benutzten in ihrer

Korrespondenz das Kreuz als geheimes Zeichen ihrer Liebe.] Ich nehme an, Du weißt, dass sie berühmt für ihre Schönheit war und berühmt dafür, wie sie sie einsetzte, und dass sie die Geliebte von diesem Kardinal Bembo war […] und dass sie schließlich die Herzogin von Ferrara und auch eine ausgezeichnete Ehefrau und Mutter wurde, eine so gute, dass sie schon fast Vorbildcharakter hat. All das mag wahr sein oder nicht, aber die Haare und die Briefe sind so schön, dass ich nichts anderes getan habe, als sie anzuschauen, und ich habe den Bibliothekar dazu gebracht, mir eine Abschrift von einigen davon zu versprechen; und ich habe vor, ein paar von den Haaren in meinen Besitz zu bringen, wenn ich kann. Die Gedichte sind auf Spanisch, die Briefe auf Italienisch, manche unterschrieben, andere mit einem Kreuz unterzeichnet, aber alle in ihrer eigenen Handschrift.

Ich bin so in Eile und so todmüde, aber zugleich so sehr darauf bedacht, Dir wenigstens ein paar Zeilen zukommen zu lassen, liebste Augusta, dass Du mir vergeben wirst, wenn ich Dich so oft bemühe. Und ich werde bald wieder schreiben, aber in letzter Zeit habe ich Dir so viel geschickt, dass Du vielleicht zu viel hast. Tausendmal meine *Liebe* an *Dich* – was sehr großzügig ist, denn ich bitte im Gegenzug nur um eine *einzige*.

Für immer, Liebste, der Deine

Den folgenden Brief schrieb Byron, nachdem Milbanke angefangen hatte, Augusta zu drohen, und ihr das Versprechen abnahm, Byron nie wiederzusehen, wovon Augusta Byron aus Angst nur in Andeutungen erzählte.

28. Oktober 1816

Meine liebste Augusta,

[…] ich kann und will die ganze Rätselhaftigkeit und Unruhe in Deinen Briefen, und ganz besonders in dem letzten, nicht verstehen. Alles, was ich weiß, ist, dass keine menschliche Macht außer dem Untergang mich davon abhalten wird, Dich wiederzusehen, wann und wo und wie es mir gefällt, je nach Zeit und Umständen, und dass Du der einzige Trost bist, auf den ich in

meinem Dasein hoffen kann (mit Ausnahme der entfernten Möglichkeit, dass meine Tochter mir Trost bieten wird), und dass ich den Rest ertragen kann, wenn Du mir bleibst; aber alles, das uns trennen könnte, würde mir so ziemlich den Verstand rauben. Miss Milbanke scheint in jeder Hinsicht zu meinem Untergang geschaffen. Bis jetzt habe ich, wie Du weißt, keinen persönlichen Groll gegen sie gehegt, aber wenn sie auf direktem oder indirektem Wege – aber warum sage ich Dir das? Du weißt, dass sie hinter allem steckt, ob absichtlich oder nicht, tut nichts zu Sache. Du kannst nicht allen Ernstes meinen, dass Du mich nicht treffen wirst, wenn ich im Frühling nach England komme? Wenn das Dein Ernst ist, werde ich niemals dorthin zurückkehren, obwohl mich viele Gründe dazu zwingen, Geschäfte und so weiter, aber genug davon.
Mein Gesundheitszustand ist in Ordnung, aber ab und zu habe ich Schwindelanfälle [...] man könnte denken, ich wäre sechzig und nicht noch nicht einmal volle neunundzwanzig, nicht wahr? So zu reden – mach Dir nichts draus – entweder es hört auf oder ich höre auf – aber ich sage es wieder und wieder, diese *Frau* hat mich zu Grunde gerichtet.
[...] Schick Deine Briefe wie üblich nach Genf; hoffe das Beste und liebe mich am meisten – so wie ich Dich immer lieben muss.

Venedig, 17. Mai 1819

Meine teuerste Geliebte,
ich war nachlässig mit dem Schreiben, aber was soll ich sagen. Die drei Jahre, seit denen ich weg bin, und die totale Veränderung in Umgebung und Gewohnheiten machen so einen Unterschied, dass wir jetzt nichts mehr gemeinsam haben außer unseren Gefühlen und unserer Beziehung.
Aber ich habe nie für einen Augenblick aufgehört – noch könnte ich es – die perfekte und grenzenlose Liebe zu fühlen, die mich an Dich band und bindet, die es mir ganz und gar unmöglich macht, *echte* Liebe für irgendeinen anderen Menschen zu empfinden – was könnten sie mir nach *Dir* bedeuten? Meine [durchge-

strichenes Wort] Liebste, vielleicht haben wir sehr falsch gehandelt, aber ich bereue nichts außer dieser verfluchten Heirat und Deiner darauffolgenden Weigerung, mich so weiterzulieben, wie Du mich geliebt hast – diesen löblichen Schritt in die Richtung der Besserung kann ich weder vergessen noch Dir *ganz verzeihen*. Aber ich kann nie anders sein, als ich war, und wann immer ich etwas liebe, ist der Grund dafür, dass es mich auf irgendeine Art und Weise an Dich erinnert – vor kurzem habe ich mich zum Beispiel ohne jeden ersichtlichen Grund (obwohl sie hübsch ist) mit einer Venezianerin eingelassen [...] Es bricht mir das Herz, an unsere lange Trennung zu denken, und ich bin sicher, dass sie mehr als genug Strafe für all unsere Sünden ist; in Dantes „Hölle" geht es menschlicher zu, denn er lässt seine unglücklich Liebenden zusammen (Francesca von Rimini und Paolo, deren Fall bei Weitem nicht ganz so schlimm ist wie *unserer*, aber schlimm genug), und auch wenn sie leiden, tun sie es wenigstens zusammen. Sollte ich jemals nach England zurückkehren, dann nur wegen Dir. Denk daran, dass ich zu jeder Zeit und an jedem Ort und bei jedem Gefühl nie aufgehört habe, Dir im Herzen derselbe zu sein. Die Umstände mögen mein Betragen rauer gemacht und meinen Geist verhärtet haben, und vielleicht hast Du mich erlebt, als mich alles um mich herum verbittert und verärgert hat, als *Deine neuen Vorsätze* mir Trauer und Qualen verursacht haben, und als bald darauf die Verfolgung von diesem niederträchtigen Teufel einsetzte, der mich aus meinem Land verjagt hat und es auf mein Leben abgesehen hat, indem er mir all das raubte, das es kostbar machte – aber erinnerst Du Dich, dass Du selbst damals das Einzige warst, wegen dem ich Tränen vergossen habe? Und *was für Tränen*! Erinnerst Du Dich an *unseren* Abschied? Ich habe keine Kraft, mich jetzt mit Dir über andere Themen zu unterhalten – gesundheitlich geht es mir gut, und ich habe keinen Anlass zur Trauer außer dem Gedanken, dass wir nicht zusammen sind. Wenn Du mir schreibst, erzähl mir von Dir und sag mir, dass Du mich liebst – halte Dich nicht mit Leuten und allgemeinen Themen auf, die mich in keinster Weise interessieren könnten, da ich an England nichts sehe außer

das Land, in dem *Du* bist, oder das Meer um es herum, das uns trennt. Man sagt, Abwesenheit zerstört die schwachen Gefühle und macht die starken stärker – oh weh! Das Gefühl, das *ich* für Dich empfinde, ist die Einheit aller Leidenschaft und aller Zuneigung. Es ist stärker geworden, aber es wird mich zu Grunde richten. Ich rede nicht von *körperlichem* Ruin, denn ich habe viel ertragen und kann viel ertragen, sondern von der Aufhebung aller Gedanken, Gefühle oder Hoffnungen, die einzig und allein einen Bezug zu Dir und *unseren Erinnerungen* haben –
für immer, Liebste,

[Unterschrift ausradiert]

Im Alter von 31 Jahren lernte Byron, der sich inzwischen wegen der Skandale um seine Person in Italien aufhielt, die 18-jährige Contessa Teresa Guiccioli kennen. Sie war erst kurz zuvor mit einem vierzig Jahre älteren Mann verheiratet worden. Byron hatte über vier Jahre hinweg ein Verhältnis mit ihr und trug bei seinem Tod ein Medaillon mit einer Locke ihres Haars um den Hals. 149 seiner Liebesbriefe an Teresa sind erhalten.

Venedig, 22. April 1819

Meine Liebste: Dein lieber Brief kam heute an und verschaffte mir den ersten glücklichen Augenblick seit Deiner Abreise. Meine Gefühle entsprechen nur allzu sehr den Empfindungen, die Du in Deinem Brief beschreibst, aber es ist sehr schwierig für mich, in Deiner schönen Sprache auf Deine lieblichen Ausdrücke zu antworten, die eher eine Antwort in Taten verdienen als eine in Worten. Ich bilde mir jedoch ein, dass Dein Herz Dir eingeben wird, *was* und *wie viel* meines Dir gerne sagen würde. Liebte ich Dich weniger, würde es mir vielleicht nicht so schwer fallen, meine Gedanken auszudrücken, aber nun muss ich die doppelte Schwierigkeit überwinden, ein unerträgliches Leiden in einer mir fremden Sprache auszudrücken. Verzeih meine Fehler, je barbarischer mein Stil ist, umso eher ähnelt er meinem Schicksal in der Trennung von Dir. Du, die Du meine einzige und letzte Liebe bist, mein einziges Glück, die Freude meines Lebens, Du, die Du meine einzige Hoffnung bist, Du, die – wenigstens für einen Augenblick – ganz mir gehörte, Du bist weggegangen, und ich bleibe hier alleine und trostlos zurück. Da hast Du, in ein paar Worten, unsere Geschichte! Es ist keine ungewöhnliche Erfahrung, die wir wie so viele andere ertragen müssen, denn Liebe ist nie glücklich, aber wir beide müssen mehr leiden, weil Deine Umstände und meine gleichermaßen außerordentlich sind. Aber ich will an all das nicht denken, lass uns lieben

> „… lass uns jetzt lieben
> Solange die Liebe der Liebe eine Antwort schwören
> kann." [Tasso]

Wenn die Liebe in einem Herzen nicht das Höchste ist, wenn sich nicht alles nach ihr richtet, wenn ihr nicht alles geopfert wird, dann ist es Freundschaft – Wertschätzung – was Du willst – aber keine Liebe mehr.

Du hast geschworen, mir treu zu sein, und ich werde Dir nichts schwören; wir werden sehen, wer von uns beiden sich eher daran hält. Bedenke, dass Du Dir, wenn die Zeit kommt, in der Du nichts mehr für mich empfindest, keine Vorwürfe von mir anhören wirst müssen. Ich werde leiden, das stimmt, aber in Stille. Ich weiß nur zu gut, wie das Herz der Männer beschaffen ist, und vielleicht auch ein wenig das der Frauen. Ich weiß, dass wir über unsere Gefühle nicht bestimmen können, aber sie sind das Schönste und Zerbrechlichste unserer Existenz. Wenn Du also für einen anderen das empfinden wirst, was Du für mich empfunden hast, sei ehrlich und sag es mir. Dann werde ich aufhören, Dich zu belästigen, ich werde Dich nicht wiedersehen, ich werde meinen Rivalen um sein Glück beneiden, aber ich werde Dir keine Schwierigkeiten machen. Dies jedoch verspreche ich Dir: Du sagst manchmal zu mir, dass ich Deine *erste* echte Liebe bin – und ich versichere Dir, dass Du meine letzte Leidenschaft sein wirst. Ich kann wohl darauf hoffen, mich nicht wieder zu verlieben, jetzt, da mir alles gleichgültig geworden ist. Bevor ich Dich kennenlernte, haben viele Frauen mein Interesse geweckt,

aber nie nur eine. Jetzt liebe ich *Dich*, es gibt auf der Welt keine andere Frau für mich. Du redest von Tränen und von unserem Unglück; meine Trauer ist in meinem Innern, ich weine nicht. Du hast Dir ein Bild an den Arm gehängt, das nicht so viel verdient, aber Deines ist in meinem Herzen, es ist zu einem Teil meines Lebens geworden, meiner Seele. Und wenn es ein anderes Leben nach diesem gäbe, wärest Du auch dort die meine – wo wäre ohne Dich das Paradies? Statt in einem Himmel ohne Dich wäre ich lieber in der Hölle des großen Mannes, der in Deiner Stadt begraben liegt, solange Du bei mir wärest, wie Francesca bei ihrem Liebhaber war.
Mein liebster Schatz, ich zittere, während ich Dir schreibe, wie ich zitterte, als ich Dich sah, aber nicht mehr mit so süßen Herzschlägen. Ich habe Dir tausend Dinge zu sagen und weiß nicht, wie ich sie sagen soll, ich habe tausend Küsse, die ich Dir schicken will – und, ach, wie viele Seufzer! Liebe mich – nicht so, wie ich Dich liebe, denn das würde Dich zu unglücklich machen, liebe mich nicht so, wie ich es verdiene, denn das wäre zu wenig, sondern so, wie Dein Herz es Dir gebietet. Zweifle nicht an mir; ich bin und werde immer Dein zärtlichster Liebhaber sein.

Byron

PS: Um wie vieles glücklicher als ich ist dieser Brief, der in ein paar Tagen in Deinen Händen sein wird – und vielleicht drückst Du ihn sogar an Deine Lippen. In dieser Hoffnung küsse ich ihn, bevor er auf die Reise geht. Leb wohl – meine Seele.

[Undatiert, evtl. Juni/Juli 1819]

„Meine Gedanken finden keine Ruhe in mir“ [Tasso] – Ich hatte also recht: Was macht dieser Mann jeden Abend so lange in Deiner Loge? „Wir haben uns also geeinigt“ – schöne Worte! „*Du* hast Dich geeinigt“, scheint es mir. Mir ist nicht entgangen, dass Du jedes Mal, wenn ich meinen Blick der Bühne zuwandte, diesen Mann angesehen hast, und das nach allem, was heute geschehen ist! Aber mach Dir keine Sorgen, morgen Abend werde ich ihm das Feld räumen. Ich habe keine Kraft, jeden Tag eine neue Qual zu ertragen; Du hast mich in meinen eigenen Augen verachtenswert gemacht, und vielleicht bald in denen anderer. Hast Du meine Qualen nicht bemerkt? Habe ich Dir nicht leid getan? Ich vergebe Dir für das, was ich wegen Dir erleiden muss, aber ich werde mir selbst nie für die Schwäche vergeben können, die mich bisher davon abgehalten hat, den einzigen ehrenhaften Schritt in so einer Lage zu tun: Mich von Dir zu verabschieden – für immer

Mitternacht

Die Zeit, in der ich zu schlafen pflegte, bevor ich Dich kennenlernte.

Lass mich gehen – es ist besser, vor Trennungsschmerz zu sterben als an Verrat. Mein Leben ist jetzt eine andauernde Qual. Ich habe ein einzigartiges und letztes Glück in Deinen Armen genossen, aber oh Gott! Wie viel mehr muss ich für diese Augenblicke bezahlen! Und ich muss *dies* für sie bezahlen – jetzt, da ich Dir alleine schreibe, ganz alleine. Ich hatte niemanden außer Dir auf der Welt und jetzt, da ich Dich nicht mehr habe (ohne Dein Herz, was ist da schon der Rest?), ist mir meine Einsamkeit genauso lästig wie Gesellschaft. Denn jenes Bild, das ich so rein, so kostbar glaubte, ist jetzt nichts mehr als ein verräterischer und bedrohlicher Schatten – und doch, für immer der Deine.

Bologna, 23. August 1819

Meine liebste Teresa, ich las dieses Buch in Deinem Garten. Meine Liebe, Du warst nicht da, sonst hätte ich es nicht lesen können. Es ist eines Deiner Lieblingsbücher, und der Autor war ein Freund von mir. Du wirst diese englischen Worte nicht verstehen, und *andere* werden sie auch nicht verstehen – was der Grund dafür ist, dass ich nicht auf Italienisch geschrieben habe. Aber Du wirst die Handschrift von ihm erkennen, der Dich leidenschaftliche liebte, und Du wirst Dir denken können, dass er bei einem Buch, das Dir gehörte, nur an Liebe denken konnte. In diesem *Wort*, das in allen Sprachen schön ist, aber am schönsten in Deiner, *amor* mio, liegt meine Existenz jetzt und für immer.

Ich fühle, dass ich hier existiere, und ich fürchte, dass ich später existieren werde; zu *welchem* Zweck, das wirst Du entscheiden. Mein Schicksal liegt in Deiner Hand, und Du bist eine neunzehnjährige Frau und erst seit zwei Jahren aus der Klosterschule. Ich wünsche von ganzem Herzen, Du wärest dort geblieben, oder dass ich Dir wenigstens nie in Deinem verheirateten Zustand begegnet wäre, aber es ist zu spät für all das. Ich liebe Dich, und Du liebst mich, wenigstens *behauptest* Du das, und Du *tust* so, als ob – Letzteres ist in jedem Fall ein großer Trost. Aber *ich* tue mehr als Dich lieben und kann nicht aufhören, Dich zu lieben. Denk manchmal an mich, wenn die Alpen und der Ozean uns trennen, aber sie werden es nie tun, außer Du wünschst es.

BN

Franz Grillparzer

(1791-1872)

an Katharina Fröhlich

Der Schriftsteller Franz Grillparzer war mit Katharina Fröhlich verlobt, heiratete sie aber nie, obwohl er bei ihr und ihren Schwestern lebte.

Jamnitz, 4. Oktober 1823

Du abscheuliches Ding!

Ich glaube gar, ich bin in Dich verliebt! Seit gestern, da ich nämlich Deinen kritzligen Brief erhielt, hab ich ihn schon dreimal gelesen, und eben war ich im Begriff, es zum vierten Male zu tun, als ich mich besann, dass man seinen Charakter soutenieren muss, den Brief in die Schublade warf, diese zuschloss und mir vornahm, das Geschreibe gar nicht mehr anzusehen.

Ernsthaft! Der Brief hat mir viel Freude gemacht. Erstens, weil er so herzensgut ist wie alles, was von Dir kommt; dann aber auch, weil er so gut geschrieben ist, so ganz, wie ich's liebe.

Ich sehe schon, ich muss bald wieder eine neue Reise unternehmen, um mehr solche Briefe zu bekommen.
Du schreibst nicht, wie es Dir geht. Ich hoffe gut. Ich selbst befinde mich beträchtlich besser als bei meiner Ankunft, was ich zum Teile der Sorgfalt Flurys verdanke, der sich wirkliche Verdienste um mich erworben hat. […]
Adieu! Grüß Deine Schwestern, auch die Beste von Euch: nämlich die Abwesende. Ich habe Euch alle lieber, als ich selbst weiß. Bald einen zweiten Brief.

Grillparzer

Percy Bysshe Shelley

(1792-1822)

an Harriet Shelley, Mary Godwin und Emilia Vivani*

Shelley, einer der bedeutendsten Lyriker der englischen Romantik, befreundet mit Byron und Keats, heiratete seine erste Frau, Harriet Westbrook, im Alter von nur 19 Jahren. Sie war erst 16, und da die Verbindung gegen den Willen beider Eltern stattfand, brannten die beiden für die Eheschließung nach Edinburgh durch. Nur ein gutes Jahr später lernte Shelley Mary Godwin kennen, die spätere Autorin von Frankenstein. *Mit ihr floh er nach Frankreich und ließ Harriet, schwanger mit seinem zweiten Kind, in England zurück. Zwei Jahre später, wieder schwanger, man weiß nicht von wem, ertränkte sich Harriet in London; Shelley, der sich inzwischen in Italien aufhielt, heiratete Mary noch im selben Monat. Das Sorgerecht für seine beiden Kinder aus erster Ehe, um das er sich sehr bemühte, blieb ihm verwehrt. Mary brachte drei Kinder zur Welt, von denen die ersten beiden im Kindesalter starben. 1822 fand sie selbst beinahe bei einer Fehlgeburt den Tod. Shelley kehrte nie nach England zurück.*

* Übersetzung aus dem Englischen und Italienischen von Sabine Anders

AN HARRIET

Den folgenden Brief schrieb Shelley an Harriet, unmittelbar nachdem er ihr von seinem Verhältnis mit Mary erzählt hatte:

London, 14. Juli 1814

Meine liebste Freundin,
so erschöpft ich auch von unserem Gespräch bin, und obwohl ich weiß, dass wir uns morgen Mittag sehen, kann ich es doch nicht lassen, Dir zu schreiben.
Deine Beteuerungen haben mich beruhigt und glücklicher gemacht. Es stimmt zwar, dass ich nie aufgehört habe, Deiner Integrität und Selbstlosigkeit zu vertrauen, aber ich fürchtete doch, dass der Schock Dich rettungslos unglücklich machen würde, dass Du daran zweifeln könntest, dass ich Dich nach wie vor liebe, oder dass Du nur Elend und Verzweiflung auf Dich zukommen siehst, dasselbe, worunter ich so sehr gelitten habe.
Mein Geist suchte Trost bei Dir und fand ihn. Alles, was die breite Masse an Menschen für so wichtig hält, hast Du konsequent und wie es sich gehört mit Verachtung gestraft. In der Überzeugung, dass meine Zuneigung zu Dir ungebrochen ist, hast Du mir einen Eindruck des reinen und andauernden Glücks vermittelt, das Du zu erwarten hast und das nur den Großen und Guten zuteil wird.
Für all dies, liebste Harriet, danke ich Dir von ganzem Herzen. Es ist vielleicht die größte unter den vielen Wohltaten, die ich von Deiner Hand empfangen habe und in Zukunft noch empfangen soll. Ich verabscheute das Tageslicht selbst und fand mich zutiefst und unbeschreiblich abstoßend. Ich lebte weiter, und Mary erklärte sich ebenfalls dazu bereit. Ich lebte in der Hoffnung, Trost und Glück durch Dich zu erlangen, und ich wurde nicht enttäuscht.
Ich sage es noch einmal – und glaube mir, ich meine es ganz aufrichtig – dass meine Zuneigung zu Dir keinen Schaden genommen hat. Vielmehr habe ich den Eindruck, dass sie tiefer und dauerhafter geworden ist, dass sie jetzt weniger als je zuvor

den Schwankungen der Einbildung und Laune ausgesetzt ist. Unsere Beziehung gründete nie auf impulsiver Leidenschaft. Freundschaft war ihre Basis, und auf dieser Basis ist sie stärker geworden. Ich betrachte es nicht als Vorwurf, dass Du mein Herz nie mit einer ausreichenden Leidenschaft erfüllt hast. Vielleicht bist Du selbst ja noch nicht mit solchen leidenschaftlichen Regungen vertraut, die vielleicht eines Tages ein edlerer und besserer Mann als ich in Dir wachrufen wird, und mögest Du einen Liebhaber finden, der so leidenschaftlich und treu ist, wie ich als Dein Freund stets liebevoll und aufrichtig sein werde!

Soll ich Dir nicht mehr als ein Freund sein? Oh, vielmehr will ich Dir ein Bruder sein, der Vater Deines Kindes, das wir beide so lieben, um seinetwillen und weil wir uns lieben.

Mrs. Boinville kennt das menschliche Herz sehr gut. Sie hat vorhergesagt, dass diese Schwierigkeiten eines Tages kommen werden, und sie hat erkannt, dass es Freundschaft und nicht Leidenschaft war, was unsere Beziehung zusammenhält. Aber ich spottete über ihre kurzsichtigen Prophezeihungen – ich! durch den sie so schnell bewahrheitet wurden.

Können Deine Gefühle für mich anderer Natur sein als die, die ich für Dich hege? Bist Du meine Geliebte, obwohl ich nur Dein Freund und der Bruder Deines Herzens bin? Wenn Deine Gefühle dieselben sind, werden wir das reinste und vollkommenste Glück genießen können – ich wünschte, Du könntest Mary sehen. Dem gleichgültigsten Betrachter würde sie interessant erscheinen, wenn auch nur wegen allem, was sie durchgemacht hat, und wegen der Tyrannei, unter der sie zu leiden hat. Ich bin still, wenn Du Dich nicht in der Lage fühlst, Mitleid und Liebe für die Frau zu empfinden, die das Ziel meiner Leidenschaft ist und sie mit mir teilt.

Wenn Du Geld von der Bank abheben willst, bevor wir uns sehen, kann Hookham Dir Schecks geben.

Adieu. Bring unser süßes Baby mit. Ich werde sie schon wegen Dir ewig lieben.

Für immer in liebevoller Zuneigung der Deine

P. B. Shelley

London, 14. September 1814

Meine liebe Harriet,

[…] Ich kann Dir nur offen schreiben, wenn meine Briefe ganz sicher niemand zu Gesicht bekommt außer Du selbst. Ich vertraue Dir Umstände und Gefühle an, deren Verbreitung die Vorsicht und vielleicht auch die Tugend verbieten würden; wie ich mich dabei verhalte, wird in gewissem Maß davon bestimmt, wie Du Dich verhältst. Halbes Vertrauen reicht nicht. Ich kann niemanden als Freund bezeichnen, bei dem ich aufpassen muss, über was und über wen ich schreibe. Ich weiß nicht, wie unser Umgang miteinander nachher aussehen wird, auf welche Art und wie oft wir uns begegnen werden. Wie auch immer, lass nicht zu, dass unser Verhältnis von den Kommentaren und Einmischungen anderer vergiftet wird. Es sei Dir selbst genug, und dann kannst Du das elendige Mitleid derjenigen verachten, die nicht richtig achten oder lieben können –

Vergib mir meine Offenheit, Harriet. Wir müssen uns selbst und uns gegenseitig verstehen. Ich halte mich für wesentlich wertvoller und besser als alle Deine sogenannten Freunde. Du kannst mich zum treuesten und liebevollsten Freund haben, aber ich habe einen gewissen Preis: Vertrauen und Wahrhaftigkeit.

Du glaubst, dass ich Dir unrecht getan habe. Schon immer, fast seit ich Dich zum ersten Mal gesehen habe, war mein Hauptanliegen stets, Dich mit Wohltaten zu überhäufen. Sogar jetzt, da eine gewaltige und dauerhafte Leidenschaft für eine andere der Grund ist, dass ich ihre Gesellschaft der Deinen vorziehe, beschäftige ich mich die ganze Zeit damit, wie ich Dir wirklich und auf Dauer von Nutzen sein kann und wie ich meine Zeit und mein Geld am besten für Deine wahren Interessen einsetzen kann. Es ist nicht so gut, dass ich im Gegenzug mit Vorwürfen überhäuft werde – eine so beispiellose und einzigartige Hingabe verlangt eine ganz andere Gegenleistung. Und es wäre großzügig, nein, es wäre nur gerecht, wenn Du der Frau, die mein Verstand und mein Gefühl als das edelste und herausragendste menschliche Wesen ausgesucht haben, mehr Freundlichkeit entgegenbringen würdest.

Wir müssen uns in einigen Punkten einig sein, sonst wird unsere Beziehung lediglich zu einem lachhaften Gespött.
Stehst Du über der Welt? Und wie weit?
Es ist weder möglich, noch wäre es richtig, dass ich meine Liebe zu Mary überwinden sollte: Wir sind im Geiste und [Shelley ließ hier etwas Platz frei] vereint. Wir begegneten uns in Leidenschaft, sie hat alles für mich aufgegeben.
Aber wahrscheinlich werde ich Dich morgen sehen. Und ich möchte, dass Du auf diesen Brief antwortest.
Sag nicht, dass das, was ich geschrieben habe, kalt und gefühllos ist. Ich habe noch nie etwas vorgetäuscht, das ich nicht empfunden habe. Aber schenk meinen Worten Glauben, wenn ich sage, dass ich Dein wahrhaftiger und liebevoller Freund bin.

London, 16. September 1814

Meine liebe Harriet,
ich habe heute fest mit einer Antwort von Dir gerechnet. Ich kann auf eine Antwort auf meinen gestrigen Brief nicht verzichten. Es ist mir ein großes Anliegen, den wahren Zustand Deiner Gefühle, was mich und Mary betrifft, zu erfahren. Ich werde nicht zulassen, dass unser Umgang durch Missverständnisse gestört wird, die so unwürdig sind und jede Hoffnung auf Frieden so zunichte machen wie diejenigen, die Deinen letzten Brief bestimmten […]

15. Oktober 1814

Denk nicht, dass ich Dir je bitter oder unfreundlich gesinnt bin und auf eine bessere Stimmung warten müsste, bevor ich Deine Briefe lese. Die Art und Weise, in der ich Dich anredete und über die Du Dich beklagst, war das Resultat Deiner eigenen Briefe. Die kalten oder distanzierten Gefühle stammen nicht von mir. Ich war erpicht, Dein Freund zu sein, im nachdrücklichsten Sinn des Wortes. Und der mildere, freundlichere Ton Deines Briefes lässt mich hoffen, dass Dir wenigstens an meiner Freundschaft etwas liegt.

Ich glaube, ich bin mir der Bedeutung des Wortes sehr wohl bewusst. In unseren Prinzipien und Ansichten übereinzustimmen, gemeinsame Interessen und Gefühlsgewohnheiten zu haben, ist der Ursprung einer Freundschaft und gehört zu jeder Art von Zuneigung. Ich werde nie aufhören, mich für Dein Wohlergehen zu interessieren – Du warst meine Ehefrau, Du bist die Mutter meines Kindes und Du wirst ein zweites von mir zur Welt bringen. Aber das sind Bande, die einen nur auf weltlicher Ebene binden, solange Übereinstimmung in den großen Fragen des menschlichen Glücks fehlt. Sie erzeugen gegenseitiges Wohlwollen, Anteilnahme und Rücksichtnahme, aber die Aufopferung und Hingabe einer höheren Freundschaft kann nicht sein, wenn die Gründe dafür ihre Wirkung verloren haben. Lass Dich von diesen Überlegungen nicht entmutigen. Wahrscheinlich gibt es zahlreiche hervorragende Menschen auf der Welt, die in der Lage sind, Dir ein Seelengefährte zu sein und an Deinen Gefühlen, Deinem Geschmack und Deinen Meinungen teilhaben können – Du hast zurecht festgestellt, dass ich nicht dieser Mensch bin. Ich werde über Deine Interessen wachen, auf den Fortgang Deines zukünftigen Lebens schauen, Dir helfen und Dich beschützen und wie ein Vater für Dich sein, aber wo man sich nicht wohlgesonnen ist, kann niemals eine Freundschaft unter Gleichen zustandekommen.
Versteh mich nicht falsch: Ich bin jetzt und für immer Dein Freund in jedem Sinne des Wortes außer dem schwierigsten und höchsten. Ich schwöre Dir feierlich, dass Dir gegenüber niemals die geringste Unfreundlichkeit oder Feindschaft in meinem Herzen war. Wenn ich über Dein Verhalten nachdenke und darin irgendein Anzeichen von Großherzigkeit und Tugend finde, bin ich spürbar ergriffen. Ja! Ich bin so sehr Dein Freund, dass es vollkommen unnötig ist, einen Anwalt einzuschalten.
Ich werde kein Gespräch mehr mit Dir suchen, bis ich glauben kann, dass Du mich richtig verstehst, bis ich nicht eine zusätzliche Bestätigung habe, dass unsere Gefühle übereinstimmen. Ich mache mich nicht aus Unfreundlichkeit oder Gleichgültigkeit

rar, sondern in Anbetracht der Gerechtigkeit, die mir und Deinen eigenen Gefühlen zusteht. […]
Wie geht es meinem Kind? Was mich unter anderem am meisten an Deiner Entfremdung von Mary und mir schmerzt, ist die Trennung von diesem Baby. Ich weiß, dass sie dem Naturgesetz nach Dir gehört und nicht mir, und dass Deine Gefühle für sie auf körperlicher Zuneigung beruhen, während meine das Ergebnis von Gewohnheit und Selbstüberzeugung sind. Ich gebe daher einer harten, doch echten Pflicht nach.
Lass mich bald wieder etwas von Dir hören. Sag mir, wie es Dir gesundheitlich geht.
Und glaube mir, liebe Harriet, dass ich immer Dein liebevoller Freund bleiben werde.

P. B. S.

P.S. Wenn ich Geld auftreiben kann, werde ich das mit Dir arrangieren. Ich werde nicht mit einem Anwalt über das Thema reden – so, wie die Dinge jetzt stehen, kommt ein Anwalt nicht in Frage. […]

Shelley an Mary Godwin

Den folgenden Brief schrieb Shelley an Mary Godwin, spätere Mary Shelley, als ihm eine Verhaftung drohte:

4. November 1814

Meine Geliebte rühmt sich also, dass sie besser in der Praxis der Liebe ist als ich in der Theorie? Ist das so? Nein, liebe Mary, Du hast nur gemeint, dass Du mich mehr liebst, als Du in Worten ausdrücken kannst, dass vernünftige Gedanken zu kalt und langsam für die rasende Glut Deiner Vorstellung waren. […]
Meine Liebe, bin ich Dir heute nicht glücklich vorgekommen? Eine kurze Zeit lang war ich verzückt vor Freude. Und doch war ich abwesend und niedergeschlagen. Ich wusste nicht, wann wir uns wieder sehen würden, wann ich Dich wieder in meinen

Armen halten würde und Dir so oft in die Augen schauen kann, wie ich will, wann ich wieder spontane Küsse mitten in den Stunden unseres Glücks erhaschen oder mich den seligmachenden Sinnesfreuden in Sicherheit ganz und gar hingeben kann. Ich schweife ab – wovon? Ach, ich weiß es nicht mehr und es war auch nicht wichtig. Ich schweifte zu *Dir*, zu unserem köstlichen Frieden, zu der einfachen Vorfreude auf glückliche Stunden. Ich *werde glücklich sein* ist nicht so göttlich wie ich *bin*. Sich damit zufrieden zu geben, dass „das ‚ich fürchte' dem ‚ich möchte' folgt, der armen Katz im Sprichwort gleich" [Macbeth, 1.7.44] – für Liebende bedeutet das fieberhafte Aufregung und krankmachende Unruhe. Und, meine arme Mary, die mich so zärtlich und aufrichtig liebt, soll mich Deine Einsamkeit nicht schmerzen? [...] In meinen Briefen muss ich ständig über Geld reden, während mein Selbst zum Überlaufen voll von grenzenloser Liebe und hehren Gedanken ist. Wie wenig doch Philosophie und Liebe zu dieser trüben Welt passen – zu diesem dunklen Plan der Dinge, der fruchtlos in den Tod mündet. Es gibt Augenblicke, wenn Du nicht da bist, meine Liebste, in denen mich die Bitterkeit äußerst schwer belastet, mit der ich der unwiederbringlich verlorenen Zeit nachweine, die ich in nutzloser Einsamkeit und mit weltlichen Sorgen verschwendet habe. Du allein versöhnst mich mit mir selbst und meinen geliebten Hoffnungen.
Gute Nacht, meine Beste, Liebste, meine eigene Mary.

Im Dezember 1820 lernte Shelley in Pisa die 19-jährige Teresa Emilia Viviani kennen, die gegen ihren Willen in einer Klosterschule festgehalten wurde, angeblich, um sie von dem Liebhaber ihrer Mutter fernzuhalten. Shelley verliebte sich in sie und schrieb sein Gedicht Epipsychidion *an sie, in dem er sich für die freie Liebe ausspricht; fragmenthafte Entwürfe fünf seiner Briefe an Emilia sind erhalten. Ein Jahr später suchte das Ehepaar Williams, Jane und Edward, die Bekanntschaft des Dichters in Italien. Shelley litt zu dieser Zeit zunehmend unter Marys Eifersucht und der daraus resultierenden Einsamkeit und begrüßte die Gesellschaft der beiden. Unter dem Einfluss seiner Liebe zu Jane schrieb er zwei seiner letzten und ergreifendesten Liebesgedichte:* With a Guitar, To Jane *und das nicht näher betitelte* Lines Written in the Bay of Lerici. *Knappe zwei Jahre später ertranken Shelley und Janes Ehemann während einer Segelfahrt auf dem Mittelmeer unter ungeklärten Umständen.*

Auszüge aus den Briefen an Emilia Vivani, geschrieben zwischen Dezember 1820 und Januar 1821:

Hier sind wir nun, verbunden durch einige wenige Tage der Freundschaft; ein seltsames Schicksal hat uns von den äußersten Enden der Erde zusammengetragen, vielleicht damit wir uns gegenseitig trösten. Mein Wunsch für Dich und für uns sei, in den Worten Dantes, dass

> … uns ein Zauberer geschwinde
> Zu Schiffe brächte, das bei jedem Wind
> Nach unsrem, meinem Wunsch durchführ' das Meer.
> So dass kein Sturm, kein böses Ungefähr
> Des Schiffleins Lauf zu hemmen Kräfte finde …

Und ich wünschte, jeder wäre dann so zufrieden und frei, wie ich glaube, dass Du und ich es auf dem Schiff wären. [Aus Dantes Sonett an Guido Cavalcanti, in der Übersetzung von Albert Ritter]

[…] Du, Emilia, die Du lieblicher anzusehen warst als die weiße Lilie an ihrem Stiel und frischer als der Mai […] Deine Gestalt, meinem Auge sichtbar, umgibt mich mit dem sanften Schatten ihrer eigenen göttlichen Schönheit. […] Deine dunklen Augen, immer die schönsten, sind über mir. Mir scheint, dass ich Deine Hand auf meiner fühle und Deine Lippen, aber dann schließe ich die Augen, bis Du aufgehört hast, sie zu lieben, und dann erlischt sie wie eine Flamme, der die Nahrung fehlt. Mir geht es heute gar nicht gut. Deine süßen Augen lächeln in meinem Innern. Ich denke nicht mehr an den Tod: Ich glaube, dass eine Seele, die von Dir geliebt wird, nicht [sterben] kann.

John Keats

(1795-1821)

an Fanny Brawne*

John Keats, berühmter Lyriker der englischen Romantik, verliebte sich zwei Jahre vor seinem Tod in Fanny Brawne, als die Tuberkulose, an der er im Alter von nur 25 Jahren sterben sollte, bereits im fortgeschrittenen Stadium war. In seinen Briefen kämpft er daher mit dem Wissen, dass ihre Beziehung keine Zukunft hat. Er nahm Fannys Briefe mit ins Bett und ließ sich jede Nacht einen Gutenachtgruß von ihr schreiben, den er unter sein Kopfkissen legte. Fannys letzte Briefe an ihn, die ihn erreichten, als er in Italien im Sterben lag, nahm er ungeöffnet mit ins Grab.

Wentworth Place, Hampstead, 25. Juli 1819

Mein liebes Mädchen,

[…] Du kannst Dir nicht vorstellen, wie sehr ich mich sehne, bei Dir zu sein, wie gerne ich für eine Stunde mit Dir sterben würde – denn was bietet schon die Welt? Ich sage, Du kannst es Dir nicht vorstellen; es ist nicht möglich, dass Du für mich dasselbe empfindest wie ich für Dich, es kann nicht sein. Vergib mir, dass ich heute Abend ein wenig hin und her springe, aber ich war den ganzen Tag mit einem sehr abstrakten Gedicht beschäftigt, und ich liebe Dich so sehr – zwei Dinge, die mich entschuldigen müssen. […] Solltest Du jemals für einen Mann auf den ersten Blick das fühlen, was ich für Dich empfand, bin ich verloren. Doch würde ich nicht mit Dir streiten, sondern mich selbst hassen, wenn ein solcher Fall eintreten sollte. Nur

---

* Übersetzung aus dem Englischen von Sabine Anders

würde ich zerspringen, wenn derjenige nicht ein so guter Mann wäre, wie Du eine Frau bist. Vielleicht bin ich zu ungestüm, dann denke mich auf Knien [...] Du zehrst mich gegen meinen Willen auf – Du allein. Denn ich freue mich nicht im Geringsten darauf, einmal ein normales Leben zu führen und mich in der Welt einzurichten. Ich habe Angst vor häuslichen Sorgen, doch für Dich würde ich sie auf mich nehmen. Doch wenn es Dich glücklicher machte, würde ich eher sterben, als es zu tun. Ich habe zwei Schätze, über die ich auf meinen Spaziergängen nachdenken kann, Deine Liebenswürdigkeit und die Stunde meines Todes. O könnte ich sie nur beide in ein und demselben Augenblick besitzen! Ich hasse die Welt; sie schadet den Schwingen meines Willens zu sehr, und ich wünschte, ich könnte süßes Gift von Deinen Lippen trinken und mich so aus der Welt schicken. Von niemand anderem würde ich es nehmen. Ich bin wirklich erstaunt, dass ich keinen Zauber mehr achte außer Deinem [...] Ich werde mir Dich heute Nacht als Venus denken und zu Deinem Stern beten, beten, beten wie ein Heide.

Für immer Dein,
schöner Stern,
John Keats

Fleet Street, 13. September 1819

Mein liebes Mädchen,
[...] Bin ich verrückt oder nicht? Ich kam mit der Kutsche am Freitagabend an und war noch nicht in Hampstead. Bei meiner Seele, es ist nicht meine Schuld. Ich kann mich nicht dazu entschließen, irgendeine Freude in meine Tage zu bringen: Sie vergehen einer wie der andere, ohne Unterschied. Wenn ich Dich heute träfe, würde das die halbwegs bequeme Stumpfsinnigkeit ruinieren, die ich im Moment genieße, und mich in vollkommene Verwirrung stürzen. Ich liebe Dich zu sehr, als dass ich mich nach Hampstead wagen könnte, ich habe das Gefühl, es wäre kein Besuch, sondern eine Feuerprobe. *Que ferai-je*? wie die französischen Romanciers zum Spaß schreiben, und ich im Ernst. Wirklich, was kann ich tun? Da ich sehr gut weiß, dass

ich mein Leben in Erschöpfung und Mühsal verleben muss, habe ich versucht, mich von Dir zu entwöhnen, denn was kann mir schon ein großes Unglück anhaben, wenn es mich alleine trifft? Soweit sie mich alleine angehen, kann ich alle Ereignisse mit Verachtung strafen, aber ich kann nicht aufhören, Dich zu lieben […]. Ich bin ein Feigling, ich kann den Schmerz, glücklich zu sein, nicht ertragen, es kommt gar nicht in Frage, ich darf gar nicht daran denken.

Für immer der Deine in Liebe,
John Keats

College Street 25, 13. Oktober 1819

Mein liebstes Mädchen,
gerade habe ich mir vorgenommen, ein paar Verse in Schönschrift abzuschreiben. Ich kann nicht damit weitermachen, es verschafft mir nicht die geringste Zufriedenheit. Ich muss Dir eine Zeile oder zwei schreiben, um zu sehen, ob mir das dabei hilft, Dich für noch so kurze Zeit aus meinem Kopf zu verbannen. Bei meiner Seele, ich kann an nichts anderes denken. Die Zeit ist vorbei, in der ich Dir noch einen Rat geben und Dich vor meinem wenig vielversprechenden jungen Leben warnen konnte. Meine Liebe hat einen Egoisten aus mir gemacht. Ich kann ohne Dich nicht existieren. Ich vergesse alles außer dem Wiedersehen mit Dir, an diesem Punkt scheint mein Leben aufzuhören, ich sehe nicht weiter. Du hast mich aufgezehrt. Ich fühle mich momentan, als würde ich mich auflösen, ohne die Hoffnung, Dich zu sehen, wäre ich höchst unglücklich. Ich sollte Angst davor haben, mich weiter von Dir zu entfernen. Meine liebe Fanny, wird sich Dein Herz nie verändern? Meine Liebe, wird es? Meine Liebe hat keine Grenzen […] Ich war erstaunt, dass Menschen als Märtyrer für die Religion sterben können, es schüttelte mich bei dem Gedanken. Jetzt schüttelt es mich nicht mehr; ich könnte für meine Religion zum Märtyrer werden – Liebe ist meine Religion, dafür könnte ich sterben. Ich könnte für Dich sterben. Mein Glaubensbekenntnis ist Liebe, und Du bist der einzige Artikel. Du hast mich mit einer Kraft verzückt,

gegen die ich mich nicht wehren kann, und doch konnte ich mich wehren, bevor ich Dich gesehen hatte, und sogar seit ich Dich gesehen habe, habe ich oft versucht, Gründe gegen den Grund meiner Liebe zu finden. Das kann ich jetzt nicht mehr, der Schmerz wäre zu groß. Meine Liebe ist egoistisch. Ich kann ohne Dich nicht atmen.

Für immer der Deine
John Keats

Wentworth Place, Februar 1820

Meine liebste Fanny,
dann ist alles, was wir tun müssen, uns in Geduld üben. Wie sehr ich mir auch manchmal Gewalt antun mag, indem ich auf etwas hinweise, das für jeden anderen außer uns selbst eine bloße Notwendigkeit erscheinen mag, so denke ich nicht, dass ich den Gedanken, Dich zu verlieren, auch nur annähernd ertragen könnte. Letzte Nacht habe ich gut geschlafen, aber ich kann nicht behaupten, dass ich mich sehr schnell erhole. Ich werde Dich morgen erwarten, denn es ist sicher besser, wenn ich Dich nur selten sehe. Lass mich Deinen Gutenachtgruß haben.

Dein liebevoller
J. K.

Wentworth Place, März 1820 [?]

Meine liebste Fanny, ich habe gut geschlafen letzte Nacht und auch heute Morgen geht es mir nicht schlechter. Von Tag zu Tag, wenn ich mich nicht irre, kann ich freier atmen. Je näher ein Läufer dem Ziel ist, umso größer wird seine Unruhe; genauso geht es mir, an der Schwelle zur Gesundheit fühle ich meine Ungeduld wachsen. Vielleicht habe ich Deinetwegen meine Krankheit ernster genommen, als sie ist; wie schrecklich war die Möglichkeit, in die Erde zu sinken anstatt in Deine Arme – der Unterschied ist erstaunlich, Liebe […] Gib mir die Gelegenheit zu mehr Jahren, die vor mir liegen, und ich werde nicht unvergessen sterben. Pass gut auf Dich auf, Liebste, damit wir im Sommer beide gesund sind. Ich strenge mich nicht an mit dem Schreiben, da ich nur hier und da ein, zwei Zeilen einfügen muss, eine Aufgabe, die einem gekräftigten Körper und Geist Sorgen machen würde, die mir aber gelegen kommt, da ich nicht mehr tun kann.

Dein liebevoller
J. K.

Wentworth Place, März 1820

Mein liebstes Mädchen,
ich nehme an, dass ich Dich wegen unserer Gesellschaft nicht vor morgen sehen werde. Mir geht es viel besser heute. In der Tat ist alles, worüber ich mich beklagen kann, ein wenig Schwäche und ein etwas enges Gefühl in der Brust. Ich beneidete Sam um seinen Spaziergang mit Dir heute, was ich nicht wieder tun werde, da mich der Neid sonst sehr müde machen könnte. Ich stelle mir vor, dass Du jetzt Dein neues schwarzes Kleid trägst, das ich so gerne mag, und wäre ich ein bisschen weniger egoistisch und etwas enthusiastischer, würde ich hinüberrennen und Dich mit meinem Klopfen an der Tür überraschen. Ich fürchte, ich bin zu besonnen für den Schlag des sterbenden Liebhabers [...] Gott segne Dich, meine Liebe! Krankheit ist ein langer Weg, aber ich sehe Dich am Ziel stehen und werde mich beeilen, so sehr ich kann.

J. K.

Kentish Town, Mai 1820

Mein liebstes Mädchen,
ich habe gestern einen Brief für Dich geschrieben, in der Erwartung, Deine Mutter zu sehen. Ich werde egoistisch genug sein, ihn zu schicken, obwohl ich weiß, dass er Dir vielleicht ein wenig weh tun wird. Denn ich will, dass Du siehst, wie unglücklich ich wegen meiner Liebe zu Dir bin. Ich versuche, so gut ich kann, Dich dazu zu bewegen, mir Dein Herz ganz zu schenken, denn meine Existenz hängt ganz und gar von Dir ab. Du kannst keinen Schritt tun oder ein Augenlid bewegen, ohne dass es mich ins Herz trifft. Ich bin gierig nach Dir. Denk an nichts anderes

außer mich. Lebe nicht so, als gäbe es mich nicht. Vergiss mich nicht; aber habe ich irgendein Recht, zu behaupten, dass Du mich vergisst? Vielleicht denkst Du ja den ganzen Tag an mich. Habe ich irgendein Recht, mir zu wünschen, dass Du wegen mir unglücklich bist? Du würdest mir den Wunsch vergeben, wenn Du wüsstest, mit welch außerordentlicher Leidenschaft es mich verlangt, dass Du mich liebst. Und damit Du mich so liebst, wie ich Dich liebe, darfst Du an niemanden denken außer mich [...] Ich denke tatsächlich, dass eine echte Liebe ausreicht, das größte Herz zu erfüllen. Dass Du alleine in die Stadt gegangen bist – als ich das hörte, war ich bestürzt, und doch hatte ich damit gerechnet. Versprich mir, dass Du es in nächster Zeit nicht mehr tun wirst, bis es mir besser geht. Versprich es mir und schreibe das Blatt voll mit den besten Kosenamen. Wenn Du das nicht mit gutem Willen tun kannst, dann sag mir, meine Liebe, sag mir, was Du denkst, gesteh es, falls Dein Herz zu sehr an der Welt hängt. Vielleicht sehe ich Dich dann aus einem größeren Abstand, vielleicht kann ich Dich dann nicht so eng an mich binden. Wenn Du einen geliebten Vogel aus seinem Käfig ließest, wie sehnsuchtsvoll würdest Du ihm mit den Augen folgen, solange er in Sichtweite ist; kannst Du ihn nicht mehr sehen, würdest Du Dich etwas erholen. Wenn es Dir vielleicht so geht, wenn es so ist, gestehe es mir, wie viele Dinge außer mir Du brauchst, ich wäre vielleicht glücklicher, weil ich weniger hingehalten wäre. Du kannst Dich gerne beklagen: Wie egoistisch, wie grausam, mich meine Jugend nicht genießen zu lassen! Mir zu wünschen, dass ich unglücklich bin! Denn Du musst unglücklich sein, wenn Du mich liebst. Bei meiner Seele, ich kann mit nichts anderem zufrieden sein. Wenn Du jetzt tatsächlich auf einer Party das tun kannst, was man sich amüsieren nennt, wenn Du den Leuten ins Gesicht lächeln kannst und Dir wünschst, dass sie Dich jetzt bewundern, dann hast Du mich nie geliebt noch wirst Du mich je lieben. Ich sehe nirgendwo Leben außer in der Gewissheit, dass Du mich liebst. Überzeuge mich davon, meine Liebste.

Wenn Du mich nicht irgendwie davon überzeugst, sterbe ich vor Qual. Wenn wir lieben, dürfen wir nicht so leben wie andere Männer und Frauen. Ich kann das Gift von Mode und Gehabe und Getratsche nicht ertragen. Du musst mir so gehören, dass Du freiwillig unter Folterqualen sterben würdest, wenn ich es wünschte. Ich maße mir nicht an, zu behaupten, ich hätte mehr Gefühle als andere Menschen, aber ich bitte Dich ernsthaft, meine lieben und weniger lieben Briefe durchzusehen und zu bedenken, ob der Mensch, der sie geschrieben hat, noch viel länger die Qualen und die Ungewissheit ertragen kann, die zu erzeugen Du besonders geschaffen bist. Körperliche Gesundheit wiederzuerlangen wird mir nichts bringen, wenn Du mir nicht ganz gehörst, sobald ich gesund bin. Um Gottes willen, rette mich oder sag mir, dass meine Leidenschaft zu schrecklicher Art für Dich ist. Gott segne Dich wie immer.

J. K.

Nein, meine liebe Fanny, ich irre mich. Ich will nicht, dass Du unglücklich bist – und doch will ich es, muss ich es, solange es eine so liebliche Schönheit gibt, meine Schönste, meine Liebste! Auf Wiedersehen! Ich küsse Dich. Oh, die Folter!

Kentish Town, 1820

Mein liebstes Mädchen,
ich bin heute Morgen mit einem Buch spazieren gegangen, aber wie immer haben sich meine Gedanken ausschließlich mit Dir beschäftigt. Ich wünschte, ich könnte sagen, es waren angenehme Gedanken. Ich liege Tag und Nacht auf der Folter. Man redet davon, dass ich nach Italien gehe. Ganz gewiss werde ich nie wieder gesund werden, wenn ich mich für so lange Zeit von Dir trennen muss, aber trotz all meiner Hingabe an Dich kann ich mich in keinster Weise von Deiner Vertrauenswürdigkeit überzeugen. Meine Erfahrungen der Vergangenheit, zusammen mit meiner langen Trennung von Dir, lassen mich Qualen leiden, über die man kaum sprechen kann. Wenn Deine Mutter kommt, werde ich sie sehr überraschend und sehr geschickt fra-

gen, ob Du bei Mrs Dilke warst, denn sonst sagt sie möglicherweise Nein, um mich zu beruhigen. Ich bin im wahrsten Sinne des Wortes dem Tode nahe, was mein einziger Ausweg scheint. Ich kann nicht vergessen, was geschehen ist. Was? Nichts für einen Mann von Welt, aber für mich ist es schrecklich. Ich werde mich, so gut es geht, davon befreien. Als Du aus Gewohnheit immer mit Brown geflirtet hast, hättest Du damit aufgehört, wenn Dein eigenes Herz auch nur einen Bruchteil des Schmerzes hätte fühlen können, den es mir bereitet hat. Brown ist kein schlechter Mann – er wusste nicht, dass er mich zentimeterweise zu Tode quält. Ich fühle die Auswirkungen jeder einzelnen solchen Stunde jetzt in meine Seite stechen. Und aus diesem Grund, obwohl er viel für mich getan hat, obwohl ich von seiner Freundschaft und Zuneigung für mich weiß, obwohl ich in diesem Augenblick mittellos wäre, wenn er mir nicht geholfen hätte, werde ich ihn nie wieder sehen oder mit ihm reden, bevor wir beide alte Männer geworden sind - falls wir alt werden sollten. Ich werde es übelnehmen, dass ein Fußball aus meinem Herzen gemacht wurde. Du wirst das Wahnsinn nennen. Ich habe Dich sagen hören, dass es nicht unangenehm ist, ein paar Jahre zu warten. Du kannst Dich zerstreuen, Deine Gedanken sind anderswo, Du hast Dich nicht ständig, so wie ich, mit einer Idee beschäftigt, und wie solltest Du auch? Du bist für mich ein so außerordentlich begehrenswertes Objekt – die Luft, die ich in einem Zimmer atme, in dem Du nicht bist, ist ungesund für mich. Ich bedeute Dir nicht dasselbe, nein, Du kannst warten, Du hast tausend Beschäftigungen, Du kannst ohne mich glücklich sein. Irgendeine Party, irgendetwas, mit dem Du Deine Tage füllst, ist Dir genug. Wie hast Du diesen Monat verbracht? Wen hast Du angelächelt? All dies mag wild in mir erscheinen. Du fühlst nicht so wie ich fühle, Du weißt nicht, was es heißt, zu lieben; eines Tages wirst Du es vielleicht, Deine Zeit ist noch nicht gekommen. Frage Dich selbst, wie viele unglückliche, einsame Stunden Dir Keats bereitet hat. Was mich betrifft, so war ich die ganze Zeit über ein Märtyrer, und deswegen spreche ich darüber, das Geständnis wird mir unter Folter abgerungen. Ich flehe Dich an, bei dem Blute des Christus, an den Du glaubst: Schreib mir nicht, wenn Du diesen Monat irgendetwas getan hast, das mir Schmerzen bereitet hätte, wäre ich dabei gewesen. Du magst Dich geändert haben; falls Du es nicht getan hast, falls Du Dich bei Tanzveranstaltungen und anderen gesellschaftlichen Anlässen immer noch so verhältst, wie ich es erlebt habe – ich will nicht leben. Wenn Du Dich so verhalten hast, wünsche ich, dass diese hereinbrechende Nacht meine letzte ist. Ich kann ohne Dich nicht leben, und nicht nur ohne Dich, sondern ohne das keusche Dich, das tugendhafte Dich. Die Sonne geht auf und unter, der Tag vergeht, und Du folgst bis zu einem gewissen Grade Deinen Neigungen – Du hast keine Vorstellung von dem Ausmaß des elenden Gefühls, das mich an einem Tag erfüllt. Nimm es ernst! Liebe ist kein Spielzeug. Und ich sage es noch einmal, schreib nicht, wenn Du es nicht mit einem kristallklaren Gewissen tun kannst. Sonst würde ich lieber sterben, weil ich Dich nicht haben kann.

Für immer der Deine
J. Keats

Kentish Town, Juli 1820

Meine liebste Fanny,
mein Kopf ist durcheinander heute Morgen, und ich weiß kaum, was ich sagen soll, obwohl mir hundert Dinge durch den Kopf gehen. Gewiss würde ich Dir heute Morgen lieber schreiben, trotz der Traurigkeit, die sich in so eine Beschäftigung hineinmischt, als irgendeiner anderen angenehmen Beschäftigung nachzugehen und obendrein gesund zu sein, wenn sie nichts mit Dir zu tun hat. Bei meiner Seele, ich habe Dich bis zum Äußersten geliebt.

Ich wünschte, Du könntest die Zärtlichkeit nachempfinden, mit der ich ständig an Deine verschiedenen Gesichtszüge, Deine Gesten und Deine Kleidung denke. Ich sehe Dich morgens herunterkommen, ich sehe, wie Du Dich am Fenster mit mir triffst, ich sehe ewig alles immer wieder, das ich je gesehen habe. Wenn ich in freudiger Stimmung bin, lebe ich in einer Art glücklichem

Elend, wenn in unangenehmer, dann ist es unglückliches Elend. Du beschwerst Dich, dass ich Dich in Worten, Gedanken und Taten schlecht behandle. Es tut mir leid, manchmal tut es mir schrecklich leid, dass ich Dich jemals unglücklich gemacht habe; meine Entschuldigung ist, dass jene Worte mir von der Intensität meiner Gefühle abgerungen wurden. In jedem Fall und in jeder Hinsicht war ich im Unrecht. Könnte ich glauben, dass ich es grundlos tat, wäre ich der aufrichtigste Büßer. Ich könnte meinen reuevollen Gefühlen jetzt nachgeben, ich könnte alle meine Verdächtigungen widerrufen, ich könnte mein Herz und meine Seele mit Deiner vereinigen, obwohl Du nicht hier bist – wären da nicht einige Stellen in Deinen Briefen. Denkst Du, es wäre möglich, dass ich Dich je verlassen könnte? Du weißt, wie ich über mich selbst denke und wie über Dich. Du weißt, wie sehr ich das Gefühl hätte, dass es ein großer Verlust für mich wäre und ein geringer für Dich. Meine Freunde lachen über Dich! Ich weiß, dass es einige von ihnen tun. Wenn ich weiß, wer alles, werde ich sie nie wieder als Freunde oder auch nur Bekannte betrachten. Meine Freunde waren in allen Dingen außer einem gut zu mir, und in diesem einen sind sie Schwätzer und Inquisitoren, die mein Verhalten hinterfragen. Sie spionieren einem Geheimnis hinterher, für das ich sterben würde, bevor ich es irgendjemandem anvertraue. Deswegen kann ich ihnen nicht alles Gute wünschen und will keinen von ihnen wiedersehen. Falls ich der Gesprächsstoff bin, werde ich nicht der Freund der untätigen Schwätzer sein. Bei den Göttern, was für eine Schande, dass unsere Liebe so unter das Mikroskop eines Klüngels fallen sollte. Ihre Lacher sollten Dich nicht kümmern (vielleicht werde ich Dir eines Tages Gründe für dieses Gelächter nennen, denn ich habe ein paar Leute im Verdacht, mich zu hassen, aus Gründen, die ich kenne, obwohl sie so getan haben, als wären sie meine besten Freunde), solange sie mit dem einen wetteifern, der Dich, wenn er Dich nie wiedersähe, zu dem Heiligen seiner Erinnerung machen würde. Diese Lacher, die Dich nicht mögen, die Dich um Deine Schönheit beneiden, die mich mit dem Segen Gottes für immer von Dir getrennt hätten, die mich wegen Dir immer entmutigt haben. Menschen sind rachsüchtig; kümmere Dich nicht um sie, tu nichts, außer mich lieben. Wenn ich das sicher wüsste, in so einem Fall wären Leben und Gesundheit der Himmel, und der Tod selbst weniger schmerzhaft. Ich würde so gerne an die Unsterblichkeit glauben. Ich werde nie imstande sein, mich ganz von Dir zu verabschieden. Wenn es mein Schicksal ist, hier mit Dir glücklich zu sein, wie kurz ist dann das längste Leben. Ich will an die Unsterblichkeit glauben, ich will für immer mit Dir zusammen leben. Lass meinen Namen nie im Gespräch mit diesen Lachern über Deine Lippen kommen. Wenn ich auch keinen anderen Verdienst habe als meine große Liebe zu Dir, wäre das ausreichend, mich geheiligt und in solcher Gesellschaft unerwähnt zu lassen. Falls ich grausam und ungerecht war, schwöre ich, dass meine Liebe immer größer war als meine Grausamkeit, die nur eine Minute anhält, wohingegen meine Liebe, was auch immer kommen mag, ewig andauern wird. Wenn Zugeständnisse an mich Deinen Stolz verletzt haben, weiß Gott, dass ich wenig Stolz im Herzen herumtrug, wenn ich an Dich dachte. Dein Name kommt nie über meine Lippen; lass meinen nicht über Deine kommen. Diese Leute mögen mich nicht. Wenn Du meinen Brief gelesen hast und mich sehen willst, ich bin kräftig genug, um hinüberzukommen, aber ich wage es nicht. Es wird mir so weh tun, mich wieder von Dir zu trennen. Meine Liebste, ich habe Angst davor, Dich zu sehen, ich bin stark, aber nicht stark genug, Dich zu sehen. Werde ich je wieder meinen Arm um Dich legen? Und wenn ja, werde ich gezwungen sein, mich wieder von Dir zu verabschieden? Meine Liebe! Ich bin glücklich, solange ich an Deinen ersten Brief glaube. Lass mich nur Gewissheit haben, dass Du mit Herz und Seele mir gehörst, und ich könnte glücklicher sterben als ich andernfalls leben könnte. Wenn Du mich für grausam hältst, wenn Du denkst, dass ich Dich beleidigt habe, denk noch einmal darüber nach und sieh in mein Herz. Meine Liebe zu Dir ist so wahr wie die Schlichtheit der Wahrheit und schlichter als die Kindheit der Wahrheit [nach Shakespeares *Troilus und Cressida*], was ich, denke ich, schon einmal zuvor gesagt habe. Wie könnte ich Dich kränken? Wie drohen, Dich zu verlassen? Nicht im Sinne einer Drohung an Dich, nein, aus dem Gefühl meines eigenen Elends heraus. Meine Schönste, meine Köstliche, mein Engel, Fanny! Halte mich nicht für so einen schlechten Menschen. Ich werde so geduldig in meiner Krankheit sein und so stark in meinem Glauben an die Liebe, wie ich kann.

Für immer der Deine, meine Liebste,
John Keats

Heinrich Heine

(1797-1856)

an Mathilde Heine (Nonotte) und Elise Krienitz (die Mouche)

Heine lernte seine Frau, Crescence Eugénie Mirat, eine Schuhverkäuferin, in Paris kennen. Er nannte sie Mathilde, in seinen Briefen auch Nonotte. Als er gegen Ende seines Lebens bettlägerig wurde, verliebte er sich in die 27-jährige Elise Krienitz, eine in Paris lebende deutsche Publizistin und Pianistin, die ihn täglich besuchte und ihm vorlas. Sie nannte sich Margarethe, er nannte sie Mouche (frz. für Fliege), weil sie ihre Briefe mit einer Fliegen-Petschaft siegelte. Sechs seiner letzten Gedichte sind an sie gerichtet.

an Mathilde Heine

Geliebte Nonotte!
Ich habe noch keine Nachricht von Dir erhalten, und ich fange schon an, mich darüber recht zu beunruhigen. Ich bitte Dich dringend, mir so bald als möglich zu schreiben, unter der Adresse der Herren Hoffmann & Campe in Hamburg, welche ich Dir schon angegeben. Ich werde hier wahrscheinlich noch vierzehn Tage bleiben, und bei meiner Abreise werde ich meine Vor-

sichtsmaßregeln treffen, damit Deine Briefe nach Paris zurückgesandt werden, falls sie zu spät anlangen sollten. Ich werde hier von aller Welt gehätschelt. Meine Mutter ist glücklich; meine Schwester ist außer sich vor Entzücken, und mein Oheim findet an mir alle erdenklichen guten Eigenschaften. Auch bin ich sehr liebenswürdig. Welch saure Arbeit! Ich muss den uninteressantesten Leuten gefallen! Bei meiner Rückkehr werde ich so sauertöpfisch wie möglich sein, um mich von den Anstrengungen meiner Liebenswürdigkeit zu erholen.
Ich denke beständig an Dich, und ich vermag nicht ruhig zu sein. Unbestimmte und trübe Sorgen quälen mich Tag und Nacht. Du bist die einzige Freude meines Lebens – mache mich nicht unglücklich!
Alle meine Verwandten machen mir Vorwürfe, dass ich Dich nicht nach Hamburg mitgebracht. Ich habe jedoch wohlgetan, das Terrain ein wenig zu studieren, bevor ich in Deiner Begleitung käme. Wahrscheinlich werden wir den Frühling und Sommer hier verbringen. Ich hoffe, dass Du für Deine jetzige Langeweile hinreichend belohnt werden wirst. Ich werde das Mögliche tun, Dich dafür schadlos zu halten. – Adieu, mein Engel, meine Liebste, mein armes Kind, mein gutes Weib!
Vergiss nicht, Madame Darte tausend Artigkeiten von mir zu sagen. Ich hoffe, dass Du mit der guten Auretia auf bestem Fuße stehst. – Ich beschwöre Dich, keine Leute zu besuchen, mit welchen ich schlecht stehe und welche Dich eines Tages verraten würden, wenn Du Dich mit ihnen überworfen hast.

Hamburg, den 5. November 1843

Morgen oder übermorgen werde ich Dir die nötigen Papiere senden, um meine Pension zu erheben.
Mein Gott! Mein Gott! Seit vierzehn Tagen hab ich Dich nicht zwitschern hören. Und ich bin so fern von Dir! Es ist ein wahres Exil. – Ich küsse Dich auf das kleine Grübchen Deiner rechten Wange.

Henri Heiné

Bückeburg, den 10. Dezember 1843

Geliebter Engel!

Ich bin überzeugt, dass Du nicht weißt, wo Bückeburg, eine sehr berühmte Stadt in den Annalen unsrer Familie, liegt. Aber das tut nichts, die Hauptsache ist, dass ich unterwegs bin, dass ich mich wohl befinde, dass ich Dich herzlich liebe, und dass ich Dich wahrscheinlich Sonnabend umarmen werde. Ich gedenke, fast einen Tag in Köln zu bleiben, und ich weiß noch nicht, wie ich von Brüssel nach Paris reise. Ich werde Dir schreiben, sobald ich in Brüssel eintreffe, damit Du genau die Stunde meiner Ankunft wissest. Ich werde von Sorgen Deinethalb gequält. So lange Zeit ohne Nachrichten von Dir zu sein, o Gott, wie schrecklich! Auch bin ich Dir deshalb böse und werde Dir bei meiner Ankunft nur fünfhundert Küsse statt tausend geben.

Ich hoffe, dass Du noch auf bestem Fuße mit Madame Darte und Aurelia stehst, und ich bitte Dich, ihnen die schönsten Grüße zu sagen von Deinem armen Manne

Henri Heiné

[Hamburg, den 16. August 1844]

Meine liebe Nonotte!

Man hämmert neben mir, meinem Kopfe geht's noch nicht besser, ich bin trübselig wie eine Nachtmütze, ich bin dreihundert Stunden von Dir entfernt, mit einem Worte, ich bin nicht glücklich. Ich erwarte mit Ungeduld Briefe von Dir; ich beschwöre Dich, mir wenigstens zweimal die Woche zu schreiben, denn wenn ich Deinetwegen nicht ruhig bin, so verliere ich den Kopf, und doch bedarf ich mehr als je dieses armen Kopfes, da der Horizont sich verfinstert und meine Angelegenheiten sich verwirren. Ich brauche zwei Monate, um meine Angelegenheiten zu ordnen – wenn ich inzwischen nicht regelmäßig Nachricht von Dir erhalte und wenn ich wild werde wie voriges Jahr, so würden daraus unberechenbare Verluste erwachsen. Vergiss nicht, mir aufs Genaueste zu schreiben, wie's Dir geht, ob Du Dich wohl befindest. Ich habe wohl nicht erst nötig, Dir recht viel Vorsicht in allem, was Du tust, anzuempfehlen – Du weißt,

wie sehr ich die Perfidie der Deutschen und zuweilen selbst der Franzosen zu fürchten habe.
Meinem alten Oheim geht es viel schlimmer; ich hätte ihm vielerlei zu sagen, aber es scheint, dass er nicht mehr Zeit haben wird, es in dieser Welt zu hören. O mein Gott, welches Unglück! Er wird dieses Jahr nicht überleben. Ich werde ihn heute besuchen; mir wird das Herz schwer bei dem bloßen Gedanken, ihn in demselben Zustand wie vorige Woche zu sehen.
Meine Mutter befindet sich bewunderungswürdig wohl, und sie spricht immer von Dir mit ihrer *Dame d'atour*, ihrem Faktotum, ihrem weiblichen Sancho Pansa, kurz, mit Jette. Meiner Schwester und ihren Kindern geht es gut, sie erwarten mit Ungeduld Nachricht von ihrer Tante.
Ich rate Dir, Unterricht im französischen Stil zu nehmen … Pauline kann Dir Stickereiunterricht geben, lass Dir diese Gelegenheit nicht entgehen. Lerne etwas während meiner Abwesenheit; ich bin mit allem einverstanden, was Du für die Ausbildung Deiner Anlagen ausgeben wirst; das ist gut angewandtes Geld. – Leb wohl! Tausend Grüße an Deine Freundinnen und tausend Küsse für Dich!

Henri Heiné

Hamburg, den 27. August 1844

Meine liebe Nonotte!
Endlich, Gott sei Dank, endlich habe ich Deinen Brief erhalten. Es war letzten Sonntag, in dem Momente, wo ich es vor Unruhe nicht mehr aushalten konnte, wo ich in eine Abspannung versunken war, von welcher Du Dir keine Vorstellung machen kannst. Bei dem bloßen Anblick Deines Briefes jauchzte mein Herz, ich trällerte, ich tanzte, und ich ging ins Theater, um mich an Gesang und Tanz zu ergötzen. Man gab die *Stumme*, und ich verschlang vier Akte davon. Ob gut gespielt wurde, weiß ich nicht, denn ich war so mit meinen Gedanken beschäftigt, dass ich des Stücks vollständig vergaß – ich dachte nur an Dich, meine arme Freundin, die eine so gefahrvolle Überfahrt gehabt, die so schrecklich von dem nichtsnutzigen Neptun herumgerüt-

telt worden, der durchaus nicht galant gegen hübsche Frauen ist, der alte Nichtsnutz von Heidengott, an welchem ich mich durch ein Spottgedicht rächen werde. Der verruchte Bösewicht! Sich an Nonotte, meinem armen Lamm, zu vergreifen! – Ich bin ebenfalls wütend auf die schändlichen Douaniers, welche Dir zwanzig Francs für die Strümpfe abgepresst haben – Du hast Ihnen also nicht gesagt, dass einige darunter für das schönste Bein in Chaillôt bestimmt waren? Übrigens glaub ich, dass es zum Teil meine Schuld ist, denn ich hätte die Strümpfe tiefer unten im Koffer verstecken müssen. Ich freue mich aber sehr, dass Du Deine Sachen nicht verloren hast und dass man Dir nicht, wie Odry in der Rolle des Bilboquet, zugerufen hat: „Il n'y a pas de malle!" – Wenn ich aber Dich selbst durch einen Schiffbruch oder durch einen Korsaren verloren hätte! Dann würde mir auf all meine Fragen: „Wo ist meine Frau?" die Antwort zugekommen sein: „Il n'y a pas de mal!"
Ich befinde mich besser, seit ich Nachricht von Dir habe; schreibe mir oft, sonst versinke ich wieder in meine schwarze Laune. Alle befinden sich wohl; mein Oheim hat einen tollen Streich gemacht; trotz seiner Krankheit ist er auf einige Tage nach Travemünde gereist. Tausend Komplimente an Madame Darte. Viele Grüße an Pauline, deren kurze Zeilen mich sehr erfreut haben.
Von Herzen
Dein armer Mann

Henri Heiné

an Elise Krienitz (die Mouche)

Paris, den 20. Juli 1855

Allersüßeste *fine mouche*! Oder soll ich Sie, statt nach dem Emblem Ihres Petschafts, nach dem Dufte Ihres Briefes titulieren? In diesem Falle müßte ich Sie holdseligste Bisamkatze nennen. – Vorgestern erhielt ich Ihr Schreiben, die *pattes de mouche* krabbeln mir beständig im Kopfe herum und vielleicht sogar im Gemüte. Herzlichen Dank für die viele Liebe, die Sie mir widmen!

Die Gedichte sind sehr schön, und ich wiederhole in dieser Beziehung, was ich Ihnen schon gesagt.
Auch ich freue mich, Sie bald wiederzusehen *et de poser une empreinte vivante sur les traits suaves et quelque peu souabes* – ach! wäre ich noch ein Mann, diese Phrase bekäme eine minder platonische Turnüre. Aber ich bin nur noch ein Geist, was vielleicht Ihnen, aber nicht mir sonderlich zusagt. Meine französische Gedichtausgabe ist erschienen und macht Furore.
Ich werde aber erst in einigen Monaten die Gedichte, die unübersetzt geblieben, wie zum Exempel den *Neuen Frühling*, in einem der letzten Bände der französischen Edition herausgeben. Sie sehen, hier ist kein Zeitverlust. – Ja, ich freue mich, Sie wiederzusehen! *Fine mouche de mon âme*! Holdeste Bisamkatze, die aber zugleich so sanft ist wie eine Angorakatze, meine Lieblingsgattung – lange Zeit liebte ich Tigerkatzen, aber die sind zu gefährlich, *et les empreintes vivantes*, die sie zuweilen in meinem Gesichte zurückließen, waren nicht sehr angenehm. – Ich befinde mich noch immer sehr schlecht; beständige Krämpfe und Ärgernisse. – Ärger über meinen Zustand, der hoffnungslos! Ein Toter, lechzend nach den lebendigsten Lebensgenüssen! Das ist schrecklich. Leben Sie wohl! Möge das Bad Sie erquicken und kräftigen. Innigste Grüße.
Ihr Freund

Heinrich Heine

Paris, den 15. August [1855]

Diese Zeilen schrieb ich Ihnen, liebste Person, gestern, aber ich schickte sie nicht ab, weil ich so krank war. Nun höre ich mit Bedauern, dass Sie vergebens mich heimsuchten, und ich eile, Sie zu bitten, recht bald, so bald als möglich wiederzukommen. Ich befinde mich viel besser. Tausend schönen Dank für die Gedichte, die ich noch nicht gelesen.
Ihr zärtlichst grüßender

H. H.

Sonntagmittag

Liebste Seele!
Bin noch immer kopfleidend, aber morgen werde ich hoffentlich erholt sein. Ich höre nicht auf, über Sie böse zu sein: Ausgehen trotz dem schlechten Wetter! Kalte Füße bekommen, sogar nasse! Und doch eigensinnig wie ein Mulet, keine Raison annehmen! Und gewiss dadurch Fieber bekommen haben! Oh, Du garstige Lotosblume!
Nur wenn schön Wetter, soll sie kommen.

H. H.

Liebste Heloise!
Ich stecke noch immer in meinem Kopfschmerz, der vielleicht erst morgen (Mittwoch) endigt, so dass ich die liebliche Mouche erst übermorgen (Donnerstag) sehen kann. Welch ein Kummer! Ich bin so krank! *My brain is full of madness and my heart is full of sorrow*! Nie war ein Poet elender in der Fülle des Glückes, das meiner zu spotten scheint! *Je pose une empreinte vivante* auf alle Deine Herrlichkeiten – aber nur in Gedanken – das ist alles, was Du von mir haben kannst, *poor girl*! – Leb wohl!
Dienstag. Mittagzeit.

H. H.

Die *épreuve* habe ich nicht nötig vor Donnerstag.

Liebste Mouche!
Ich bin sehr leidend und zum Tode verdrießlich. Auch das Augenlid meines rechten Auges fällt zu, und ich kann fast nichts mehr schreiben. Aber ich liebe Dich sehr und denke viel an Dich, Du Süßeste. Die Novelle hat mich gar nicht ennuyiert und gibt gute Hoffnung für die Zukunft. Du bist nicht so dumm, wie Du aussiehst; zierlich bist Du über alle Maßen, und daran erfreut sich mein Sinn. Werde ich Dich morgen sehen? Ich weiß noch nicht; denn geht es mir nicht besser, erhältst Du Contre-Ordre! Eine weinerliche Verstimmung überwältigt mich. Mein Herz gähnt spasmatisch. Diese *bâillements* sind unerträglich. Ich

wollte, ich wäre tot oder ein gesunder Mops, der keine *lâvements* mehr nötig hat –
Misère, dein Name ist

H. H.

Mittwoch Nachmittag, 1 Uhr
[Paris, November 1855]

Süßeste Person!
Ich habe heut entsetzliches Kopfweh und werde wohl morgen die Nachgeburt desselben genießen müssen. – Ich bitte Sie daher, nicht morgen (Sonntag), sondern Montag zu kommen – es sei denn, dass der Weg Sie in meine Nähe führte, in diesem Fall können Sie auch morgen auf eigne Gefahr kommen. – Ich sehne mich sehr nach Dir, letzte Blume meines larmoyanten Herbstes, holdselige Närrin! – Ich verharre
zärtlich toll
Dein ergebenster

H. H.

Mein Bruder schwatzt mich tot – leide sehr – komme Du bald!

[Paris, den 1. Januar 1856]

Liebstes Kind!
Ich gratuliere Dir zum neuen Jahr und schicke Dir anbei eine Schachtel Schokolade – die wenigstens *de bon goût* ist. Ich weiß sehr gut, dass es Dir nicht ganz recht ist, wenn ich dergleichen Konvenienzen beobachte, aber es geschieht auch unserer äußeren Umgebung wegen, die in der Nichtbeobachtung der üblichen Aufmerksamkeiten einen Mangel an wechselseitiger Estime sehen würde. Ich liebe Dich so sehr, dass ich für meine Person gar nicht nötig hätte, Dich zu estimieren. Du bist meine liebe Mouche, und ich fühle minder meine Schmerzen, wenn ich an Deine Zierlichkeit, an die Anmut Deines Geistes denke. Leider kann ich nichts für Dich tun, als Dir solche Worte, „gemünzte Luft“, sagen. Meine besten Wünsche zum neuen Jahr – ich spreche sie nicht aus, Worte! Worte!

Ich bin vielleicht morgen imstande, meine Mouche zu sehen, dann lass ich es ihr wissen. Jedenfalls aber kommt sie übermorgen (Donnerstag) zu ihrem

Nebukatnetzar II.
ehemaliger königlich preußischer Atheist,
jetzt aber Lotosblumenanbeter.

Paris, den 24. Januar 1856

Liebste Mouche!
Ich habe eine böse, sehr böse Nacht verjammert und verliere fast den Mut. Ich rechne darauf, dass ich Dich morgen summsen höre. Dabei bin ich sentimental wie ein Mops, der zum ersten Male liebt. Könnt ich nur einmal auf die *appâts* der Madame Koreff meine Sentimentalität ergießen! Aber auch diesen Genuss versagt mir das Schicksal. Aber Du verstehst mich nicht, Du bist eine Gans.

Dein Gänserich I.
König der Vandalen

Alexander Puschkin

(1799-1837)

an seine Frau Natalja Puschkina

Als Puschkin plante, die gefeierte Schönheit Natalja Gontschrowa zu heiraten, bekam er von seinem Vater einen Landsitz in der Provinz geschenkt. Er wollte diesen nur kurz inspizieren, blieb aber dann aufgrund einer Choleraepidemie längere Zeit dort und erlebte eine der produktivsten Phasen seiner Schriftstellerkarriere. Als er später mit seiner Frau nach Moskau zog, litt er dagegen sehr unter dem gesellschaftlichen Leben, in das ihre Verbindungen ihn dort einführten, nicht zuletzt wegen Nataljas notorischem Hang zur Koketterie. 1837 starb Puschkin an den Folgen eines Duells mit einem französischen Offizier, einem glühenden Verehrer seiner Frau.

Briefentwurf an seine Braut

Moskau, im März 1830

Heute ist es ein Jahr her, seit ich Sie zum ersten Mal sah. Dieser Tag bedeutet in meinem Leben ...

Je mehr ich darüber nachdenke, umso tiefer überzeugte ich mich, dass mein Dasein nicht mehr von dem Ihrigen getrennt werden kann. Ich ward dazu geschaffen, Sie zu lieben und Ihnen zu folgen. Alle meine übrigen Sorgen – sind nur Irrtum und Wahn. Fern von Ihnen lässt mich das Bedauern nicht los über das Glück, an dem ich mich nicht entzücken konnte. Früher oder später wird es mein Los sein, alles im Stich zu lassen und Ihnen zu Füßen zu fallen. Der Gedanke an jenen Tag, wann es mir geglückt sein wird, einen Fetzen Erde in ... zu besitzen – hält mich allein aufrecht und lächelt mir in allem meinem schweren Gram. Dort werde ich um Ihr Haus schweifen können, Ihnen begegnen, Ihnen auf dem Fuße folgen ...

an seine Frau

Orenburg, den 19. Sept. 1833

Wie, Frauchen, langweilst Du Dich? Ich gräme mich ohne Dich. Würde ich mich nicht schämen, ich käme sogleich zu Dir zurück, ohne vorher eine Zeile geschrieben zu haben. Das geht aber nicht, mein Engel – habe ich einmal A gesagt, muss ich auch B sagen, das heißt, bin ich weggefahren, um zu schreiben, so muss ich auch ein Gedicht nach dem andern schreiben. Sobald ich fühle, dass mich Verdrießlichkeit überkommen will, beginne ich, im Wagen zu dichten. Was wird erst dann sein, wenn ich im Bett liege? Nur eines bringt mich aus der Ruhe: mein Diener. Stelle Dir vor, die Sprache eines Moskauer Kanzleidieners, dabei ist er dumm, geschwätzig und jeden zweiten Tag betrunken. Er isst die kalten Rebhühner auf, die ich mir auf den Weg mitnehme, er trinkt meinen Madeira, er verdirbt mir meine Bücher, und auf den Stationen nennt er mich bald Graf, bald General. Er wird mich noch ganz rasend machen. Was war

dagegen mein Hippolyt für eine Leuchte! Um übrigens bei dem Gesinde zu bleiben: Wie kommst Du mit Deinen Dienstboten aus? Ich fürchte, Du hast ihrer zu wenig, kannst Du noch jemanden ausfindig machen? In Hinsicht auf die Weiber bin ich ohne Sorge, aber wie wirst Du mit den Mannspersonen fertig? Das alles beunruhigt mich – ich bin misstrauisch wie mein Vater, schon ganz zu schweigen in Hinsicht auf die Kinder. Lebe wohl, Frauchen, ich küsse Dich und segne Euch alle.
Wie gut benehme ich mich! Wie wärst Du mit mir zufrieden. Ich mache den Fräuleins nicht den Hof, ich kneife nicht die Postverwalterinnen, ich kokettiere nicht mit Kalmykinnen und gab dieser Tage einer Baschkirin einen Korb, ungeachtet aller Neugier, die bei einem Reisenden sehr verzeihlich ist. Weißt Du, es gibt ein Sprichwort: „In fremdem Land ist auch ein altes Weibchen eine Gottesgabe." So ist es, Frauchen, nimm Dir ein Beispiel an mir.

Boldino, den 11. Oktober 1833

Wie steht es mit Dir, mein Engel? Was macht Dein Bauch? Erwarte mich nicht in diesem Monat, erwarte mich nicht vor Ende November. Störe mich nicht, jage mir keine Angst ein. Bleibe gesund, gib auf die Kinder acht, kokettiere nicht mit dem Thronfolger, und auch nicht mit dem Bräutigam der Fürstin Ljuba. Ich bin beim Schreiben, ganz in der Arbeit und sehe niemanden. Ich werde Dir eine Menge von allerlei Geschenken mitbringen. Ich hoffe, Smirdin wird sein Wort halten. Dieser Tage werde ich ihm Verse schicken. – Weißt Du, was man von mir in der Umgegend erzählt? Man beschreibt meine Tätigkeit folgendermaßen: Wenn Puschkin Verse schreibt, so steht vor ihm eine große Flasche ausgezeichneten Likörs – er gießt ein Glas hinter die Binde, ein zweites, ein drittes, und schon beginnt er zu schreiben! – So ist mein Ruf! Was aber Dich betrifft, so erreichte der Ruf Deiner Schönheit sogar unsere Popenfrau, die versichert, Du seist in allem überlegen, nicht nur was Dein Gesicht, vielmehr auch was Deine Gestalt betrifft. Was willst Du mehr? Lebe wohl, ich küsse und segne Euch. Der Tante küsse ich die Hand. Spricht Mascha schon, läuft sie? Was machen die Zähne? Sascha pfeife ich etwas vor. Leb wohl.

Boldino, 30. Oktober 1833

Gestern, meine Freundin, erhielt ich zwei Briefe von Dir, ich danke Dir, aber ich muss Dich ein wenig ausschelten. Du scheinst es mit dem Kokettieren recht arg zu treiben. Sieh Dich vor, nicht umsonst ist die Koketterie nicht mehr Mode und gilt als Zeichen des *mauvais ton*. Sie hat wenig Sinn. Du freust Dich, dass Dir die Hunde wie einer Hündin nachlaufen, den Schwanz nach oben und an Deinem ... schnuppern. Ein Grund sich zu freuen! Nicht nur für Dich, sondern auch für Praskowja Petrowna wäre es eine Leichtigkeit, die ledigen Windhunde hinter sich herlaufen zu lassen. Man braucht ihnen nur zu verstehen zu geben, dass man Lust hat ... Das ist das ganze Geheimnis der Koketterie. Wenn nur ein Trog da ist, die Schweine kommen schon. Wozu brauchst Du Besuche von Männern zu empfangen, die Dir den Hof machen? Du weißt nicht, an wen Du gerätst. Lies A. Ismailows Fabel von Foma und Kuschma. Foma bewirtete Kuschma mit Kaviar und Heringen. Kuschma verlangte zu trinken, aber Foma gab ihm nichts: Da verprügelte Kuschma Foma wie eine Kanaille. Daraus zieht der Dichter folgenden moralischen Schluss: „Ihr Schönen! Gebt den Männern keine Heringe, wenn ihr ihnen nichts zu trinken geben wollt, ihr könntet leicht an einen Kuschma geraten." Siehst Du? Ich bitte, dass bei mir keine akademischen Frühstücke veranstaltet werden. Und nun, mein Engel, küsse ich Dich, als wenn nichts geschehen wäre, und danke Dir dafür, dass Du mir Dein ganzes liederliches Leben so ausführlich und aufrichtig beschreibst. Amüsier Dich, Frauchen, aber treib's nicht zu toll und vergiss mich nicht. Ich halte es kaum noch aus, ich möchte Dich à la Ninon frisiert sehen. Du musst wundervoll reizend sein. Wie kommt es, dass Du nicht schon früher an diese alte Hure gedacht und ihre Frisur nachgeahmt hast? Schreib mir von Deinem Auftreten auf den Bällen, welche, wie Du schreibst, schon begonnen haben. – Und, mein Engel, kokettier bitte nicht. Ich bin nicht eifersüchtig, und ich weiß, dass Du Dich nicht auf Tollheiten einlassen wirst; aber Du weißt, wie wenig ich alles liebe, was nach einem Moskauer Fräulein schmeckt, alles was nicht *comme il faut*, alles was vulgär ist. Wenn ich bei meiner Rückkehr finde, dass Dein lieber, einfacher, aristokratischer Ton sich geändert hat, lasse ich mich von Dir scheiden, ich schwör es Dir bei Orristus, und gehe vor Kummer zu den Soldaten …

Christian Dietrich Grabbe

(1801-1836)

an Louise Christiane Clostermeier

Grabbe, geboren als Sohn eines Zuchthausmeisters, wurde zu einem der wichtigsten Dramatiker der deutschen Literatur. Jahrelang war er in Sophie Henriette Meyer verliebt. Nachdem diese die heimliche Verlobung mit Grabbe löste, um einen anderen zu heiraten, war er am Boden zerstört und schrieb Briefe an sie, um sie zurückzugewinnen – leider sind keine davon erhalten. 1833 heiratete Grabbe die zehn Jahre ältere Louise Christiane Clostermeier, der er vier Jahre zuvor bereits erfolglos einen Heiratsantrag gemacht hatte. Grabbes unkonventionelles Verhalten, sein Alkoholproblem und Streitigkeiten über die Verwaltung des von Louise eingebrachten Vermögens zerrütteten die Ehe bald. Da Louise bei anderen Personen und Institutionen Hilfe suchte, wurde das Paar schnell Gegenstand des öffentlichen Interesses.

2. September 1831

Sie Liebe, Gute!

[…] Das einzige Glück, welches ich auf Erden noch habe, ist die Erlaubnis, Sie bisweilen besuchen zu dürfen. Werde ich besser, werde ich es dadurch. Aber ich bin für Glück eigentlich zu verdorben.

Warum ist man geboren? Warum haben auch Sie Ihre Eltern beweinen müssen? Wodurch verdienten Sie das?

Tyrannei des Geschicks.
Unter Geschäften konnte ich nicht antworten. – Ihr Brief war zu gut dazu – also erst jetzt.
Halten Sie sich nicht für einsam, Sie sind es nicht.
Wehe, wer sie verletzte.
Es wird besser. Die Stunde naht, wo man sich freuen kann. Ich hoffe mindestens.

Ihr
Grabbe.

17. Juli 1832

Ich spreche hart, ziehe schnell ein schiefes Gesicht u. kann nicht ertragen, dass eine gescheite Dame keine Gründe annimmt. – *Voilà tout.* Ich nehme ja von Ihnen an, was ich kann, obgleich ich recht habe.
Sie sollen auch recht haben, so gut wie ich. Denn eine Nelke denkt anders als eine Tulpe, und zuletzt stehen sie doch unter einem Himmel. Aber Sie müssen auch etwas nachgeben, oder nachsehen. Es geht nicht anders. Gedanken, Gefühle u. Recht sind verschieden, wie Knospen, Perlen und Fenstergläser. p. p. – Die Briefe des Verstorbenen sind halbgute Ware. p. p. –

9. September 1832

Wenn's scheidet, merkt man, wie es war.

19. Juni 1835

Liebe Frau.
Nimm diese Bücher an. Lies sie und Du wirst sehen, wir könnten glücklich sein.

Dein
Grabbe.

Hierbei ein Paket Bücher.

24. Juli 1836

Frau!
Übermorgen früh, Schlag neun Uhr, zieh ich in mein Haus. Vorerst denk ich mein altes Zimmer nebst Schlafkammer, beide *parterre*, zu wählen. Ich hoffe, sie mit allen Möbeln so in Stande zu finden, als sie waren. [...] Einen Hausschlüssel (Du hast 2, wo nicht mehr) verlang ich gleichfalls. Übermorgen früh halb 9 Uhr hat Sophie bei mir zu erscheinen, oder sie ist übermorgen Mittag 12 Uhr außer Diensten. Warum Du gestern das Publikum aufzuregen geschienen und den Pedell Priester vielleicht hast rufen lassen, begreif ich nicht. Es wird wohl nichts von Dir herrühren. Ein Ehemann kann übrigens in sein Haus treten. Ich tat Dir dabei nichts zuleide. – Sei klug. Bedenke, unser Interesse ist gemeinsam. Handle nicht dagegen. Ich werde Dich nie verletzen. Fremde Ratgeber nützen wenig.

Christian Dietrich Grabbe

Frau!
Deinen Brief, der wahrscheinlich von heute und vermutlich, nach der Handschrift, von Dir ist, hab ich gelesen, obgleich ich weder bei ihm ein Datum noch eine Namenschiffre gefunden habe. Ich werde ihn aufbewahren und vielleicht zu seiner Zeit drucken lassen. Stehst Du unter dem Schutz der Obrigkeit, steh auch ich darunter. Ich ziehe nun nicht *übermorgen*, sondern *morgen* in meine alte Stube und Kammer, beide *parterre*, ein. Sophie hat's einzurichten, dass ich dort gut wie sonst wohnen und schlafen kann. D.h.: Sie muss fegen, Bette machen, etc. wie sich's gebührt.

Dein Grabbe,
Auditeur.

Dies schick ich Dir offen. Der Überbringer hat Befehl, es Dir zu Füßen zu legen, wenn Du es nicht annimmst.

24. Juli 1836

Künftig unterschreib Deinen Namen. Man weiß ja kaum, von wem der Brief ist.
Ich ziehe schon morgen früh ein. Dass meine alte Stube bereit ist!

Idem.

Victor Hugo

(1802-1885)

an Juliette Drouet*

Der große französische Romantiker Victor Hugo heiratete nach drei Jahren heimlicher Verlobungszeit als 20-jähriger die ein Jahr jüngere Adèle Foucher. Als sie ein Verhältnis mit seinem Freund Saint-Beuve einging, litt Hugo darunter, sah sich aber nicht in der Lage, etwas dagegen zu tun. 1833 lernte er die Schauspielerin Juliette Drouet kennen, mit der er bis zu ihrem Tod 40 Jahre später zusammenlebte; über den ganzen Zeitraum hinweg schrieben sich die beiden tief empfundene Briefe, die zu den schönsten Texten in der französischen Sprache zählen. Juliette gab für Hugo ihre Schauspielerkarriere auf und widmete ihr ganzes Leben ihm und seiner Literatur.

7. März [1833]

Ich liebe Sie, mein armer Engel, Sie wissen es recht gut, und trotzdem wünschen Sie, dass ich es Ihnen schreibe. Sie haben recht. Man muss sich lieben, und dann muss man es sich sagen, und dann muss man es sich schreiben, und dann muss man sich auf den Mund küssen und auf die Augen und anderswo. Sie sind meine vielgeliebte Juliette.
Wenn ich traurig bin, denke ich an Sie, wie wenn man im Winter an die Sonne denkt, und wenn ich fröhlich bin, denke ich an

* Übersetzung aus dem Französischen von Katharina Maier

Sie, wie wenn man in der prallen Sonne an Schatten denkt. Sie sehen also, Juliette, dass ich Sie mit meiner ganzen Seele liebe. Sie strahlen Unschuld aus wie ein Kind und Weisheit wie eine Mutter, also umgebe ich Sie mit all diesen Arten von Liebe, mit allen auf einmal.
Küssen Sie mich, schöne Juju!

[Oktober? 1833]

Du hast meine Briefe verbrannt, meine Juliette, aber Du hast meine Liebe nicht vernichtet. Sie ist in meinem Herzen so heil und lebendig wie am ersten Tag. Diese Briefe – als Du sie zerstört hast, wusste ich um all den Schmerz, all die Großzügigkeit und all die Liebe, die Du in der Seele trägst. Sie waren mein ganzes Herz, sie sind das Wahrste und Gefühlvollste, das ich je geschrieben habe, sie sind meine Eingeweide, sie sind mein Blut, sie sind mein Leben, und mein Denken über sechs Monate hinweg drehte sich um nichts anderes als um die Spur, die Deine Seele in der meinen hinterlassen hat, die Bahn, die Furche, die Dein Leben in meines gezogen hat. Auf ein Wort meinerseits hin, das du falsch verstanden hast und das nie die ungerechte Bedeutung gehabt hat, die Du ihm zusprichst, hast Du das alles vernichtet. Mehr als einmal habe ich deswegen geseufzt und geklagt. Aber nicht einmal habe ich Dich verurteilt, weil Du es getan hast. Meine schöne Seele, mein Engel, meine arme, liebe Juliette, ich verstehe Dich, und ich liebe Dich!
Nichtsdestotrotz will ich nicht, dass diese Spur Deines Lebens in dem meinen für immer ausgelöscht wird. Ich will, dass sie bleibt, ich will, dass sie eines Tages wiederentdeckt wird, wenn wir beide nichts weiter sind als Asche und Staub, wenn diese Enthüllung niemandes Herz mehr brechen kann, ich will, dass die Welt weiß, dass ich Dich liebte, dass ich Dich hochschätzte, dass ich Deine Füße küsste, dass mein Herz voll war der Anbetung und der Bewunderung für Dich.
Während der acht Monate, da meine Augen jetzt in jedem einzelnen Moment auf den Grund Deiner Seele blicken, habe ich noch kein einziges Mal etwas entdeckt, nichts an Deinen Ge-

danken und nichts an Deinen Gefühlen, das Deiner und meiner unwürdig gewesen wäre. Noch einmal will ich die Umstände Deines Lebens beklagen, mein armer, verkannter Engel, aber ich sage Dir aus vollstem Herzen: Wenn je eine Seele edel, rein, weit und großmütig gewesen ist, dann die Deine, wenn je ein Herz, gut, schlicht und fromm gewesen ist, dann das Deine, und wenn je eine Liebe vollkommen, tiefgründig, zärtlich, flammend, unerschöpflich und unendlich gewesen ist, dann die meine.
Ich küsse Deine schöne Seele, indem ich Deine schöne Stirn küsse.

Victor

19. Februar

Ich bin fertig. Ich bin gerade eben fertig geworden! Endlich! Und sofort drei Worte an Dich: Ich liebe dich. Du bist mein Leben, mein ganzes Leben. Ich habe es endlich geschafft. Welche Freude! Bis gleich!
Ich liebe Dich mehr als je zuvor. Und Du, wie geht es Dir heute Morgen, meine Hübsche? Hast Du wenigstens eine angenehme Nacht gehabt? Wird mich Dein schönes Gesicht mit einem Strahlen begrüßen, wie der Himmel, der gestern weinte und heute lächelt? Es ist unerlässlich für mich, dass es Dir gut geht, dass Du mich liebst, dass Du glücklich bist. Ich brauche Dich, Deine Gesundheit, Deine Liebe, Dein Glück. Schau, meine arme Allerliebste, Du kannst ganz beruhigt sein, solange ich da bin. Der Himmel hat meine Hände geformt, Dein Leben wieder in Ordnung zu bringen, meine Seele, um Dein Herz zu verstehen, meine Lippen, um Deine Füße zu küssen.

V.

[21. Mai 1838]

Heute ist ein zauberhafter Tag, und ich habe Dir sehr ernsthafte Verse geschickt. Siehst Du, die Poesie ist wie die Musik: immer ein bisschen traurig. – Aber ich liebe Dich, aber ich denke an Dich voller Entzücken, aber Du bist meine Juliette, aber Du bist meine Freude! – Das ist es, was sicher ist, das ist es, was zart und gut und ewig ist, oder nicht? Das ist es, was aus dem Grund meines Herzens entspringt, um sich über den Grund des Deinen zu ergießen.

Viertel vor 1 [4. September 1845]

Ich habe gerade Zeit genug, ein Wort zu schreiben, aber ich will, dass Du dieses eine Wort heute Abend erhältst. Es ist mein *Bonsoir*, das Du empfängst, es ist ein Kuss, es ist meine Liebe, die ich Dir sende.

Ich hoffe, dass Du, wenn Du dies liest, ein paar angenehme Stunden mit Deiner Claire verbracht haben wirst. Denke an mich, bedenke, dass meine Seele mit Glück erfüllt ist, wenn ich Dir nahe bin, und dass, wenn Du da bist, selbst die Traurigkeit sanft ist.

Mein armer, gesegneter Engel, mögen all die Gaben des Himmels auf Dich herabkommen, wie bereits alle Gaben der Liebe auf Dich herabgekommen sind! Meine ganze Seele preist den Herrn in Dankbarkeit, dass er Dich mir gegeben hat. Ich liebe Dich, verstehst Du, ich habe nur Augen für Dein Licht, mein Herz denkt an Dich immerzu. Dein schönes und sanftes Gesicht wärmt und erleuchtet mich zugleich. Ich liebe Dich. Du bist mein armer Engel, dem ich die Flügel und die Füße küsse.

21. Mai [1861]

Teures Kleinod, meine Vielgeliebte, heute ist Dein Namenstag, Dir geht es gut, Du hast gut geschlafen, du leidest nicht mehr, ich bin glücklich. Ich sende Dir Himmelsstrahlen und Engelslächeln.

Bis gleich!

26. Februar 1872

Danke, mein sanftmütiger Engel – Glück und Segen, wir haben nur eine Seele und nur einen Himmel, und das ist die Liebe.

11. April [1872]

Mein sanftmütiger Engel, das Licht kennt kein Alter. Du bist mein Licht. Du bist hier so jung wie Du es im Himmel sein wirst. Bis zum heutigen Tag sehe ich Dich nie anders denn als Engel.
Ich liebe Dich.

Adalbert Stifter

(1805-1868)

an Franziska Greipl und Amalia Stifter

Der Schriftsteller Adalbert (Albert) Stifter heiratete seine Frau Amalia, geborene Mohaupt, erst, nachdem Franziska Greipl, die Liebe seines Lebens, einen anderen geehelicht hatte. Ihre Beziehung zu Stifter hatte „Fanny“ bereits drei Jahre zuvor beendet.

an Franziska Greipl

Wien, 1. Oktober 1829

Meine herzinnigst geliebte Freundin!
Die schlechte, stinkende Luft, der Lärm, und vor allem mein Herzweh sagen mir, dass ich in Wien bin. Gestern abends, d. i. Mittwoch, am 30. September, kamen wir bei noch scheinender Sonne in Nußdorf an, und es ist heute mein einziges tröstliches Geschäft, diese Zeilen an Dich zu schreiben. O Fanny! in meinem ganzen Leben habe ich noch keinen so innigen Schmerz gefühlt, als der war, mit dem ich am Montage morgens vor Deinem Bette stand und Abschied nahm. Mir war, als müsste ich von allem, was die Erde nur immer Liebes und Freundliches für mich hat, auf immer scheiden, als stände mir ein unglücksvolles Jahr bevor. In den Mantel gehüllt, ging ich, ohne mit den andern zweien ein Wort zu reden, bis auf den Friedauerberg voraus. Dort setzten wir uns auf, warfen aber schon in dem Walde vorn um, jedoch ohne uns zu beschädigen. Bis in den Weissenbach

waren wir fast schon durch und durch nass, und in der Zwettl mussten wir vor Nässe Rock und Stiefel ausziehen. Allein das schlechte Wetter war das geringste Ungemach, was mich traf; eine unaussprechliche Wehmut war in meinem Herzen, und ich mochte auf die verschiedenste Weise mich zu zerstreuen suchen: Immer und immer stieß ich wieder auf irgendeinen Gegenstand oder Gedanken, der mich auf Dich erinnerte. In Linz sprach die Jungwirtin von Dir, erkundigte sich nach Euch – ich sog ihr jedes Wort von den Lippen. Bei dem Mugerauer Barthl schickte ich Euch die letzten Grüße und ging auf das Wasser – O Gott! es war nicht lustig. Entweder ich musste recht übertrieben und toll durcheinander schwärmen, lachen und poltern: oder ich saß auf dem Dache oder ganz vorn auf dem Spitze des Schiffes, und dachte an die Vergangenheit und hing, Luftschlösser bauend, meinem Schmerze nach, der in aller seiner Wehmut doch das Süße hatte, dass er das Bewusstsein mit sich führte, dass ich von Dir so herzlich geliebt werde. Wien hat meine Traurigkeit nicht vermindert, sondern im Gegenteile vermehrt. O mir ist die Stadt und ihre Menschen und all ihr Treiben und Wogen und Lärmen verhasst wie der Tod. Alles hier verwundet mich, und alles ist mir widerwärtig, weil es hier so ganz anders ist als bei Euch, wo Güte und Redlichkeit des Gemütes und Liebe zu Hause ist. Wir wissen erst, wie teuer uns unsere Freunde sind, wenn wir sie nicht mehr haben. Jetzt erst weiß ich, wie unendlich ich Dich liebe, da zweiunddreißig Meilen zwischen uns liegen, da ich Deinen freundlichen Blick nicht sehe, Deine Stimme nicht höre und Dir nicht sagen kann, wie mir um die Seele ist. Überall, wo ich gehe und stehe, überall gehst Du mir ab, immer ist mir, als sollte ich Dich wo aufsuchen, als sollte ich Dir dies oder das sagen, als müsste ich Dich irgendwo finden: Aber wo mein Auge hintrifft, begegnen ihm kalte und fremde Blicke, die mich daran mahnen, dass ich wieder in dem herzlosen Wien bin. Lächle nicht, wenn ich Dir sage, dass mir selbst das Essen nicht schmeckt, und dass ich mich schon allemal auf die Nacht freue, wo ich entweder schlafend von gar nichts weiß oder ein Traum mich täuscht, dass ich bei Dir bin. Fanny, liebe, liebe Freundin!

Wenn ich den Gedanken denken sollte, dass wir uns einst trennen müssten – ich bitte Dich, übereile Dich nicht, wenn man Dir eine Partie vorführt – Du zerrissest mir das Herz, wenn ich Dich unglücklich wüsste – und doch, was wird es anders sein? – Ein Fremdling wird kommen und mit kalter Hand Dein Herz dahinführen, das mich und Dich unendlich glücklich gemacht hätte. Er wird Dich nicht kennen, Dich nicht nach Verdienst würdigen können und mir – mir bricht das Herz, wenn ich Dich in rohen, liebeleeren Händen wüsste. Doch wenn irgend Treue und Glauben in der Welt ist, so bitte ich Dich, baue und traue auf mich, eher verlasse ich das Leben, als ich Dich verlasse. Wenn Du Mut hättest und Vertrauen auf mein Ehrenwort oder, besser gesagt, auf meine Rechtschaffenheit! Feste Ausdauer muss endlich zum Ziele führen. Was mich betrifft, so wollte ich jede Kraft, die nur immer in mir liegt, aufregen zur Tätigkeit, ich will arbeiten, was ein Mensch arbeiten kann – aber Du müsstest aus Liebe und Vertrauen in mein Versprechen Dich selbst zum Lohne meiner Mühe aufsparen. Es müsste doch einmal eine Zeit kommen, wo ich mit Ehren vor Deine Eltern treten könnte und sie bitten, dass sie mir Dich als mein Liebstes auf Erden geben möchten. Dann soll Deine Mutter ein Beispiel erleben, dass doch nicht jede Studentenliebe vergänglich sei. Denke nicht, Fanny, dass ich schwärme, nein, seitdem ich eine weitläufigere Unterredung mit dem Hofrate Sommer hatte (die Du nächstens erfahren sollst), seitdem ist es mein nüchterner, unabänderlicher Entschluss, Dich zu gewinnen, oder ich verlange mir sonst gar keine Anstellung und keine Freude auf der Welt. Freilich wirst Du mir einwenden, es gehe zu lange her; aber ein starkes Gemüt steckt sich ein weites Ziel, allein es lässt nicht ab, bis es dasselbe erreicht – und wenn es wahr ist, wenn Du mich liebst wie ich Dich – dann ist auch Dir das Ziel nicht zu weit und die Ausdauer nicht zu lange. Und überdies, was ist denn an dem ganzen Plane Unmögliches und Zweifelhaftes? Im schlimmsten Falle kann es sechs bis acht Jahre dauern, und warum soll treue Liebe diesen Zeitraum nicht überwinden können? Nur kleine und schwache Seelen schrecken vor großen und weit aussehenden Plänen zu-

rück. Andererseits aber hat man auch Beispiele, dass es schnell geglückt ist. Heute erzählte mir der Reisser, dass einer (den Namen hab ich vergessen), der im vorigen Jahre absolviert hat, nun in Linz mit sechshundert Gulden angestellt ist. Hat es diesem geglückt, wer kann es mir absolut absprechen? Ich habe Gönner, und zwar große, meine Liebe gibt mir Mut, und Gott hat mir Talente verliehen, die mich zu großen Erwartungen berechtigen, warum soll ich bei Anwendung alles dessen nicht vorwärts kommen? Darum fasse Mut und verzage nicht, bleiben nur wir uns treu und harren standhaft aus, so muss auch das Glück uns treu bleiben. Von meiner Seite setze ich Dir meine Seligkeit zum Pfande (ich sage nicht zu viel und weiß wohl, was ich da sage und verspreche), dass ich nur Dich nehme, falls Du treu bleiben willst, und solltest Du hundert Jahre alt sein. Jetzt weißt Du alle meine Beschlüsse. Antworte mir darauf aufrichtig und wie Dir's um das Herz ist. Schreibe mir sogleich, ich bitte Dich herzlich, Mädchen! und alle Deine Meinungen, Deine Gefühle, alles, alles, was auf Dich Bezug hat. War Dir denn auch so weh und bange? Wie brachtest Du denn die Tage zu? Deine Krankheit quälet mich auch immer. Noch ein Band will ich heuer zwischen Dir und mir anknüpfen, das so manches freundliche Wort zu Dir bringen kann – ich meine das Bürgerblatt. Alle Gedichte, die Du mit dem Namen Ostade unterzeichnet finden wirst, sind von mir. Sage aber niemandem etwas davon, denn es könnte so manches darinnen sein, was einer Deutung fähig wäre. Pflege den Kaktus, er ist von meinen Händen gepflanzt. Grüße mir die Nanni zu tausendmal, auch die Minna, ich habe das Mädchen recht lieb gewonnen. Warte mit Deiner Antwort nicht erst, bis der Mathis [Fannys Bruder] schreibt, sondern lass Dir von ihm ein Kuvert über Deinen Brief machen. Ich wohne nicht bei dem Schiffler und Mugerauer. Lebe wohl zu tausend und tausend Malen, und wenn Du mich ein wenig liebst, so schreibe mir recht, recht bald; ich bin
Dein Dich ewig liebender Freund

Stifter

Wien, 25. November 1829

Teuerste Freundin!

Deine Zeilen habe ich am zwanzigsten dieses Monates erhalten. Ich habe schon mit einer unerwartlichen Ungeduld auf eine Antwort von Dir geharrt, und Du kannst Dir denken, mit welcher Hast ich, da es Nacht war und ich nach angezündetem Lichte Deinen Brief auf dem Tische liegen fand, das Siegel aufriss und Deine Worte überflog. Aber schon bei Entfaltung des Blattes wollte mich Missmut beschleichen, als ich sah, dass der Inhalt desselben gar so kurz sei. Es ist so ein schönes Gefühl, das wir haben, wenn wir die Schriftzüge eines entfernten lieben Freundes erblicken und durchwandern, und wenn wir aus jeder Zeile seinen Geist, sein Herz, sein Leben und Weben hervorblicken sehen: So scheint mir dies eine Art geistigen Umganges und Genusses, die Worte vertreten die Stelle des abwesenden Lieblings, und jede Kleinigkeit hat Wert für den begierigen Leser. Ein so kurzer Brief kommt mir vor, als ob zwei Freunde, die sich lange nicht gesehen haben, an einem Ort zusammenkämen, sich da einen Guten Morgen wünschten und wieder von dannen gingen. Hat man sich denn nicht unendlich viel, für die Herzen so wichtige, Kleinigkeiten zu sagen? Ist denn nicht das Schreiben selbst eine Unterredung mit dem Freunde? Mir wenigstens ist es fast ebenso süß, an ferne Liebe zu schreiben, als von ihnen Briefe zu empfangen, und wenn ich Dir ein ganzes Blatt klein angeschrieben habe, so ist mir immer noch, ich hätte Dir noch eine Menge zu sagen. Sieh, alles dies drängte sich sogleich vor mein Gemüt, und ich konnte des unangenehmen Gefühles nicht Meister werden, so zwar, dass es mir sogar schien, als sei selbst die Form des Briefes obenhin und kalt. Mag sein, dass der Anflug der trüben Stimmung bei Erblickung der Kürze des Schreibens auch dem Inhalte desselben eine dunklere Farbe lieh, mag auch sein, dass ich zu viel erwartete, denn wie viel hat man nicht dem abwesenden Freunde in dem ersten Briefe zu sagen, wie viel wünscht er nicht zu erfahren, jede Regung der Seele nach seiner Abreise, jedes Wort, jede Kleinigkeit von seiner Geliebten möchte er erfahren – daher entschuldige ich Dich gerne und will mich bemühn, zu glauben, mein unangenehmes Gefühl rühre daher, dass ich den Brief in einer andern Stimmung gelesen, als Du ihn geschrieben hast. Den Inhalt in Bezug auf den Punkt unseres Verhältnisses muss ich durchaus billigen, und ich achte tief die Offenheit Deiner Gesinnungen. Ich habe mir die Antwort ungefähr so vorgestellt, wie sie wirklich erfolgt ist, nur über eins, und zwar über das Wichtigste hast Du Dich nicht ausgesprochen, nämlich was Du meinest, dass wir tun sollen. Oder soll ich das aus dem Zusammenhange Deines Schreibens erst erschließen? Ich habe es versucht und bin auf drei mögliche Fälle gestoßen, einen vierten Ausweg gibt es nicht. Entweder das Verhältnis fortführen, wie es jetzt besteht, oder es ganz aufheben, oder das Ganze Deinen Eltern offenbaren und ihrem Gutachten anheimstellen – dies sind die drei Wege, die es in unserer Lage zu gehen gibt. Was den ersten betrifft, so verwirfst Du ihn geradezu, wie Deine Worte sagen: „Und immer unter lauter Heimlichkeiten fortleben – dies kannst auch Du selbst unmöglich gut heißen." Du hast recht, auch ich liebe diesen Weg nicht, weil es mir scheinen will, er sei nicht der edelste. Was den zweiten betrifft, nämlich, es Deinen Eltern zu offenbaren, so wäre er der schönste und geradeste, und mein Herz neigt sich sehr zu ihm hin. Oft drängte es mich in den Ferien, Deiner Mutter alles zu sagen, mir war, als wäre ich dann von einer Sünde los und könnte wieder von Herzen fröhlich sein, allein, immer widersetzte sich meine Liebe zu Dir diesem Entschlusse, denn er ist es, der uns auch auf ewig trennen kann. Wenn Du aber meinst, liebe Fanny, dass es besser wäre, so schreibe mir darüber, und ich will Deiner Mutter schreiben, will ihr alles offen gestehen, will sie bitten, sie möchte mir nur das Einzige erlauben, dass ich an Dich schreiben dürfe, und zwar so, dass sie alle Briefe lesen soll, nur nicht plötzlich und ganz soll sie uns trennen, das ertrüg' ich nicht, und gibt sie nur dies zu, wahrhaftig, sie soll durch mein Benehmen einsehen lernen, dass sie nicht von uns jungen Herrn (wie Du Dich ausdrückst) gleich verachtend denken dürfe, denn ich will und muss mir ihre vollste Hochachtung in diesem Punkte erringen. Willst Du, so wagen wir den Wurf. – Aber auch das ist zu bedenken, dass dieses Mittel auch alles zerstören kann; denn denke, wenn sie von uns fordert, dass wir unser Verhältnis ganz aufheben sollen, was dann? Es dennoch fortführen? Das, Fanny, erlaubt dann unsere Ehre nicht mehr; denn was jetzt nur Verheimlichung ist, wäre dann Betrug, und wahrlich Betrug verdienen Deine so herrlichen Eltern nicht – von Dir nicht, weil Du ihr Kind bist, von mir nicht, weil ich Eurem Hause so unendlich viel zu verdanken habe, und weil sie mich lieben und Vertrauen zu mir haben. Es bliebe uns also nichts als Trennung. Du selber scheinst an einem guten Ausgang zu zweifeln, denn Du schreibst: „Du weißt, wie meine Mutter von euch jungen Herren denkt, daher muss ich jede Hoffnung aufgeben, dass sie jemals einwilligen werde.“ Aus diesem ergibt sich, dass weder Du den ersten Weg billigest noch den zweiten zu gehen getrauest – was bleibt also übrig? Der dritte, Aufhebung des Verhältnisses. Aber, Fanny, nein! Das kannst Du unmöglich in Deinem Schreiben gemeint haben, ich kann's und darf's und will's in Ewigkeit nicht glauben, dass Du das imstande wärest zu tun, ohne vorher alle möglichen Wege versucht zu haben. Du weißt, wie sehr ich Dich liebe, ich weiß, dass auch Du mich liebst, wie wäre es also möglich, dass nur eines von uns den Wunsch hegen könnte, die Liebe zu trennen. Was mich betrifft, ich bin stolz auf meine Liebe, und sei sie auch töricht und hoffnungslos – sie ist meinem Herzen doch ein guter Geist, sie veredelt und erhebt mich – und ohne Scherz, liebe Fanny, seit ich weiß, dass Du mich liebest, seitdem ist mir, als wäre ich ein besserer Mensch geworden: Ich bin großmütiger und sanfter, und so mancher tolle Einfall, zu dem mich sonst mein lebhaftes Temperament verführt hätte, unterbleibt jetzt, ich achte und liebe mich jetzt selber mehr, weil Du mich liebst, und in mein Leben ist Ordnung und Zweck gekommen. Aber auch so notwendig ist mir diese Liebe geworden, dass ich mich ohne derselben gar nicht denken kann. Ich zittere vor dem Gedanken, dass es einst anders werden könne. Oft, wenn ich mich jetzt in die Lage denke, dass Du einem andern gehörest, ist es mir, als wäre meine bürgerliche Existenz jetzt aus, als sei es gleichgültig, bin ich etwas oder nicht, denn das Einzige, dessentwillen das Leben schön und wünschenswert ist, dessentwillen ich hochstehen und in der Welt etwas gelten möchte, dies Einzige ist ja dann für mich nicht mehr in der Welt – was soll mir also Unabhängigkeit, Ehre, Reichtum und all das, was der Tor anbetet, wenn es mir nicht als Mittel dient, das zu erlangen, was das einzige Gut des Herzens ist auf Erden: – Familienglück – ein Weib nach meinem Herzen, das Licht und Leben des Mannes. Oder soll ich ein Beispiel mehr abgeben von so vielen tausend unglücklichen Ehen und ein Wesen wählen, die mich täglich daran mahnet, wie viel glücklicher ich mit Dir gewesen wäre? Nein, eher gar nicht. Was auf Erden soll mich denn freuen, wenn mich mein Weib nicht freut? Ein Mann, unglücklich in seinem Hause, ist in dem Herzen in den innersten Pfeilern seiner Zufriedenheit zerstöret, und kein sogenanntes Glück von außen vermag den Wurm zu töten, der an seiner Seele frisst. – Bist Du für mich hin: Nun dann liegt mir auch nichts mehr an der Welt. Mögen sie mir dann die glänzendste Stelle geben, mir gleichviel – dann ist es für mich zu spät – doch wozu all dieses zu zergliedern – möge der Himmel Dich bewahren und glücklich machen, dann will auch ich versuchen, die Liebe, die nun Dein ist, überzutragen auf meine Arbeiten und auf die Menschheit – ein wohltätiges Leben, sagt man, gibt ja auch Zufriedenheit. Mancher, der diese Zeilen lesen würde, würde glauben, meine Liebe sei Schwärmerei, allein nur der, der gleichen Reichtum trägt in seiner Seele, wird mich verstehn und wird wissen, dass das Geistige und Übersinnliche einer unendlichen Stärke und Ausdehnung fähig ist, die der Schwache nur anstaunen oder verspotten, aber nie fühlen kann.

Schreibe mir recht bald, mein Leben, nicht so lange erst, als ich Dich warten ließ. Ich glaubte nämlich, Dein Bruder werde herabkommen, und deswegen verschob ich das Schreiben, allein jetzt währt es mir schon zu lange. Schreibe mir viel, recht viel, und recht bald. Grüße mir die Nanni. Lebe tausendmal wohl.

Ich küsse Dich und bin

Dein Dich innig liebender

Albert S.

Wien, 14. Februar 1830

Teure Freundin!

Da Du vielleicht im Vergnügen des Karnevals vergessen haben magst, dass in Wien einer lebt, dem drei Zeilen von Dir sehr lieb wären, so gebe ich mir mit diesem Blatte die Freiheit, Dich daran zu erinnern, insbesondere, da ich schon seit dem Anfange des November auf eine Antwort von Dir warte. Ich hatte sogleich nach Empfang Deines Briefchens geschrieben. Keine Antwort. Im Jänner schrieb ich wieder. Keine Antwort, weder von Mathis noch von Dir. Ich wollte mich ja daran gewöhnen, von Euch keine Briefe mehr zu empfangen, aber da begegnet mir der verfluchte Briefträger tagtäglich, und da denk ich immer an Friedberg und bilde mir immer heimlich ein: Vielleicht ist doch heute etwas da. Sage mir doch, was hat denn das zu bedeuten? Auch die Huber Therese beklagt sich, dass Du ihr seit dem Herbst keine Zeile zukommen ließest! Hast Du denn auch sie, die, wie ich meinte, sonst die erste Deiner Freundinnen war, vergessen können? Der Mensch kann vielerlei ertragen und verschmerzen lernen; aber eines kenne ich, das er in keiner Nation, in keinem Himmelsstrich, bei keinem Temperament und Alter gleichgültig ertragen kann – was das sei? Ich will es nicht nennen, aber immer argwöhne ich, es hänge diese Wolke in meinen Horizont herein. Mag das sein, wie es immer wolle, ich mag und kann nicht grübeln, sonst zerfalle ich heillos mit mir selber; dass ich so ein Narr, ein entsetzlicher Narr bin! Ich bin in der allerausgelassen[sten] lustigsten Stimmung, und der Brief an Mathis ist eine Musterkarte aller Tollheiten; doch ich erinnere mich, dass die Rekruten, welche zum Militär abgeliefert wurden, an den eisernen Stäben ihres Fensters rüttelten, mit feuchten Augen die Hüte schwenkten und aus ergrimmten Herzen himmelhoch jauchzten. Ich will Dir keine Vorwürfe machen, dass Du durch volle vier Monate kein Wort an mich schriebest, ich will mich bemühen, zu glauben, es sei Dir unmöglich gewesen, oder Du magst Deine gegründeten Ursachen gehabt haben: Nur schreibe jetzt – schreibe nur eine Zeile, und erkläre mir Euer so seltsames Schweigen. Deinem Bruder bin ich Freund, wie ich

es keinem Menschen auf Erden bin – und aufrichtig gesagt, er scheint es nicht erkennen zu wollen – doch das soll in meiner Brust begraben sein. Dich liebe ich so offen und rücksichtslos, wie ich kaum eine Schwester lieben kann: Und vier Monate vergehen ohne eine Zeile. Ich verteidige Dich heftig gegen mich selber, aber der Mensch unterliegt seinen Schlüssen – wie gerne auch das Herz glauben möchte, es muss doch zuletzt der unbedingten Gewalt der klaren Einsicht des Verstandes notwendig und leidend recht geben. Ob ich an Dir zweifle? Noch nicht: Aber rätselhaft bist Du mir, irre bin ich, und, offen gesagt, stehe an der Grenze des Zweifels. Wenn der Blitz des Himmels, wenn die Wasser des Wolkenbruches, wenn ein Erdbeben meine Hütte zugrunde richtet: So erkenne ich das Walten der Gottheit, und trage den Verlust mit einem ruhigen Schmerze; aber wenn der falsche Nachbar oder mutwillige Hände des Kriegers meine Habe zerstören, so muss der Schmerz ein lebendiges Gefühl beleidigten Rechtes sein und ist umso unbändiger, da er sieht, es durfte nicht sein. Dann, wenn die Hütte und das Gärtchen sein einziges Gut war – dann verzweifelt er an der Würde der Seele – und wird ein Bösewicht. – Ich wollte ja nicht grübeln! ....
Letzthin haben wir bei Frau von Schinko getanzt bis drei Uhr morgens, und alles hat sich recht gut unterhalten.
Ich bitte Dich, schreibe mir, schreibe gleich nach Empfang dieser Zeilen, wenn Du je einige Neigung zu mir hattest, schreibe recht viel. Lebe wohl.
Dein Dich innig liebender Freund

Albert

Oberplan, 20. August 1835

Liebe teure Freundin!
Oberplan ist mir fürchterlich leer, und nur Du allein beschäftigest immer mein Herz – ein unsägliches Gefühl, halb Trauer und halb Seligkeit, ist seit der Vermählung Schifflers mit Marie in mir –: zweier Menschen, deren Geschichte so eng mit unserer verbunden ist und deren Glück so hart mit unserm Unglück kontrastiert, dass ich jenes Gefühls des tiefsten Mitleidens mit

mir selber seit jenem Hochamte zu Christianberg nicht Meister werden kann. Seitdem weiß ich es, Du liebest mich noch – ich hab es wohl gesehen, wie Du während der heiligen Handlung etwas zurücktratest, um Dich dem Anblicke zu entziehen, und wie Du später verweinte Augen hattest, meinem Auge, das nur immer Dich suchte, ist es gar nicht entgangen, wie Dein Inneres in schweren, traurig schönen Erinnerungen arbeitete, und mein Herz sagte es mir, dass wir uns in diesem Augenblicke in gleichen Gefühlen begegnen. Du bist ein Engel, den ich nie verdiente, Du hast von Deinen Eltern die unerschöpfliche Herzensgüte geerbet, mein heiliger Engel bist Du, so rein und gut – – und ich konnte das an Dir tun, was ich tat! Seit Du sagtest, Du habest dergleichen nicht von mir erwartet und ich habe Dir erbarmt, seither ist ein Schmerz in mir so heiß und strafend, dass ich nichts als die Sehnsucht habe: Könnte ich doch an Deinem unschuldigen keuschen Herzen diese Last recht in bittren Tränen ausweinen, ob's nicht doch Linderung gäbe. Als sie sagten: Du werdest Huber heiraten, fuhr der Geist der Eifersucht in mich, und da wurde der Plan gedacht, Dich und alle Vergangenheit zu vergessen, und weil der Schmerz doch zu nagen nicht aufhörte, so suchte ich, wie es in derlei Fällen immer zu gehen pflegt, in neuer Verbindung das Glück, das die alte erste versagte, und spiegelte dem verwaiseten Gefühle vor: Nun bist Du ja geliebt und glücklich … ach, und ich war es doch nicht. Es gibt nur eine, eine einzige Liebe, und nach der keine mehr. Gekränkte Eitelkeit war es – zeigen wollt' ich Eurem Hause, dass ich doch ein schönes, wohlhabendes und edles Weib zu finden wusste – ach, und hätte über dem Experimente bald mein Herz gebrochen! Je weiter zur Vermählung hin ich es mit Amalien kommen ließ, desto unruhiger und unglücklicher ward ich. Dein Bild stand so rein und mild im Hintergrund vergangner Zeiten, so schön war die Erinnerung und so schmerzlich, dass ich, als ich Amalien das Wort künftiger Ehe gab, nach Hause ging und auf dem Kissen meines Bettes unendlich weinte – um Dich. Du warst ja doch immer trotz meiner vorsätzlichen Selbstverhärtung die Braut meiner Seele – Du warst doch immer die Heilige, zu der mein besseres Innere betete – und wie oft suchte ich Deine Briefe hervor und las sie alle durch. Erst als ich stark genug war, das neue Band zu zerreißen und ihr alles zu sagen und aus meiner Selbstquälung zu klarerem Entschluss zu kommen – erst da, als Amalie sagte: „Ich danke Ihnen für Ihre Aufrichtigkeit und achte Sie, dass Sie Ihrer ersten Liebe treu blieben usw.“ – erst dann kehrte wieder ein unendlich süßer Friede in mein Herz, als hättest Du gesagt: Ich liebe Dich ja noch und verkenne Dein gutes Herz nicht.

Ich habe dies alles nicht etwa gesagt, um mich zu rechtfertigen, nein, sondern mein Benehmen zu erklären. Hätte ich Dein einfaches, schuldloses Gemüt, so hätte ich still geduldet, nicht durch Trotz mein Herz herabgewürdigt und einem andern Wesen Kummer verursacht. Freilich sagen die Leute, du hattest nichts gegen sie gefehlt, euer Vertrag war ja aufgehoben – als ob ein Herzensbündnis mit Worten zu Null gemacht werden könnte!! Wäre es von mir bloße Untreue gewesen, warum hätte ich dann plötzlich wieder gebrochen? Als weil mir mein Verstand sagte, ich soll nicht mich und sie unglücklich machen; denn ich liebte sie nicht, und sollte mir ihr Kuss Wohlgefallen sein, so musste ich mir Deine Lippen dazu denken. –

Aber gut, alles ist vorüber, und diese Begebenheit hat neuerdings gezeigt, wie unbesiegbar meine Liebe zu Dir ist, sie ist die letzte Verirrung meines Gefühls gewesen und hat aber das Gute bewirket, dass ich nun sanft und stille sein will und in reiner schöner Liebe Dein Bild in mir aufhängen und schmücken werde mit der liebreichsten Verehrung, immer und immer fort. Ich fühle jetzt schon eine solche Zufriedenheit mit mir, wie ich sie seit zwei Jahren nicht gehabt habe, und ich fühle, wie sie immer steigen wird.

Nun noch eins: Wenn Du ein Herz, das so hart von seinem wahren Ziele irrte, das aber bereute und umkehrte, nicht verschmähen willst, wenn Deine Güte noch einen Rest alter Liebe und Zärtlichkeit aufbewahret, so nimm meine Liebe, die ich Dir als eine demütige Gabe anbiete, wieder an, und heile meine Wehmut mit freundlicher Zärtlichkeit – ich weiß, was ich Dir

dann schuldig bin, und nie, solang ich lebe, soll ein unsanftes Wort Dein Herz betrüben, oder eine Handlung Dein Gemüt verletzen. Kein Mann auf Erden liebt Dich mehr als ich, weil Dich keiner mehr kennt als ich – und keiner kann Dich glücklicher machen. Sagst Du ja (und Du wirst es, weil Du so gut bist), so werde ich mit Deinen Eltern reden und ihnen dartun, dass eine Verbindung zwischen uns ganz und gar nicht ungereimt sei, und um ihre Einwilligung bitten. Sagst Du aber, Du liebest mich nicht mehr, so will ich es leiden, wie auch das Herz wehe tue, und will nur allein Dich zur Braut meiner Ideen machen und Dich fortlieben bis an meinen Tod. Ich schrieb dies alles, weil ich fürchte, dass zu einer Unterredung keine Zeit ist. Übrigens will ich keineswegs, dass dieses Blatt ein Geheimnis bleibe zwischen uns, im Gegenteile berate Dich mit Deiner Mutter, und bitte sie, dass sie mit mir rede.
Lebe wohl, ich bin ewig
Dein Dich innigst liebender Freund

A. Stifter

an Amalia Stifter

Steyr, 30.Juni 1863

[…] Du weißt nicht, Du kannst es gar nicht wissen, wie meine Seele Dir zugetan ist. Sechsundzwanzig Jahre sind es nun bald, dass wir vor dem Altare verbunden worden sind, und unsere Liebe ist immer gewachsen und wird bis in unser hohes Alter wachsen, wenn uns Gott gönnt, bis in dasselbe beieinander zu sein. Dein einfacher Wandel voll Rechtlichkeit, Deine Dir fast unbewusste Ausübung der häuslichen und weiblichen Tugend, Deine Zurückgezogenheit, Dein Fernsein von jedem Prunken und Anmaßen, verbunden mit der Güte Deines Wesens, hat mich immer mehr und mehr mit Achtung erfüllt und hat mein Herz an Dich gefesselt mit den stärksten Ketten, die es für einen guten und redlich wollenden Menschen gibt. Und wenn ich Dich schelte, dass Du Einbildungen und Kindereien hast, so ist das nicht so übel gemeint; ich wollte um keinen Preis, dass Du dies nicht hättest; es ist das die Kindlichkeit, und ich möchte es die Unschuld der Frauen nennen, wie es eine Unschuld der Jugend gibt. Ich liebe Dich so sehr, dass ich alles, dass ich das letzte Tröpfchen Blut für Dein Wohl hingeben würde und dabei die äußerste Freude empfände. Die Entfernungen von Dir werden mir, je älter ich werde, immer unerträglicher. Wie ist alle Welt so kalt, so leer, wenn ich durch sie wandle; nur die Natur schaut mich noch mit innigen Blicken an; wie altklug oder wie alterfahren oder wie selbstsüchtig erscheinen mir unsere jungen Mädchen, wenn ich sie näher betrachte, und nur einigen, die ich genauer kenne, traue ich zu, dass sie nach sechsundzwanzigjähriger Ehe wie Du zu mir zu ihrem Gatten sagen, er sei ihnen das Höchste und Liebste auf der Welt. Gott segne Deine Lippen, dass sie mir das gesagt haben, und wenn ich es auch ohne Deine Aussage gewusst habe und wenn es auch stets den Grundstein meines Glückes gebildet hat, so gingen die Klänge doch beseeligend in mein Herz. Lasse uns noch für den Rest unseres Daseins bewahren, was uns die gegenseitige Achtung sichert, und das Glück wird nicht von uns weichen. [...]

Steyr, 4. Juli 1863

[...] Für Deinen Brief sage ich Dir tausend Dank. Ja, unsere eheliche Liebe, unsere eheliche Eintracht und unser durch unsere Herzen in ihrem langen Zusammenleben gegründetes Sichzugehören ist unser größtes Glück auf dieser Erde; es ist mein Glück, es ist Dein Glück. Möge uns der Himmel nicht zu frühe zerreißen; doch wie Gott will. Solltest Du vor mir sterben, so wird die Erinnerung an Dich mein einziges Glück auf der Welt sein; alles andere wird sich öde und leer vor mir hinbreiten, und ich werde mich dem Tage entgegensehnen, der mich an Deine Seite bringt; denn an Deiner Seite muss ich begraben werden, so wird es mein Testament verordnen. Sterbe ich vor Dir, so wirst auch Du gewiss mir ein treues Andenken bewahren, Du wirst meine Fehler vergessen, wirst Dich auf meine Tugenden erinnern und wirst denken: Er hat mich doch geliebt und hat ein gutes Herz für mich gehabt. Und vielleicht legst auch Du Dich nach Deinem Tode an meiner Seite nieder. [...]

Edgar Allan Poe

(1809-1849)

an Sarah Helen Whitman*

Zwischen dem amerikanischen Schriftsteller Edgar Allan Poe und der Witwe Sarah Helen Whitman kam es beinahe zu einer Heirat, die Gerüchten zufolge daran scheiterte, dass es Poe nicht gelang, sein Versprechen einzuhalten, während der Verlobungszeit nüchtern zu bleiben. Poes erste Frau, seine Cousine Virginia, war zwei Jahre, nachdem er Helen kennenlernte, verstorben.

Sonntagnacht, 1. Oktober 1848

Ich habe Deinen Brief wieder und wieder an meine Lippen geführt, liebste Helen, und ihn mit Tränen der Freude getränkt oder mit denen einer „göttlichen Verzweiflung“. Doch ich – der erst vor Kurzem, in Deinem Beisein, mit der „Macht der Worte“ prahlte – was nützen mir bloße Worte jetzt? Könnte ich glauben, dass Gebete an den Gott im Himmel wirken, würde ich knien – demütig knien – in dieser Epoche größten Ernstes in meinem Leben – knien und um Worte flehen, nur um Worte, die Dir enthüllen würden – die es mir ermöglichen würden, Dir mein ganzes Herz offenzulegen. Alle Gedanken, alle Gefühle, scheinen nun zu dem einen allesverzehrenden Wunsch verschmolzen, dem alleinigen Wunsch, Dich verstehen zu lassen, Dich das erkennen zu lassen, wofür es keine menschliche Stimme gibt: die unaussprechliche Inbrunst meiner Liebe zu Dir. Denn ich kenne Dein dichterisches Gemüt so gut – O Helen, Helen! – dass ich sicher bin, wenn Du nur mit Deinem reinen, geistigen Auge in die Tiefen meiner Seele sehen könntest, dann könntest Du Dich nicht länger weigern, mir das zu sagen, was Du, ach! immer noch entschieden unausgesprochen lässt. Du würdest mich lieben, sei es nur wegen der Tiefe meiner Liebe. Ist es nicht etwas, in dieser kalten, trüben Welt, *geliebt zu werden*?

* Übersetzung aus dem Amerikanischen von Sabine Anders

Ach, könnte ich nur in Deinen Geist die tiefe, die wahre Bedeutung jener drei Worte einbrennen! Aber, ach! die Anstrengung ist vollkommen umsonst und „ich lebe und sterbe ungehört".
Als ich Dir von meinen Gefühlen erzählte und sagte, dass ich jetzt zum ersten Mal liebe, rechnete ich nicht damit, dass Du mir glauben oder mich wenigstens verstehen würdest. Genauso wenig kann ich hoffen, Dich jetzt zu überzeugen. Aber wenn es mir nur möglich gewesen wäre, Dich in einer langen, warmen Sommernacht im Arm zu halten und Dich an mein Herz zu drücken und Dir die seltsamen Geheimnisse seiner leidenschaftlichen Geschichte einzuflüstern, dann hättest Du tatsächlich erkannt, dass ich weit davon entfernt bin, Dich in dieser Hinsicht zu täuschen. Ich hätte Dir zeigen können, dass es nicht in der Macht irgendeines anderen außer Dir stand und nie stehen könnte, mich so zu berühren, wie ich jetzt berührt bin, mich mit diesem unbeschreiblichen Gefühl zu bedrücken, mich mit diesem knisternden Licht zu umgeben und mich darin zu baden, das mein ganzes Wesen erleuchtet und befeuert und meine Seele mit Herrlichkeit und Staunen und Ehrfurcht erfüllt. Auf unserem Spaziergang auf dem Friedhof sagte ich zu Dir, während mir bittere, bittere Tränen in die Augen stiegen: „Helen, ich liebe jetzt, jetzt, zum ersten und einzigen Mal." Ich wiederhole, ich sagte das nicht in der Hoffnung, dass Du mir glauben könntest, sondern weil ich nicht anders konnte als fühlen, wie ungleich die Herzensreichtümer wären, die wir einander anbieten könnten. […]
Meine Liebe, mein Glaube würde in Deiner Brust eine übernatürliche Ruhe erzeugen. Du könntest Dich von Sorgen erholen, von allem weltlichen Tun. Es würde Dir besser gehen, und Du würdest letztlich gesund werden. Und wenn *nicht*, Helen, wenn nicht, falls Du stürbest, dann würde ich Dir wenigstens im Tode die Hand reichen und freiwillig – oh, mit Freude, Freude, Freude – mit Dir in die Nacht des Grabes steigen.
Schreib bald, bald, oh, *bald*, aber nicht *viel*. Streng Dich wegen *mir* nicht an und reg Dich nicht auf. Sag mir jene begehrten Worte, die die Erde zum [Himmel] machen würden.

18. Oktober 1848

Als ich Dir meinen letzten Brief in Deine teuren Hände drückte, sprang auf Deinen Geist ein Funke der *Liebe* über, die in jenen Seiten glüht. Du sagst es, und ich glaube, dass es in der Tat so gewesen sein *muss*. Als Du jedoch die Blätter erhieltst, auf denen Dein Blick jetzt ruht, stahl sich da kein Schatten meiner inneren *Trauer* hinüber? O Gott! Wie verfluche ich jetzt die Kraftlosigkeit des Stiftes, die unerbittliche Distanz zwischen uns! Ich sehne mich danach, mit *Dir* zu sprechen, Helen, mit Dir persönlich, in Deiner Nähe zu sein, während ich spreche, Deine Hand sanft in der meinen zu halten, durch Deine Augen in Deine Seele zu schauen und so *Gewissheit* zu haben, dass meine Stimme in Dein Herz dringt. Nur auf diese Weise hätte ich Hoffnung, Dir verständlich zu machen, was ich empfinde; und trotz allem würde ich nicht darauf hoffen. Denn nur die Liebe kann die Liebe verstehen und, ach! Du liebst mich nicht. Verzeih mir! Hab Geduld mit mir! Denn mein Herz ist wirklich gebrochen. So sehr ich mich auch bemühe, kann ich Dir nicht in der besonnenen, kalten Sprache einer Welt schreiben, die mir verhasst ist und die mich nicht interessiert, einer Welt, die nicht die meine ist. Ich sage es Dir noch einmal, dass mein Herz gebrochen ist, dass ich absolut kein Ziel mehr im Leben habe außer zu *sterben*. Das sind abgedroschene Phrasen, aber in diesem Fall werden sie nicht so auf Dich wirken, denn die tödliche Qual, in der ich sie schreibe, musst Du erkennen, und Du erkennst sie auch. „Du liebst mich nicht" – dieser kurze Satz beinhaltet alles, was ich mir unter Verzweiflung vorstellen kann. Ich bin hilflos, hoffnungslos, nicht einmal auf meinen Stolz kann ich mich jetzt noch verlassen. Du liebst mich nicht, sonst hättest Du mir nicht die Qual angetan, acht Tage lang zu schweigen – acht Tage voll von schrecklicher Ungewissheit. Du liebst mich nicht, sonst hättest Du als Antwort auf meine Gebete zu mir gesagt: „Edgar, ich liebe Dich." Ach Helen, das Gefühl, das mich jetzt aufzehrt, lehrt mich nur zu gut das Wesen der Regungen der Liebe! Was nützen mir in meiner tödlichen Trauer Deine begeisterten Worte bloßer Bewunderung? Ach, ich wurde einmal geliebt, und die unbarmherzige Erinnerung vergleicht das, was Du sagst, mit den unbeachteten, wertlosen Worten anderer. Aber ach, und ich sage es wieder und mit besonderem Nachdruck, Du liebst mich nicht, sonst hättest Du Dich gut genug in mein sensibles Gemüt versetzen können und mich nicht so verletzt […]

14. November 1848

Meine liebste Helen,
so lieb, so ehrlich, so großherzig, (so ungerührt von allem, das jeden gerührt hätte, der weniger ein Engel ist, Geliebte meines Herzens, meiner Einbildungskraft, meines Verstandes, Leben meines Lebens, Seele meiner Seele) – meine liebste Helen, wie soll ich Dir je angemessen danken? Ich bin ruhig und gelassen, und wäre da nicht eine seltsame Vorahnung kommenden Übels, die mich verfolgt, dann wäre ich glücklich. Dass ich nicht höchst glücklich bin, sogar wenn ich Deine kostbare Liebe nahe meinem Herzen spüre, erschreckt mich zutiefst. Was kann das bedeuten? Vielleicht ist es aber nur eine notwendige Reaktion nach all der schrecklichen Aufregung […]
Ich schreibe dies, um Dir zu beweisen, dass ich es nicht gewagt habe, mein Versprechen Dir gegenüber nicht einzuhalten. Und jetzt, liebste Helen, sei mir treu.

Mittwochmorgen, 22. November 1848

Meine liebste Helen,
letzten Montag erhielt ich Deine Nachricht vom Freitag, in der Du mir versprochen hast, dass ich einen langen Brief von Dir bekommen würde. Er ist noch nicht angekommen […] In der Zwischenzeit schreibe ich diese Worte, um Dir aus ganzem Herzen für die liebevollen Worte in Deiner Nachricht zu danken, Worte von einer Zärtlichkeit, die ich so ganz und gar nicht verdiene, und um Dir zu sagen, dass es mir gut geht. Die schreckliche Aufregung, unter der ich litt, hat sich gelegt, und ich bin so ruhig, wie ich es nur sein kann, wenn ich bedenke, was vorgefallen ist. Und doch verfolgt mich die Vorahnung eines Übels immer noch, und obwohl ich gelassen bin, bin ich unglücklich.

Ich habe Dir so viel zu sagen, aber es muss warten, bis ich von Dir gehört habe. Meine Mutter hat sich sehr gefreut, dass Du sie grüßen ließest, und bat mich, Dir zu sagen, wie viel Freude es ihr bereitet hat.

Für immer der Deine
Edgar.

Freitag, 24. [November 1848]

In wenig mehr als vierzehn Tagen, liebste Helen, werde ich Dich, wieder einmal, an mein Herz drücken können. Bis dahin sehe ich davon ab, Dich dadurch zu beunruhigen, dass ich von meinen Hoffnungen und besonders von meinen Befürchtungen spreche. Du sagst, alles hängt von meiner eigenen Standhaftigkeit ab. Wenn dem so ist, ist alles in Sicherheit, denn die schreckliche Qual, die ich vor so kurzer Zeit durchlitt – eine Qual, um die nur Gott und ich selbst wissen – scheint meine Seele durch Feuer geläutert und von jeglicher Schwäche gereinigt zu haben. Von nun an bin ich stark. Das werden diejenigen zu spüren bekommen, die mich lieben, aber auch jene, die so unablässig versucht haben, mich in den Ruin zu treiben. Es brauchte genau so eine Heimsuchung, wie ich sie gerade durchgemacht habe, um mich zu dem zu machen, zu dem ich geboren wurde; ich wurde mir dabei meiner eigenen Stärke bewusst. Aber alles, liebe Helen, hängt nicht von meiner Standhaftigkeit ab; alles hängt von der Aufrichtigkeit Deiner Liebe ab. […]

Sonntagabend, 26. [November 1848]

Ich habe Dir gestern geschrieben, liebe Helen, aber da ich fürchtete, dass es zu spät für die Post werden könnte, habe ich einiges ausgelassen, was ich Dir sagen wollte. Ich fürchte auch, dass mein Brief kalt gewirkt haben muss, vielleicht sogar hartherzig oder egoistisch, denn ich sprach fast ausschließlich von meinen eigenen Sorgen. Verzeih mir, meine Helen, wenn nicht um der Liebe willen, die ich für Dich empfinde, dann wenigstens aufgrund des Leids, das ich ertragen musste – mehr, glaube ich, als oftmals das Schicksal eines Mannes war. Wie sehr wurden meine

Leiden von meinem eigenen Bewusstsein verschlimmert, da sie zu oft von meiner eigenen verwerflichen Schwäche oder kindischen Torheit ausgelöst wurden! Meine einzige Hoffnung bist jetzt Du, Helen. Je nachdem, ob Du mir treu bist oder nicht, lebe oder sterbe ich.
Ich habe vergessen, Dir Dein Gedicht zurückzuschicken, und hole es jetzt nach. Warum hast Du die beiden großartigen Zeilen ausgelassen:

> Noch zurückgezogen in seinen Tiefen, weit, weit weg,
> Sehe ich den Anbruch eines göttlicheren Tages?

Ist der Anbruch dieses Tages nicht mehr zu sehen? [...]

Robert Schumann
(1810-1856)

an Clara Wieck / Schumann

Der Komponist Robert Schumann und seine spätere Frau Clara, die große romantische Pianistin, lernten sich kennen, als Robert bei ihrem Vater Friedrich Wieck Klavierunterricht nahm. Das „Wunderkind" Clara zählte damals erst neun Jahre. Schumann verlobte sich zunächst mit einer anderen Schülerin Wiecks, trennte sich aber von ihr, als er erfuhr, dass sie mittellos war. Wieck, der sich seiner Tochter gegenüber immer mehr zum Tyrannen entwickelte, versuchte vehement, die Verbindung von Robert und Clara zu verhindern. Sie mussten die Erlaubnis zu heiraten gerichtlich einklagen.

Am 18. September 1837

Liebe Clara!
Die Unterhaltung mit Ihrem Vater war fürchterlich. Diese Kälte, dieser böse Willen, diese Verworrenheit, diese Widersprüche – er hat eine neue Art zu vernichten, er stößt einem das Messer mit dem Griff in das Herz ...

Was denn nun, meine liebe Clara? Ich weiß nicht, was ich anfangen soll. Gar nicht. Mein Verstand geht hier zunichte und mit dem Gefühl ist ja vollends nichts anzufangen bei Ihrem Vater. Was denn nun, was denn nun?
Vor allem waffnen Sie sich, und lassen Sie sich nicht einmal verkaufen ... Ich traue Ihnen, ach von ganzem Herzen, und das erhält mich auch aufrecht – aber Sie werden sehr stark sein müssen, mehr als Sie ahnen. Hat Ihr Vater doch selbst die fürchterlichen Worte zu mir gesagt: „ihn erschüttere nichts". Fürchten Sie alles von ihm; er wird Sie zwingen durch Gewalt, kann er es nicht durch List. Fürchten Sie alles!
Ich bin heute so tot, so erniedrigt, dass ich kaum einen schönen guten Gedanken fassen kann; selbst Ihr Bild ist mir zerflossen, dass ich mir kaum Ihr Auge denken kann. Kleinmütig, dass ich Sie aufgäbe, bin ich nicht worden; aber so erbittert, so gekränkt in meinen heiligsten Gefühlen, so über einen Leisten geschlagen mit dem Gewöhnlichsten. Hätte ich nur ein Wort von Ihnen. Sie müssen mir sagen, was ich tun soll. Es wird sonst alles Spott und Hohn in mir und ich gehe auf und davon. Sie nicht einmal sehen zu dürfen! Wir könnten es, sagte er, aber an einem dritten Ort, in aller Gegenwart, recht zum Spektakel für alle. Wie das alles so erkältend ist, so nagend! Auch schreiben dürften wir uns, wenn Sie reisen! Das war alles, was er bewilligte ... Vergebens suche ich nach einer Entschuldigung für Ihren Vater, den ich doch immer für einen edlen menschlichen Mann gehalten. Vergebens suche ich in seiner Weigerung einen schöneren, tieferen Grund, etwa den, dass er fürchte, Sie würden als Künstlerin einbüßen durch ein frühzeitiges Versprechen an einen Mann, dass Sie überhaupt noch zu jung wären u. dergl. Nichts von dem – glauben Sie mir, er wirft Sie dem ersten Besten zu, der Geld und Titel genug hat. Sein Höchstes dann ist Konzertgeben und Reisen; darüber lässt er Sie bluten, zerstört mich in meiner Kraft, mitten im Drang, Schönes zu tun auf der Welt; darüber lacht er Ihrer Tränen aller.
Ihr Ring sieht mich jetzt so lieb an, als ob er sagen wollte, schmähe doch nicht so auf den Vater deiner Clara – dreimal sagten

Sie neulich fest, fest; ich horchte auf, es kam so recht aus der Tiefe Ihrer Seele. – Clara, ich bin so etwas worden durch jenen Tag – wenn ich heute schwach bin und Ihrem Vater wehe getan [habe], so sind Sie mir nicht böse! Und doch habe ich recht. Aber die Augen frisch auf das Ziel gerichtet. Sie müssen durch Ihre Güte jetzt alles vermögen, und dringen Sie so nicht durch, durch Ihre Stärke. Ich kann fast gar nichts als schweigen, mit jeder neuen Bitte an Ihren Vater müsste ich ja eine neue Kränkung erwarten. Strengen Sie sich jetzt an, was zu tun ist. Ich folge wie ein Kind ... Ach wie geht mir's doch im Kopfe herum; ich möchte lachen vor Todesschmerz. Der Zustand kann nicht lange so dauern – dies hält meine Natur nicht aus .... Tröste mich, bitte Gott, dass er mich nicht in Verzweiflung untergehen lässt. Ich bin angegriffen an der Wurzel meines Lebens.

Clara an Robert

Wien, 20. Dezember 1837

Ein paar Zeilen zu dem Fest, was so viele glücklich feiern, wir getrennt – und doch vereint. Möchtest Du das Fest recht zufrieden und glücklich verleben. Ich bin in der Fremde und feiere es doch in der Heimat – meine Heimat ist bei Dir.

Deine Clara

Robert an Clara

Silvesternacht 1837, nach 11 Uhr

Schon seit einer Stunde sitze ich da. Wollte Dir erst den ganzen Abend schreiben, habe aber gar keine Worte – nun setze Dich zu mir, schlinge Deinen Arm um mich, lass uns noch einmal in die Augen sehen, – still – selig –

Zwei Menschen lieben sich auf der Welt. – Eben schlägt es drei Viertel. – Die Menschen singen von ferne einen Choral – kennst Du die zwei, die sich lieben? Wie wir glücklich sind – Clara, lass uns niederknien! Komm, meine Clara, ich fühle Dich – unser letztes Wort nebeneinander dem Höchsten ...

Am Ersten, Morgens 1838

Welcher himmlische Morgen – die Glocken läuten alle – der Himmel ganz golden blau und rein – Dein Brief vor mir – Also meinen ersten Kuss, meine geliebteste Seele! –

Wien, den 1. Dezember 1838, Sonnabend früh

… Du bist es doch, von der ich alles Leben empfange, von der ich ganz abhängig bin. Wie ein Knecht möchte ich Dir oft von Weitem folgen und Deines Winkes gewärtig sein. Ach, lass es Dir nochmals sagen, es komme wie es wolle – aber wer einmal meine Augen schließt, dem will ich es noch einmal zuflüstern, „nur Eine hat mich im Leben so ganz beherrscht, so ganz in sich hineingezogen in ihr innerstes Wesen, und diese Eine hab ich auch immer über alles verehrt und geliebt" …
Hast Du meine kleinen Gedichte bekommen? Nun sieh, da steht alles drinnen, wie ich es meine. Du bekommst nun einmal einen Dichter zum Mann und Du hast ihn ja erst selbst dazu gemacht. Also verzeih mir.
Es wird immer finsterer draußen, inwendig immer heller. Meine kleinen Gedichte hebe mir auf – die ersten seit vielen Jahren sind es. Haben sie Dir ein Lächeln abgewonnen? … Ich lese jetzt Mozarts Biographie von Nissen; mir ist aufgefallen, wie Du als Kind viel Ähnlichkeit mit ihm hattest … Dein letzter Brief hat mich wieder glücklich gemacht; Du kennst den Ton, der mich bändigt. Mit Liebe wirst Du immer alles von mir erlangen können. Du bist zu gut, zu gut für mich. Oft bete ich für Dich, wünsche alles Schöne auf Dich herab. So lebe wohl, Du meine Geliebteste.

Dein Robert

Dresden, den 5. Oktober 1845

Deinen Brief erhielt ich, als ich mit Mariechen [älteste Tochter der Schumanns] von unserem Morgenspaziergang zurückkam. Habe Dank dafür, es schaffte mir eine frohe Stunde … Gestern Abend hätte ich Dich an meiner Seite gewünscht; so ein milder

Abend war's; ich kam erst spät mit Marie aus dem großen Garten; sie schmiegte sich etwas furchtsam an mich an. Der Mond stand im … Blau, dicht mit dann der Abendstern. Mariechen sagte „Nicht wahr, der Abendstern steht bei dem Mond, damit er nicht so allein ist", sie kam mir selbst wie der Abendstern vor. Abends besuchte mich noch der Vater und lud mich zu heute nach Loschwitz, das Wetter ist aber etwas schwankend geworden … Verzeih mir das Wenige, das ich Dir schreibe. Du weißt, es strengt mich noch alles an. Das Konzert von Henselt hätte ich doch gar zu gern gehört. Effekt machst Du gewiss viel damit … Heute scheint ein rechter Korrekturtag [?] zu werden; der Himmel verdüstert sich mehr und mehr … – Ich habe eine schlechte Nacht gehabt; es ist mir immer so angestrengt zumute, dies wird aber wieder besser, wenn Du wieder bei mir bist. Doch fühl ich, wie viel mir zur Gesundheit fehlt, ich kann doch gar nichts vertragen; alle Schmerzen und Freuden des Lebens bringen mich außer Fassung, es ist ein überreiztes Gefühlsleben, würde es doch bald anders! Arbeiten kann ich gar nicht, es fehlt mir alle Ruhe und ich suche sie mir in allen Stuben …

Franz Liszt

(1811-1886)

an Marie Gräfin d'Agoult und Carolyne Sayn-Wittgenstein

Als Liszt 16 Jahre alt war und sein Vater starb, beschloss er, ein Leben als berühmter Musiker aufzugeben und stattdessen den Lebensunterhalt für sich und seine Mutter mit Klavierunterricht zu verdienen. Die unglückliche Liebe zu einer seiner Schülerinnen, der adeligen Caroline de Saint-Cricq, deren Vater eine Heirat aus Standesgründen verbot, führte dazu, dass Liszt sich zwei Jahre lang komplett aus dem Leben zurückzog. Sie war die einzige seiner Geliebten, die Liszt später in seinem Testament bedachte.

1833 lernte Liszt die 28-jährige Gräfin Marie d'Agoult kennen, die sich wenig später von ihrem Mann scheiden ließ und von da an mit Liszt zusammenlebte. Drei Kinder gingen aus der Verbindung hervor, darunter Cosima, Richard Wagners spätere Ehefrau. 1844 zerbrach die Beziehung von Liszt und seiner Gräfin. Dass Marie später einen Roman über ihr Leben mit Liszt veröffentlichte, belastete ihr Verhältnis zusätzlich.

an Marie d'Agoult

Montagmorgen 1834

Oh! Endlich zwei Worte, wie Du sie mir früher sagtest! … Dank… Ich fühle sie, ich begreife sie, ich bewahre sie! …
Sage mir nicht mehr: Glücklich jene, die nichts zu verbergen haben! … Lüge! … Die, die nichts zu verbergen haben, wissen nichts; sie altern als Kinder und Unmündige … Hast Du nicht alles verborgen, alles verheimlicht, bis auf den heutigen Tag? … Alles, alles, was in Dir heilig, rein, unaussprechlich war? … Nun! Was soll ich sagen, mein Gott, was kann ich sagen! … „Alles hier auf Erden strebt einem geheimnisvollen Ziel entgegen! …" Wir müssen zu warten verstehen! …

[1834]

Verzeih, immer wieder Verzeihung (das ist das größte Wort, das die menschliche Sprache auszusprechen vermag). Stärker als irgendein andrer empfinde ich, wie lächerlich, wie absurd, wie elend all diese Possen sind! Aber all diese Dinge bewegen und stoßen sich wirr in mir durcheinander! Ich leide so sehr. – So sehr. – Oh! Weit besser, als hätte ich nie zu lieben gewusst! – Möge Gott Mitleid mit mir haben! Du weißt, es gibt für mich jetzt nur einen Anblick, nur ein Gesicht, nur eine einzige Seele auf dieser Welt! Habe auch Du Mitleid mit mir!
Vergiss – vernichte mich nicht mehr so – vielleicht sind mir nur noch wenige Tage beschieden. – Adieu – *à dieu*. – Mein Herz bricht bei der Erinnerung an diese Stunde – Stille – Ruhe. – Bald.

Montagabend, Postbureau von Rennes [1834]

Stets nur ein einziger alleiniger Gedanke in meinem Herzen: Sterben, sterben. Stets nur ein einziges und unveränderliches Bild in meiner Seele: Sterben. Sterben.

Nichts als eine Erinnerung, nichts als eine Hoffnung, als ein Sehnen; Sterben, Sterben, Sterben …

Oh, wie heiß, wie glühend ist noch Dein letzter Kuss auf meinen Lippen! Wie himmlisch, wie göttlich Dein Seufzer in meinem Busen … ja, Dir alles, Herzliebste, für Dich alles.

Aber lassen Sie uns plaudern oder erlauben Sie mir vielmehr, schnell einige Bemerkungen über meine unglückliche Reise zu machen. Gott sei Dank ist Mariotte [Marie d'Agoult] genügend in das Geheimnis der Gedanken und Gefühle Thoughtfuls [Liszt] eingeweiht, um einen regelrechten Bericht entbehren zu können. Fassen wir also alles in wenigen Worten zusammen …

Und jetzt möchte ich Ihnen nur noch sagen, welch starkes Bedürfnis ich habe, mit Ihnen einige Worte, wenn möglich von Ihnen, viele Worte zu wechseln. Schreiben Sie mir umgehend, ich bitte Sie darum, ich sterbe vor Warten und Sehnsucht. Manchmal bin ich verhältnismäßig ruhig; aber ich weiß, wenn Sie nicht da sind, enthält auch diese Ruhe noch Gift. Schreiben Sie mir wenigstens …

Ich bin unruhig, zerquält, glücklich und hunderttausendmal elend. Bedauern Sie mich nicht. Ich kann Dich noch lieben. – Lebe wohl.

Dijon, 23. Juli 1836

Ich habe einen schlechten Tag verbracht. Traurigkeit und Sehnsucht nagen an meinem armen Herzen. Die Musik habe ich über, die Menschheit langweilt mich, und die Natur ohne Sie ist nichts als unaufhörliche Zerstörung und Neuerschaffung … Kurz, an meinem Firmament sind weder Sonne noch Sterne. Ich muss Sie wiedersehen und endlich ernstlich ein neues Leben beginnen. Ich verlange nach Ruhe, tiefer Ruhe. Ich ersehne, ich weiß nicht was, für ein bizarres und schlichtes, zugleich alltägliches und mystisches Dasein. Ein ganz ideales, ganz einsiedleri-

sches Dasein … ganz in Ihnen und in Gott, so wie ich ihn fühle und anbete … Ach, geben Sie mir Ruhe … geben Sie mir Ihren Frieden, wie Christus seinen Frieden den Aposteln gab.
Ich fühle ein unwiderstehliches Verlangen nach Ihnen …
Ich liebe Sie tief … aber ich kann Ihnen das nicht so sagen, wie Sie es gern möchten. Warum fordern Sie auch von mir, dass ich Ihnen meine Seele übersetze und in schöne Sätze zerlege? Kann ich das tun?
Ich bin noch nicht recht von der Vergangenheit geheilt. An gewissen Tagen brennen meine Wunden. Legen Sie dann Ihre wohltuende Hand auf meine Brust, und lassen Sie mich in ihrem Schoße schlafen … dort, wohin ich alles vergraben habe, was an Schmerz, Genie und Zärtlichkeit in mir war. Ach, wenn Sie wüssten, was ich Ihnen zahllose Male gegeben habe; welch unendliches Streben, welch erhabene Seufzer, welche Wünsche und welche Träume in Ihnen sich verloren haben.
Ach, könnten Sie sie eines Tages zutiefst in Ihrem Sein sich prachtvoll regen spüren, könnten Sie sie sehen, sie befühlen, Ihr Sein damit erfüllen … denn wie soll ich sie in Worte kleiden, sie erklären, sie beschreiben? Das ist unmöglich.
Obgleich ich seit gestern Abend unpässlich bin, werde ich doch in zwei oder drei Stunden meine Kunststücke vorführen. Dieses Handwerk ermüdet mich sehr, und dennoch ist es vielleicht gut, dass ich es ausübe …
Leben Sie wohl, es ist traurig, dass diese unglücklichen Worte „ganz der Ihre“ so beschmutzt und bestaubt sind. Es sind die einzigen, die mir wahr scheinen würden, und Sie wissen, dass ich ohne Wahrheit nicht auskomme.
Jeden Tag werde ich lehrhafter. Wahrscheinlich werde ich bald bei dem Schweigen der Karthäuser anlangen, und das wird weise sein.
Nochmals, leben Sie wohl, lieben Sie mich.

Februar 1840

So ist es also wirklich noch möglich, Geliebte, dass Sie über eine Zeile, über ein Wort von mir glücklich sind!

Heute Morgen, als ich Ihren Brief erhielt, in dem Sie mir so zärtlich einen Vorwurf machen, weil ich Ihnen aus Preßburg nicht mehr geschrieben hätte, musste ich vor Freude und Schmerz weinen.
Ich schwöre Ihnen, liebe Marie, ich habe nur einen Gedanken, eine Idee, ein Gefühl, und das sind Sie, immer Sie!
Die ganze Welt weiß das, denn ich habe es der ganzen Welt gesagt. Sie allein wissen es nicht genügend. Meine Seele lebt nur in Ihnen und durch Sie.
Verzeihen Sie mir, wenn ich Ihnen Leiden bereite, und beklagen Sie mich, aber klagen Sie mich nicht an.
Liebe, angebetete Marie, mein ganzes Sein ist nur Schweigen und Anbetung vor Ihnen. Sie haben mir alles gegeben, und ich habe alles in der tiefsten Tiefe meines Herzens bewahrt. Ich werde erst wieder leben, wenn ich Sie wiedersehe, gleichgültig, wo und wie.

Marie d'Agoult an Liszt

März 1840

Welche Meinung soll ich eigentlich nach Deinem Willen von mir haben, ich, die ich vor Unruhe sterbe bei dem Gedanken an den Kaffee, den Du genießt, und an die Zigarren, die Du rauchst, ich, die ich Dich niemals mir ohne vollständige Verwirrung jeder Spur von Vernunft in den Armen einer anderen vorstellen konnte, ich, die ich noch heute meinen Anteil am Paradies für sechs wolkenlose Monate mit Dir hergeben würde? Du bist von Deiner Größe allzu sehr eingenommen, Du bist allzu philosophisch. Du bist so stark, dass Du der Schwäche anderer niemals Rechnung trägst. Für Dich ist alles so einfach… Verzeih, ich weiß kaum, was ich sage. Ich weine wie eine Verdammte; ich fühle, dass ich niemals Ruhe finden werde, und dass Du Dich niemals meinem Niveau angleichen willst noch kannst. Anderen gegenüber empfinde ich mich gleichwertig. Ich fühle, dass sie meine Schwächen, meine Ängste, meine Anfechtungen teilen. Ich fühle, wie ihr schwankender Wille von Leidenschaften regiert wird; ich sehe, wie sie sich genauso wie ich mit dem Elend des Lebens herumquälen. Du, nein. Was mich bekümmert, bekümmert Dich nicht. Du lachst über meine Träume. Was ich erstrebe, ziehst Du nie in Betracht. Stolz sonnst Du Dich in dem Bewusstsein Deiner Größe und siehst nicht einmal die kleinen Schmerzen schwächerer Seelen …

Im Alter von 36 Jahren machte Liszt auf einer Konzerttournee die Bekanntschaft der fast zehn Jahre jüngeren Fürstin Carolyne Sayn-Wittgenstein. Sie lebte getrennt von ihrem Ehemann und strebte über Jahre hinweg eine Scheidung an. Mit Liszt verband sie eine tiefe Religiosität. An seinem 50. Geburtstag reisten sie nach Rom, um die Zustimmung des Vatikans zu einer Heirat einzuholen, zu der es jedoch wegen Einwänden Verwandter von Carolynes Ehemann nicht kam, worüber Liszt nicht unglücklich gewesen sein soll. Sie trennten sich in beiderseitigem Einvernehmen.

Liszt an Carolyne Sayn-Wittgenstein

Palmsonntag, den 13. April [1851]

Hier sind die ersten Frühlingsveilchen, ich schicke sie Dir, die Du mein ewiger Lenz bist und die Blume meiner Wonne. Glaube mir, Carolyne, ich könnte ebenso toll sein wie Romeo, wenn ich ihn toll fände! Aber da man leben will und zu sterben weiß, was gibt es da noch zu sagen? Wirkliche Moral verspottet die Moral, und echte Philosophie belächelt die Philosophie. Liebe allein weint über die Liebe – ihre stillen Tränen fließen in mir, seitdem Du Dich mir offenbart hast, als sichtbares Zeichen, als Teil von Gott, wie ihn meine Seele erfasst und liebt. Ich war heute früh bei der Messe. Wenn Du zurückkehrst, werde ich Dir sagen, welches Gebet ich sprach. Es wäre mir fast eine Unmöglichkeit, es Dir zu schreiben – aber lass mich Dir einen ganz kleinen Palmenzweig schicken, den man dort verteilt hat. Ich habe Hermann zum Geistlichen geschickt, um von ihm einige zu holen; dieser übergab ihm nur einen, indem er ihm sagte, dass dies der letzte sei, der ihm übrigblieb. Leb wohl, meine Therese-Juillette, sag Deiner Mutter, die im Grabe ruht, dass Dein Geliebter und der Gatte Deiner Seele Dich liebt. Dass ihr Andenken ewig gesegnet sei durch unsere demütigen Herzen. Schenke Deiner Tochter Magnet eines dieser kleinen Veilchen.

Dienstag nach Pfingsten 51

Ich horche auf unseren Rosenkranz, und ich würde ihn mit Dir beten, wenn ich mich in Dein Zimmer versetzen könnte. Aber so verlassen kann ich Dich kaum vernehmen und Deine anbetungswürdigen Worte dringen zu mir, wie eine kaum hörbare Musik, deren Wellen nur die Seele vernimmt.

11. März 54

Ich glaube an die Liebe, durch Dich, in Dir und mit Dir. Ohne diese Liebe will ich weder Himmel noch Erde. Alle Stimmen meines Herzens und meiner Seele singen den Hymnus der Liebe, die Du erträumt hast. Lass mich an Deiner Seite bleiben. Dort ist meine höchste Freiheit, glaube es mir. Alles andere ist nichts als Sklaverei und Lüge. Lass uns einander lieben, meine einzige, heilige Geliebte in Gott und unserem Herrn Jesus Christus – auf dass die Menschen nicht lösen, was Gott in Ewigkeit zusammengefügt hat. Ich habe alles wohl erwogen und der Friede, der meine Seele erfüllt im Scheine Deiner Liebe, ist kein Trugbild der Phantasie. Nehmen wir mit dem Bewusstsein unserer Bestimmung die Leiden unseres Schicksals hin. Sie werden immer nur von kurzer Dauer sein. Vergessen wir nicht, dass unser Weg und unser Ziel die Liebe ist – die Liebe, die alle Lasten leicht tragen lässt, denn sie entströmt unaufhörlich den Quellen des ewigen Lichts.

Richard Wagner

(1813-1883)

an Mathilde Wesendonck

Wagner lernte das Ehepaar Wesendonck 1852 in Zürich kennen. Während ihr Ehemann ihn finanziell unterstützte und förderte, fand Wagner bei Mathilde Verständnis für seine Kunst. Sie wurde zu seiner großen Muse. Sechs Jahre später endete ihre Beziehung, weil Wagners damalige Frau, die Schauspielerin Minna Planer, die er 1836 geheiratet hatte, das Verhältnis in der Öffentlichkeit bloßstellte. Der Dreieckskonflikt mit den Wesendoncks soll Wagner zu Tristan und Isolde *inspiriert haben.*

[Mai 1857]

Und meine liebe Muse bleibt mir noch fern? Schweigend harre ich Ihres Besuches; durch Bitten wollte ich Sie nicht beunruhigen. Denn die Muse, wie die Liebe, beglückt nur freiwillig. Wehe dem Toren, wehe dem Lieblosen, der, was sich freiwillig ihm nicht ergibt, mit Gewalt erzwingen will! Sie lassen sich nicht zwingen. Nicht wahr? Nicht wahr? Wie könnte die Liebe noch Muse sein, ließe sie sich zwingen?
Und meine liebe Muse bleibt mir fern? –

[Mitte April 1858]

Der Brief – wie hat er mich nun traurig gemacht! Der Dämon zieht aus einem Herzen in das andre. Wie ihn bewältigen? Oh, wir Armen! Wir sind nicht unser eigen. Dämon, werde Gott! – Der Brief hat mich traurig gemacht. – Gestern schrieb ich an unsere Freundin. Wohl kommt sie nächstens herein. –
Dämon! Dämon! Werde Gott!

Die drei folgenden Briefe dokumentieren die erzwungene Trennung von Wagner und Mathilde:

[August 1858]

It must be so!

R. W.

[16. August 1858]

Leb' wohl! Leb' wohl, Du Liebe!

Ich scheide mit Ruhe. Wo ich sei, werde ich nun ganz Dein sein. Suche, mir das Asyl zu erhalten. Auf Wiedersehen! Auf Wiedersehen! Du liebe Seele meiner Seele! Leb' wohl – auf Wiedersehen! –

31. Oktober, Abends [1858]

Weißt Du denn nicht, mein Kind, dass ich nur von Dir – nur von Dir abhänge? Dass die ernste Heiterkeit, mit der das Dir gesandte Tagebuch abschloss, nur das Spiegelbild Deiner mir mitgeteilten schönen Stimmung war? Oh, halte mich nicht für so groß, dass ich ganz für mich und aus mir sein könnte, was ich bin und wie ich bin. Wie tief fühle ich dies jetzt. Von unsäglichem Weh und Jammer bin ich bis in das Innerste zerspalten; – ich habe Deine Sendung erhalten, Dein Tagebuch, Deine Antwort gelesen! – Weißt Du denn wirklich noch nicht, wie ich nur von Dir lebe? Glaubtest Du es nicht, als ich noch kürzlich es Dir sagen ließ? Dir gleich, Deiner würdig zu sein – das ist der Halt meines Lebens! Schilt mich nun nicht, wenn ich Dir nun sage, dass ich eben ganz wie Du bin, wie Du empfinde, ganz Deine Stimmung, Dein feinstes Weh teile, nicht nur, weil es das Deine ist, sondern weil es mir so klar und gewiss auch das meine ist. [...] Alles ist Wahn, alles Selbsttäuschung! Wir sind nicht gemacht, um die Welt einzurichten. O Du lieber, lautrer Engel der Wahrheit! Sei gesegnet für Deine himmlische Liebe! O ich wusste alles! Welch bange Tage habe ich verlebt! Welche wachsende tiefe Beklemmung! Die Welt stockte mir: Und atmen konnte ich nur noch, wenn ich Deinen Atem fühlte. – O mein süßes, süßes Weib! Ich

kann Dich heut nicht trösten, ich armer, trauriger, zerbrochener Mann! Auch nicht Balsam kann ich Dir geben und – „Heilung" habe ich ja nicht für Dich?? Wie sollte ich Dir Heilung geben können? Meine Tränen fließen in bitteren Strömen –: sollten die Dich heilen können? – Ich weiß, es sind die Tränen der Liebe, die noch nicht geliebt wurde: In ihnen strömt mir aller Jammer der Welt. Und doch, die einzige Wonne, die ich heute, jetzt empfinden möchte, geben sie mir; sie geben mir eine tief, tief innere Gewissheit, ein unverständliches, unentreißbares Recht. Es sind die Tränen meiner ewigen Liebe zu Dir. Könnten Sie Dich heilen – O Himmel! mehr als einmal stand ich jetzt hart daran, mich sofort aufzumachen, um in Deine Nähe zu kommen. Unterließ ich es aus Sorge für mich? Nein! Gewiss nicht! Aber aus Sorge – für Deine Kinder! – Darum – nochmals – und immer: Straff! – Es gilt nicht eine Zeitlang. Mir ist – mir ist – als könnte ich – bald Dir schöner, Dir angenehmer, Deiner würdiger begegnen: Und dies möchte ich so gern! – Aber was ist alles Mögen?
Nein! Nein! Du süßes Kind! Ich weiß alles! Ich verstehe alles: – ich sehe klar, sonnenklar – – – ! Ich werde wahnsinnig! – Lass mich jetzt abbrechen! Nicht um Ruhe zu suchen, sondern um der Wonne meines Schmerzes bis zum Ertränken mich zu übergeben. – O Du Holde! – Nein! Nein! Er verrät Dich nicht. – – – Er – nicht! –

Otto von Bismarck

(1815-1898)

an Johanna von Puttkammer

Bismarck verliebte sich in die Verlobte eines Schulfreunds, Marie, und lernte auf ihrer Hochzeitsfeier ihre Freundin und seine spätere Frau Johanna von Puttkammer kennen, die ihm als Tischdame zugeteilt worden war. Erst, als Marie zwei Jahre später überraschend starb, hielt Bismarck um Johannas Hand an. Der Briefwechsel der beiden Verlobten und Eheleute wurde berühmt.

An Fräulein von Puttkammer
Hochwohlgeboren
Reinfeld bei Zuckers
Hinterpommern
Jerichow. Freitag, 29.1.47.

Angela mia
Ich bin glücklich hier eingetroffen, habe alles abpatrouilliert, und mich zu meinem Kummer überzeugt, dass ich wie gewöhnlich zu früh gekommen bin. Das Elbeis liegt noch fest, und alles ist in bester Ordnung. Ich ergreife eine müßige halbe Stunde in einem sehr schlechten Wirtshaus, um Dir auf sehr schlechtem Papier zu schreiben, wenn auch nur wenig Worte. Meinen Bruder und Malwine habe ich flüchtig gesehen und beide entzückt über die mit mir vorgegangene Veränderung gefunden. Gestern Abend in Berlin habe ich Bernhard besucht, ohne ihn zu Hause zu finden, und mich dabei mit Schrecken überzeugt, dass ich außer den vielbesagten Würsten auch die Briefe der Tante aus Versin nicht bei mir habe und ohne Ahnung bin, wo sie sich befinden. Sind sie vielleicht in Reinfeld geblieben, so schicke sie doch gleich. Ich habe Bernhard schriftlich auseinandergesetzt, ein wie schlechter Kommissionär ich bin, und glaube, dass mich die Tante als solchen nicht mehr benutzen wird.
Sobald das Wasser (was übrigens noch gar nicht gekommen ist) verlaufen sein wird, fliege ich wieder nach Norden, die Blume der Wildnis, wie mein Vetter sagt, aufzusuchen. Sobald ich in Schönhausen zur Ruhe bin, schreibe ich Dir ausführlicher, für jetzt nur dies Lebens- und Liebeszeichen, die Rosse stampfen, wiehern und bäumen vor der Tür und ich habe heut noch viel vor. Die herzlichsten Grüße an Deine, oder *j'ose dire,* unsre Eltern. *Sans phrase* der *Deinige* von Kopf bis zur Zehe. Küsse lassen sich nicht schreiben. *Leb wohl.*

Bismarck.

Schönhausen, 17. Februar 1847

Einzig geliebte Jeannette, Friederike, Charlotte, Eleonore, Dorothea.

Ich will Dir auch einmal des Morgens schreiben, und zwar an einem trüben, regnenden Morgen will ich die Sonne wenigstens in mir scheinen lassen, indem ich nur an Dich denke. Es ist halb neun und hier, 16 Fuß vom Fenster, so dunkel, dass ich kaum schreiben kann. Da musst Du schwarze Sonne von innen sehr hell scheinen, wenn's gehn soll. Wie kann Schwarz leuchten? Nur in Gestalt von poliertem Ebenholz, geschliffner Lava; so glatt und hart bist Du nicht; mein Bild mit der schwarzen Sonne ist also falsch. Bist Du nicht eher eine dunkle warme Sommernacht mit Blütenduft und Wetterleuchten? Denn stern- und mondhell möchte ich kaum sagen, das Bild ist mir zu gleichmäßig ruhig …

Wenn Du jetzt traurige Dichtungen, Lenau etc., liebst, so sehe ich darin nicht sowohl eine Umwandlung Deiner ehemals heitern Stimmung, noch weniger einen Widerspruch mit der Gesundheit Deines Herzens, sondern einen Fortschritt in der Empfänglichkeit für und im Verständnis der Poesie. Unschuldige Frühlingslieder sind die Dichtung der Kindheit und der Zwölfjährigkeit, Lerchen und Lämmer.

Tief in der menschlichen Natur, ich möchte sagen in der unbewussten Erkenntnis des irdischen Elends und Jammers und der unklaren, aber mächtigen Sehnsucht nach bessern, edlern Zuständen, liegt es wohl, dass bei nicht ganz leichtfertigen, oberflächlichen Menschen das Hervorheben der Zerrissenheit, der Nichtigkeit, des Schmerzes, die unser hiesiges Leben beherrschen, mehr Anklang findet als eine Berührung der minder mächtigen Elemente, welche die leicht welkende Blume ungetrübter Heiterkeit, deren heimischer Boden nur die Kindheit ist, in uns vorübergehend hervortreiben. Jeder an Verstand und Herz gebildete Mensch wird von allem, was Trauerspiel in Bühne und Wirklichkeit ist, auf eine Weise ergriffen und bewegt, die das Idyllen- und Lustspielartige, in der vollkommensten Form, nie erreichen kann. Auf dem Boden der Heiterkeit (im höheren

Sinne) und Zufriedenheit erhaben zu sein, gibt den Begriff der Majestät, des Göttlichen, das der Mensch nur in seltnen bevorzugten Zeiten und Gestalten schwach widerstrahlt. Das irdisch Imponierende und Ergreifende, was mit menschlichen Mitteln für gewöhnlich dargestellt werden kann, steht immer in Verwandtschaft mit dem gefallnen Engel, der schön ist, aber ohne Frieden, groß in seinen Plänen und Anstrengungen, aber ohne Gelingen, stolz und traurig. Darum kann das, was es außerhalb des Gebietes der Religion für uns Ergreifendes gibt, nicht heiter und zufrieden sein, sondern uns stets nur als Wegweiser dahin dienen, wo wir Frieden finden.
Wenn Dein Sinn für die Poesie des Herbstes, des Reifs in der Maiennacht und alles dessen, was im Menschen dahin gehört, empfänglicher geworden ist, so beweist das nur, dass Du nicht mehr zwölfjährig bist. Über die Kinder, äußre und innre, wie über die kleinen Bäume im Walde, geht der Sturm hinweg, der in den Kronen der alten braust und sie beugt und bricht; wenn sie größer werden, wachsen sie in die Sturmschichte hinein, und ihre Wurzeln müssen kräftiger werden, wenn sie nicht untergehn wollen …
Ma Jeannette, ma Jeanneton, leb wohl von Herzen, behalte lieb und vertraue Deinem Dir untertänigen

B.

Theodor Storm

(1817-1888)

an Berta von Buchau

Theodor Storm, Dichter und Prosaschriftsteller des Realismus, begegnete Berta von Buchau zum ersten Mal, als er 19 und sie neun Jahre alt war. Nach ihrem 17. Geburtstag machte er ihr einen Heiratsantrag, den sie ablehnte. Vier Jahre später heiratete Storm seine Cousine. Nur ein Jahr nach seiner Heirat verliebte er sich jedoch in die 19-jährige Dorothea Jensen, die er allerdings erst fast 20 Jahre später ehelichen konnte, nachdem seine erste Frau gestorben und das Trauerjahr für sie abgelaufen war.

Hamburg, 1841

Ich glaubte einmal, die Versicherung Deiner Liebe gehabt zu haben, dann aber wurde es dunkel zwischen uns. Ich sah Dich nicht in langer, langer Zeit, ich hörte nichts von Dir, da konnte ich's länger nicht ertragen, ich kam hierher. Es war mir todesbang zu Sinn, die Leute, mir denen ich verkehrte, waren mir fremd, was ich liebte, ging wie ein Traum an mir vorüber. Als ich Dich in der Kirche sah, da war mir, als fühlte ich einen Strahl der Liebe von Dir zu mir hinüberdringen. Missverständnisse, durch die so viel Elend anspinnt, dürfen uns nicht trennen. Wenn Du mich liebst, so sei Deine Liebe groß und gläubig – im andern Falle hab so viel Mitleiden mit dem Freunde Deiner Kindheit, ihm ein letztes Wort zu schreiben, damit er mit seinem Leben abschließen kann. Lass mich diesmal nicht vergebens bitten. Einliegende Gedichte bewahre zur Erinnerung oder zum Unterpfand meiner Liebe – die Deutung liegt in deiner Hand [...]

Prinz Albert von Sachsen-Coburg und Gotha

(1819-1861)

an Königin Victoria

Königin Victoria heiratete Albert, ihren gleichaltrigen Cousin mütterlicherseits, im Alter von 20 Jahren und blieb bis zu seinem Tod 21 Jahre später mit ihm verheiratet. Danach zog sie sich für mehrere Jahre aus der politischen Öffentlichkeit zurück und ging kaum noch nach London, was ihr den Spitznamen „Widow of Windsor" eintrug. Als Zeichen ihrer Liebe zu Albert kleidete sie sich bis zu ihrem eigenen Tod ausschließlich in Schwarz. Das Paar hatte neun Kinder.

16. Oktober 1839

Womit habe ich so viel Liebe, so viel Herzlichkeit verdient? Ich vermag mich noch gar nicht an die Wirklichkeit alles dessen, was ich sehe und höre, zu gewöhnen, und glaube fast, der Himmel hat einen Engel zu mir herabgesandt, der mit seinem Glanz mein Leben erhellen soll. Ach, möchte es mir gelingen, Dich recht, recht glücklich zu machen, so glücklich, wie Du es verdienst.

Teuerste, innigstgeliebte Victoria!
Ach, wie sehr freut es mich immer, wenn ich einen Brief von Dir erhalte! Gestern brachte mir der alte Seymour Deine lieben Zeilen vom 30., die mich wieder ganz entzückten. Dein Traum wird ja hoffentlich bald wahr werden, und unsere Lippen werden erst wieder glühen, wenn sie sich berührt haben; wie sehr verlangt mein Herz danach! Du bist noch glücklich, träumen zu können! Geschieht es mir einmal nach langer Zeit, so ist es von den langweiligsten Dingen auf der Welt, und ich bin froh, wenn es vorüber ist.

15. Dezember

Du hast recht, die Trennung ist gar zu weit und erschwert die freie Korrespondenz außerordentlich; denn man muss gar zu lange auf eine Antwort warten, die ich wenigstens immer sehnlichst erwarte. Es macht mir wirklich gar zu große Freude, wenn ich von Dir höre, und Deine Briefe sind so allerliebst, so voll von Herzlichkeit und Liebe! Ich zanke oft mit mir selbst, dass meine im Vergleich zu den Deinen so kalt und steif sind, und doch möchte ich Dich mit den Ergüssen meiner Gefühle nicht langweilen.

Theodor Fontane

(1819-1898)

an seine Frau Emilie

Die Fontanes, Emilie und Theodor, schrieben sich schon während ihrer Verlobungszeit, die über fünf Jahre dauerte, etliche Briefe. Auch nach der Heirat im Jahr 1850 lebten die beiden über lange Strecken getrennt voneinander; Fontane hielt sich aus beruflichen Gründen oft in London auf, während Emilie mit den Kindern in Deutschland zurückblieb. Sie hatte nicht nur unter der Trennung von ihrem Mann zu leiden, sondern auch unter den wirtschaftlichen Verhältnissen; die Ehe soll nichtsdestotrotz sehr glücklich gewesen sein.

Berlin, 15. Aug. 76

Liebe Frau.
Heute früh erhielt ich Deine Zeilen – die freundlichsten, die ich in diesen 5 Wochen empfangen habe – und danke Dir dafür. Du schreibst: „Alles verwöhnte Dich dort, nur von hier aus würdest Du knapp behandelt." Dem Zusammenhange nach kann sich dies nur auf mein Briefschreiben beziehn, und da gehört denn diese Bemerkung wieder zu jenen rätselhaften Äußerungen, an denen Du, wenigstens zu Zeiten, groß bist. Ich habe das gute Gewissen, Dir ganze Manuskripte geschickt zu haben; zweimal hab ich drei, vier Tage vergehen lassen, ohne zu schreiben, aber lediglich aus Verstimmung über den Ton Deiner Briefe, oder doch aus Verstimmung über einzelne ganz ungehörige, mich kränkende Bemerkungen. So auch in Deinem längeren Briefe, der Deinen Besuch bei Tante Lise schilderte. Was soll es heißen wenn Du mir, in Bezug auf eine aus 3 Personen bestehende Gesellschaft, in der noch nicht zwei Flaschen Medoc Cautenac à 12 ½ Sgr. getrunken wurden, kurz und feierlich schreibst: „*So* hatte ich mir unsre Zukunft gedacht." Was soll ich mit solchem

Satze machen? Daran knüpfst Du dann, ganz trocken, die Äußerung „dass wir also *Deinen* Maraschino ausgetrunken hätten". Wenn dies alles möglicherweise nicht böse gemeint gewesen ist, so kann ich bloß sagen: Gebildete Menschen drücken sich eben so aus, dass ihre Worte nicht missverstanden werden können. Ich will den sehen, der aus zwei solchen Sätzen, wie die vorstehend zitierten, Humor oder Harmlosigkeit herauslesen kann. Ich bilde mir ein, mich auf beide zu verstehn. Meine liebe Frau; es ist im Großen und Kleinen das alte Lied. Du reizt mich bis aufs Blut und wunderst Dich hinterher, wenn ich heftig und bitter werde, Du machst ein böses Gesicht und wunderst Dich, wenn ich Dir aus dem Wege gehe, Du verhältst Dich ablehnend und wunderst Dich, wenn ich nicht zärtlich bin. Natürlich bin ich auch zu Zeiten unzärtlich, ohne vorher einer Nüchternheit begegnet zu sein, aber das ist nicht zu ändern, weil es eben so in der menschlichen Natur wie ganz besonders in unsren Lebensverhältnissen liegt. Wenn ich bei einer Arbeit nicht von der Stelle kann, oder das Gefühl des Misslungenen habe, so bedrückt das mein Gemüt und aus bedrücktem Gemüt heraus kann ich nicht nett, quick, elastisch und liebenswürdig sein, aber das müsstest Du auch, wenn Du Dich ein bisschen auf meine Art verstündest, gar nicht von mir fordern. Dass ich Dich liebe, weißt Du, dass ich es Dir tausendfältig gezeigt habe, wirst Du nicht wohl bestreiten können; an diesem schönen Bewusstsein müsstest Du genug haben und als kluge Frau wissen, in 24 Stunden ist das alles vorüber. Stattdessen zeigst Du Deine ganz und gar unberechtigte Verstimmung, die mich nun erst wirklich verdrießlich und aus dem tristen Tage ein[e] triste Woche macht. Wenn Du doch all dies einsehn, wenn Du Dich doch nicht in der Vorstellung verblenden wolltest, dass Du *„a lone, lorn woman"*, eine arme, zurückgesetzte Kreuzträgerin wärest. Es ist ja alles bittre Torheit; Du bist eine durch Deinen Mann, Deine Kinder, Deinen Lebensgang und Deine Lebensstellung unendlich bevorzugte Frau. Es gibt wenige, die es so gut getroffen haben. Dass Du das Glück nach der Zahl der Geldrollen bemessen solltest, für so *inferior* halte ich Dich nicht, habe auch keine Ursach dazu.

Nun zu speziellen Dingen, zu denen das Vorstehende, in seiner Allgemeinheit, doch eine gute Einleitung bildet.
Martha reist am 26.; da Tante Below, wie Du aus beiliegendem Briefe ersehen wirst, in Ilsenburg ist, so fallen die drei Ludwigsluster Tage fort, und Martha wird also entweder am 26. oder 27. hier eintreffen. Es wäre danach wünschenswert, Du kämest am 23., morgen über 8 Tage, Du bist dann gerade sechs Wochen fort. Ich erwarte Dich mit alter Liebe, die ich immer für Dich in meinem Herzen habe, auch wenn ich Dir die bittersten Dinge sage, Dinge, die ich leider auch heute nicht zurücknehmen kann. Denn die Zuneigung ist etwas Rätselvolles, die mit der Gutheißung dessen, was der andre tut, in keinem notwendigen Zusammenhange steht. Natürlich wird es bei gebildeten Menschen immer dahin kommen, dass die Gutheißung den natürlichen Herzenszug unterstützt und umgekehrt, wenn sie konsequent ausbleibt, diesen Herzenszug auswurzelt und tötet.
Du wirst, bei Deiner Rückkehr, mir gleich zeigen können, ob ich noch wieder auf friedliche, glückliche Tage rechnen kann oder nicht. Meine Angelegenheit hat sich mittlerweile entschieden; am 2. August, am Tage vor der Akademiefeier, erhielt ich die amtliche Mitteilung, dass der Kaiser meine Entlassung genehmigt habe, und dass ich nur noch die Ernennung eines Nachfolgers abzuwarten hätte. Im ersten Augenblicke war es mir Deinetwegen leid; ich hatte mich seit fünf, sechs Wochen derartig eingearbeitet, dass ich es für möglich hielt, die Sache auszuhalten, und in der äußren Lebenssicherheit ein Äquivalent für das erblickte, was ich, auch im glücklichsten Falle, hätte begraben müssen, ein Äquivalent für mein aufzugebendes Schriftstellertum. Aber was ich seit 14 Tagen nun wieder erlebt, zeigt mir, wie richtig meine ersten Eindrücke waren. Es ist ein durch und durch verloddertes, unsagbar elendes, von einem anständigen Menschen gar nicht zu tolerierendes Institut. Ich sehe ganz klar, wie es geändert werden könnte, aber zu dieser Änderung wird es auch nicht kommen, weil das Ministerium in seiner dummen Knickerei, in seiner unfreien Behandlung aller dabei in Betracht kommenden Fragen, an dem Jammerzustand

geradeso viel Schuld trägt wie die Akademie selbst. Ich ersehne den Moment, wo ich aus dieser wichtigtuerischen Hohlheit, aus diesem Nichts, das mit Feierlichkeit bekleidet wird, wieder heraus sein werde. Dinge, Personen, Zustände sind alle gleich unerquicklich. Ich passe in solch dummes Zeug nicht hinein und will mich lieber weiter quälen. Eine gute Theaterkritik, um das Kleinste herauszugreifen, ist viel, viel besser als diese Reskripte-Fabrikation, bei denen ich noch nichts Erfreuliches habe herauskommen sehn. Übrigens spreche ich über diese Dinge zu niemand, am wenigsten in diesem Ton. Die Welt verlangt nun mal ihre Götzen. Meinetwegen, wenn ich sie nur nicht mitanzubeten brauche. […]
Eine Fülle neuer Arbeiten ist angefangen, und mir ist nicht so zu Mut, als würde ich mit Nächsten in den Skat gelegt werden. Im Gegenteil. Die Unsicherheit bleibt; es wäre lächerlich, sie fortdemonstrieren zu wollen; aber sie erschreckt mich nicht. Unsicher oder nicht, *der* Satz bleibt schließlich bestehen, dass ein Mann von Talent und Wissen, der fleißig ist und zu schreiben versteht, im Stande ist, sein täglich Brot zu verdienen. Hat er es mal knapper, nun so muss es knapper gehn; aber immer werden auch wieder hellere Tage kommen, die für Ausgleich sorgen. Es ist bisher gegangen, gut gegangen, und ich sehe nicht ein, warum es nicht weiter gehen soll. Die einzige Gefahr liegt bei Dir. Nimm mir die Stimmung, und ich bin verloren. Ich beschwöre Dich, dass Du dessen eingedenk bist und das Deine tust, mich schwimmfähig zu erhalten.

Dein Th. F.

Gottfried Keller

(1819-1890)

an Luise Rieter

Der große Schweizer Novellist Gottfried Keller verliebte sich kurz hintereinander in die Schwägerin eines Freundes, der er seine Liebe nie gestand, und in die Schweizerin Luise Rieter, die ihn äußerst schroff zurückwies. Beide lernte er kennen, als er nach dem vergeblichen Versuch, in München als Landschaftsmaler Fuß zu fassen, aus Geldnot nach Zürich zurückgekehrt war und dort seine schriftstellerische Karriere vorantrieb.

Hottingen, 16. Oktober 1847

Verehrteste Fräulein Rieter!
Erschrecken Sie nicht, dass ich Ihnen einen Brief schreibe und sogar einen Liebesbrief, verzeihen Sie mir die unordentliche und unanständige Form desselben, denn ich bin gegenwärtig in einer solchen Verwirrung, dass ich unmöglich einen wohlgesetzten Brief machen kann, und ich muss schreiben, wie ich ungefähr sprechen würde. Ich bin noch gar nichts und muss erst werden, was ich werden will, und bin dazu ein unansehnlicher armer Bursche: Also habe ich keine Berechtigung, mein Herz einer so schönen und ausgezeichneten jungen Dame anzutragen, wie Sie sind, aber wenn ich einst denken müsste, dass Sie mir doch ernstlich gut gewesen wären, und ich hätte nichts gesagt, so wäre das ein sehr großes Unglück für mich, und ich könnte es nicht wohl ertragen. Ich bin es also mir selbst schuldig, dass ich diesem Zustande ein Ende mache; denn denken Sie einmal, diese ganze Woche bin ich wegen Ihnen in den Wirtshäusern herumgestrichen, weil es mir Angst und Bang ist, wenn ich allein bin. Wollen Sie so gütig sein und mir mit zwei Worten, ehe Sie verreisen, in einem Billet sagen, ob Sie mir gut sind oder nicht? Nur damit ich etwas weiß; aber um Gottes Willen bedenken Sie sich nicht etwa, ob Sie es vielleicht werden könnten! Nein,

wenn Sie mich nicht schon entschieden lieben, so sprechen Sie nur ein ganz fröhliches Nein aus, und machen Sie sich herzlich lustig über mich; denn Ihnen nehme ich nichts übel, und es ist keine Schande für mich, dass ich Sie liebe, wie ich es tue. Ich kann Ihnen schon sagen, ich bin sehr leidenschaftlich zu dieser Zeit und weiß gar nicht, woher alle das Zeug, das mir durch den Kopf geht, in mich hineinkommt. Sie sind das allererste Mädchen, dem ich meine Liebe erkläre, obgleich mir schon mehrere eingeleuchtet haben; und wenn Sie mir nicht so freundlich begegnet wären, so hätte ich mir vielleicht auch nichts zu sagen getraut. Ich bin sehr gespannt auf Ihre Antwort, ich müsste mich sehr über mich selbst wundern, wenn ich über Nacht zu einer so holdseligen Geliebten gelangen würde. Aber genieren Sie sich ja nicht, mir ein recht rundes, grobes Nein in den Briefeinwurf zu tun, wenn Sie nichts für [mich] sein können; denn ich will mir nachher schon aus der Patsche helfen. Es ist mir in diesem Augenblick schon etwas leichter geworden, da ich direkt an Sie schreibe und ich weiß, dass Sie in einigen Stunden dieses Papier in Ihren lieben Händen halten. Ich möchte Ihnen so viel Gutes und Schönes sagen, dass ich jetzt gleich ein ganzes Buch schreiben könnte; aber freilich, wenn ich vor Ihren Augen stehe, so werde ich wieder der alte unbeholfene Narr sein, und ich werde Ihnen nichts zu sagen wissen.

Soeben fällt es mir ein, dass man mir vorwerfen könnte: Ich hätte wegen einiger scherzhaften Beziehungen und mir erwiesener Freundlichkeit nicht gleich an ein solches Verhältnis zu denken gebraucht; aber ich habe lange genug nichts gesagt und einen traurigen und müßigen Sommer verlebt, und ich muss endlich wieder in mich selbst zurückkehren. Wenn mich eine Sache ergreift, so gebe ich ihr mich ganz und rücksichtslos hin, und ich bin kein Freund von den neumodischen Halbheiten. Aber ich muss schließen. Nochmals bitte ich Sie, verehrtes Fräulein, sich nicht an der Verworrenheit dieses Briefes zu stoßen: Es ist gewiss nicht Mangel an Dezenz oder Respekt, sondern nur mein Gemütszustand. Im glücklichen Falle werde ich dann schon einen vernünftigen und klaren Brief schreiben, denn ich bin eigentlich sonst ganz vernünftig. Wollen Sie also die Güte haben, ein Zettelchen mit zwei Worten in den Briefeinwurf zu tun, und das so bald als möglich; denn, wie gesagt, *ohne sich im Mindesten zu bedenken*, wenn Sie ungewiss zu sein glauben; das Zukünftige wird sich dann schon geben. Leben Sie wohl und grüßen Sie die verehrte Frau Professor Orelli von mir, und halten Sie einem armen Poeten etwas zu gut!

Ihr ergebener Gottfried Keller.

Lev Tolstoj

(1828-1910)

an seine Frau Sophia

Während der Ehe mit seiner Frau, der deutschstämmigen Sophia Andrejevna Behrs, schrieb Tolstoj seine zwei bedeutendsten Werke, Krieg und Frieden *und* Anna Karenina. *Bei der Eheschließung war er 37, sie 18. Zu Schwierigkeiten in der Ehe kam es hauptsächlich wegen Tolstojs eigener Krise aufgrund seiner Auseinandersetzung mit der Religion. Auch war seine Frau nicht damit einverstanden, dass er seinen Privatbesitz und die Rechte an seinen Werken zugunsten der Allgemeinheit abtreten wollte. Im Alter von 82 Jahren verließ er heimlich seine Familie, verabschiedete sich brieflich von seiner Frau und starb auf der Reise nach Süden an einer Lungenentzündung.*

Gouvernement Samara, den 18.Juni 1871

Seit ich hierherkam, befällt mich täglich um sechs Uhr abends eine Schwermut wie ein Fieber, eine körperliche Schwermut, es kommt mir dann so vor – ich kann die Empfindung gar nicht besser beschreiben – als trenne sich die Seele vom Körper. Der seelischen Sehnsucht nach Dir erlaube ich gar nicht, ihr Haupt zu erheben. Ich denke niemals an Dich und an die Kinder, und das erlaube ich mir deshalb nicht, weil ich jeden Augenblick dazu bereit bin. Und würde ich nur damit anfangen, ich würde sofort abreisen …

Gouvernement Samara, September 1876

… Ich weiß, dass es Dir schwer und schrecklich zumute ist, ich sah aber auch, welche Gewalt Du Dir antatest, um mir nicht hinderlich zu sein, und, wenn das möglich wäre, würde ich Dich dafür noch mehr lieben. Möge Gott Dir vergönnen, diese Zeit in guter Gesundheit und tüchtiger Tätigkeit zuzubringen. Der Herr habe Erbarmen mit Dir und mit mir.

Jassnaja Poljana, den 14. Juli 1910, Morgens

… Ich könnte noch weiter so leben, wenn ich Deine Leiden ruhig zu ertragen vermöchte. Das kann ich aber nicht. Gestern verließest Du in Aufregung und leidend das Zimmer. Ich wollte mich schlafen legen, ich begann aber, nicht eigentlich an Dich zu denken, vielmehr Dich zu erfühlen, und ich schlief nicht ein und horchte bis ein Uhr, bis zwei Uhr. Dann erwachte ich wiederum und lauschte von Neuem, und im Schlaf oder fast im Schlaf sah ich Dich. Denke einmal ruhig nach, lieber Freund, höre auf Dein Herz, fühle, und Du wirst alles so entscheiden, wie es entschieden sein muss. Von mir aber kann ich nur sagen, dass ich meinerseits alles bereits so entschieden habe, und dass ich anders nicht handeln kann. Ich bitte Dich, meine Liebe, nicht darum, andere nicht zu quälen, vielmehr Dich selber zu schonen. Denn Du leidest hundertmal mehr als alle andern. Das ist auch alles.

Jassnaja Poljana, den 28. Oktober 1910

… Meine Abreise wird Dir Kummer bereiten, das tut mir leid, Du musst aber begreifen und mir glauben, dass ich nicht anders handeln konnte. Meine Lage hier im Hause wird unerträglich … Ich kann nicht mehr in den Verhältnissen des Luxus leben, in denen ich bisher lebte, und tue jetzt das, was gewöhnlich Greise meines Alters tun: Sie ziehen sich vom Leben in der Welt zurück, um die letzten Tage ihres Daseins in Einsamkeit und

Stille zu verbringen. Bitte begreife das und reise mir nicht nach, wenn Du erfährst, wo ich bin. Deine Ankunft wird meinen Entschluss auch gar nicht umstoßen. Ich danke Dir dafür, dass Du achtundvierzig Jahre mit mir in Ehren gelebt hast, und bitte Dich, mir alles zu verzeihen, worin ich vor Dir schuldig ward, so wie ich von ganzer Seele Dir das verzeihe, worin Du etwa vor mir schuldig sein könntest. Ich rate Dir, Dich in die neue Lage zu finden, in die Dich meine Abreise stellt, und keine unfreundliche Gesinnung gegen mich zu hegen …

Mark Twain (Samuel Langhorne Clemens)

(1835-1910)

an Olivia Langdon*

Nach zahlreichen Reisen durch Amerika fand Mark Twain seine Ehefrau an der Ostküste, in Elmira im Staate New York. Ihr Bruder stellte die beiden einander vor. Obwohl der hier abgedruckte frühe Brief an sie nicht gerade auf einen vielversprechenden Anfang ihrer Beziehung hindeutet, heiratete Twain Olivia Langdon und lebte bis zu ihrem Tod glücklich.

September 1868

Verehrte „Schwester“,
es drängt mich sehr, Dir zu sagen, wie dankbar ich Dir und Euch allen für die Geduld bin, für die Rücksichtnahme und die immerwährende Freundlichkeit, die Ihr mir erwiesen habt, seit ich zum ersten Mal Euer Haus betrat, und die die letzten zwei Wochen zur einzigen Zeitspanne in meinem Leben gemacht haben, an der ich nichts bedauern kann. Nichts bedauern kann. Ich sage es mit Absicht. Denn ich bedauere nicht, dass ich Dich

* Übersetzung aus dem Amerikanischen von Sabine Anders

geliebt habe, Dich immer noch liebe und auch immer lieben werde. Ich akzeptiere die Situation, ohne mich zu beschweren, so hart sie auch für mich ist. Seit jeher bin ich mit Trauer, Unglück und Enttäuschungen vertraut und habe Schwierigkeiten ertragen, wie es sich für einen Mann gehört. Auf die gleiche Weise werde ich auch diese letzte und bitterste ertragen, auch wenn sie mein Herz bricht. Ich würde diese wertvollste Liebe, die je in mir entstanden ist, nie mit knabenhaften Gedanken, Worten oder Taten entehren. Es ist besser, Dich geliebt und verloren zu haben, als dass mein Leben für immer so leer geblieben wäre, wie es zuvor war. Wenigstens ein einziges Mal in all den Jahren, die untätig an mir vorübergezogen sind, habe ich die Welt in ihrer ganzen Schönheit gesehen und erfahren, was es heißt, zu hoffen. Ein einziges Mal habe ich erfahren, wie es sich anfühlt, wenn meine trägen Regungen zu einem lebendigen Ehrgeiz erwachen. Die Welt, die so schön war, ist wieder dunkel; die Hoffnung, die wie die Sonne schien, ist erloschen; der tapfere Ehrgeiz ist tot. Und doch sage ich es noch einmal, es ist besser für mich, dass ich Dich geliebt habe und liebe; dass ich Dich mit mehr als heidnischer Verehrung anbete; dass ich alles von meinem Leben, das lebenswert ist, auf diesem hoffnungslosen Altar aufopfere, auf dem kein Feuer der Liebe entfacht werden wird, um es zu verzehren. Wenn Du nur –

Doch genug davon. Ich habe nur aus dem Impuls heraus gesprochen, der Menschen dazu treibt, über das große Unglück, das sie befallen hat, zu sprechen, um sich dadurch Erleichterung zu verschaffen. Ich könnte es nie sagen, um Dir Schmerz zuzufügen. Die Worte sind gesagt, und sie treffen auf vergebende Ohren. Um Deinetwillen sei es meiner Zunge und meinem Stift von nun an verboten, sie je zu wiederholen.

Und so verlange ich ab jetzt lediglich, dass Du mir erlaubst, meine Worte mit der gleichen einfachen und heiligen Liebe an Dich zu richten, die ein Bruder für seine Schwester empfindet. Ich bitte Dich, dass Du mir manchmal schreibst, wie an einen Freund, von dem Du glaubst, dass er alles Menschenmögliche tun wird, um Deiner Freundschaft würdig zu sein – oder wie zu einem Bruder, von dem Du weißt, dass er die Ehre seiner Schwester genauso hoch hält wie seine eigene, dass ihre Wünsche sein Gesetz sind, dass ihre reinen Urteile mehr zählen als seine blinde Lebenserfahrung. Dass ich jetzt ohne Ruder dahintreibe, verheißt nichts Gutes für meine Reise, aber solange der freundschaftliche Lichtstrahl Deiner schwesterlichen Liebe, wenn auch noch so schwach, durch die Nebel hindurch scheint, kann ich keinen rettungslosen Schiffbruch erleiden. Ich werde Dein Vertrauen nicht dadurch enttäuschen, dass ich in zukünftigen Briefen diese tote Liebe wieder erwähnen werde, deren Requiem ich singe. Nein, ich werde Dich nicht kränken. Ich werde Dich nicht missverstehen.

Meine verehrte Schwester, Du bist so gut und so schön, und ich bin so stolz auf Dich! Gib mir ein kleines Plätzchen in diesem Deinen großen Herzen – nur das kleine, das Du mir versprochen hast. Und wenn ich es nicht verdiene, möge ich für immer der heimatlose Vagabund bleiben, der ich bin! Solange nur Du und Mutter Fairbanks mich ab und zu schimpfen und tadeln, werde ich mir einen Weg durch die Welt bahnen, mach Dir deswegen keine Sorgen. Schreib mir ab und zu *irgendetwas* – Texte aus dem Neuen Testament, wenn Dir nichts anderes einfällt – oder eine Abhandlung über das Laster des Rauchens, oder Auszüge aus dem Prediger – *irgendetwas*, egal was. Der Gedanke, dass meine einzigartige Schwester es geschrieben hat, reicht. Wenn Du mir einen Vorschlag machst, werde ich ihm nachgehen; wenn es eine Anweisung ist, werde ich sie ausführen; wenn es ein Befehl ist, werde ich ihn befolgen oder in dem Versuch meine Kräfte aufbrauchen.

Und nun leb wohl, meine kostbare Schwester. Mögen all die Sorgen, die das Schicksal Dir bestimmt hat, auf meinen dummen Kopf fallen, der so froh und stolz wäre, sie an Deiner Stelle zu ertragen. Ich lasse Dich in der Obhut der Engel, denn obwohl Du eine Tochter der Erde bist, schweben sie in Schwärmen um Dich herum; sie sind immer bei Dir und so wie Du.

In Aufrichtigkeit und Liebe,
Saml. Clemens

Peter Tschaikowsky
(1840-1893)

an Nadeshda Philaretowna von Meck

Trotz seiner Homosexualität heiratete Tschaikowsky im Juli 1877 Antonina Milijukova, blieb aber nur drei Monate mit ihr zusammen. Die kurze Ehe, die nie geschieden wurde, brachte ihn an den Rand des Selbstmords. Anfang desselben Jahres hatte er den ersten Brief von Nadeschda Philaretowna von Meck erhalten, der reichen Witwe eines Industriellen, die ihn von da an finanziell förderte. Die beiden pflegten eine offenherzige Brieffreundschaft, aber persönlichen Treffen mit ihr ging Tschaikowsky aus dem Weg. 13 Jahre später beendete von Meck abrupt die Freundschaft und zog ihre finanzielle Unterstützung zurück, möglicherweise, weil sie von Tschaikowskys Homosexualität erfuhr. Er widmete ihr seine vierte Sinfonie.

Venedig, den 21. Dezember 1877

Ich habe nicht nur tüchtig an der Instrumentierung unserer Sinfonie gearbeitet, sondern bin ganz in dieser Arbeit versunken. Noch niemals hat mich eins meiner Orchesterwerke so viel Mühe gekostet, aber ich habe mich auch noch niemals einer Arbeit mit so viel Liebe hingegeben. Ich habe eine angenehme Überraschung erlebt bei Inangriffnahme der Arbeit. Zuerst arbeitete ich eher darum, weil die Sinfonie doch einmal zu Ende gebracht werden musste, wie schwer mir das auch fallen mochte. Aber nach und nach ergriff mich Begeisterung, und jetzt fällt es mir schwer, mich von der Arbeit loszureißen. Teure, liebe Nadeshda Philaretowna, vielleicht irre ich mich, aber mir scheint, dass diese Sinfonie etwas nicht ganz Gewöhnliches ist, dass sie das Beste ist, was ich jemals geschrieben habe. Wie froh bin ich, dass es unsere Sinfonie ist, und dass Sie beim Hören wissen werden, dass ich bei jedem Takt an Sie gedacht habe. Wenn Sie nicht wären, ob ich sie wohl je zu Ende gebracht hätte? In Mos-

kau, als ich dachte, mit mir sei alles zu Ende, habe ich auf den Erstentwurf folgende Inschrift gemacht, die ich vergessen hatte und die mir erst jetzt, bei Wiederaufnahme der Arbeit, unter die Augen gekommen ist: „Ich wünsche, dass im Falle meines Todes dieses Heft Frau Nadeshda Philaretowna von Meck übergeben werde.“ Ich wollte, dass die Handschrift meines letzten Werkes in Ihren Händen ruhe. Nun lebe ich nicht nur und bin heil und gesund, sondern kann mich – dank Ihnen – ganz meiner Arbeit widmen, und dies in dem Bewusstsein, dass unter meiner Feder ein Werk entsteht, das, wie mir scheint, nicht dem Vergessen anheimfallen wird. Vielleicht aber irre ich mich auch; Begeisterung über sein letztes Werk ist wohl jedem Künstler eigen. Liebe Freundin, seien Sie mir nicht böse, wenn ich bis zum Abschluss der Arbeit Ihnen ein wenig seltener und kürzer schreibe. Die Arbeit ermüdet mich so, dass mir des Abends sogar das Lesen schwerfällt und die Augen schmerzen.
Auf Wiedersehn.
In Liebe und tiefer Ergebenheit

P. T.

Clarens, den 25. März 1878

Ihr Brief hat mich tief gerührt. Die glücklichsten Augenblicke meines Lebens sind jene, in denen ich sehe, dass meine Musik Menschen, die ich liebe und deren Anteilnahme mir wertvoller ist als Ruhm und Massenerfolg, ans innerste Herz greift. Ich brauche nicht zu sagen, dass Sie der Mensch sind, den ich mit allen Kräften meiner Seele liebe, da ich noch nie im Leben eine Menschenseele getroffen habe, die so feinfühlig auf jeden meiner Gedanken, auf jeden Schlag meines Herzens erwidert hätte. Die Liebe und Anteilnahme meiner fernen Freundin ist zum Eckstein meines Daseins geworden. Und wenn ich komponiere, habe ich immer im Sinn, dass Sie es einmal hören und erfühlen werden, was ich gerade schreibe … Grundlos fürchten Sie, die Zärtlichkeiten, die Sie in Ihrem Briefe äußern, könnten mich befremden. Da ich sie von Ihnen empfange, macht mich nur ein Gedanke verlegen: dass ich Ihrer nicht wert bin.

Was den Übergang zum Du betrifft, so kann ich mich einfach nicht dazu entschließen. Es würde mich verlegen machen, Sie mit dem vertraulichen Du anzureden, es würde also eine Bedingtheit entstehen, die ich in unseren Beziehungen vermeiden möchte. Jedenfalls, ob wir uns Sie oder Du sagen, das Gefühl meiner tiefen, unendlichen Liebe zu Ihnen bliebe durch die Formänderung unbeeinflusst. So entscheiden Sie, wie es sein soll.

In unendlicher Liebe Ihr P. T.

Oscar Wilde

(1854-1900)

an Lord Alfred Douglas (Bosie)*

Trotz seiner Ehe mit Constance Lloyd hatte der irische Literat und Ästhet Oscar Wilde Affären mit verschiedenen Männern, unter ihnen Lord Alfred Douglas. Die langjährige Liebesbeziehung zu dem jungen Adligen sollte zu Wildes Ruin führen: Der Schriftsteller zeigte Douglas' Vater wegen Verleumdung an, nachdem dieser ihn öffentlich der Homosexualität – und damit eines Verbrechens im damaligen England – bezichtigt hatte. Es kam zu einem Gerichtsprozess, der damit endete, dass Wilde wegen Unzucht zu zwei Jahren Zuchthaus und Zwangsarbeit verurteilt wurde, die seine Gesundheit ruinierten. Drei Jahre nach seiner Haftentlassung starb Oscar Wilde in Paris. Bis heute ist er eine Ikone der Homosexuellenbewegungen geblieben.

[um den 16. April 1894]

Mein Liebster Junge, gerade habe ich Dein Telegramm erhalten. Es hat mir große Freude gemacht, aber ich vermisse Dich so sehr. Der frohgemute, güldene, großmütige Junge ist fort – und

* Übersetzung aus dem Englischen von Katharina Maier

alle anderen verabscheue ich. Auch finde ich mich in den purpurnen Tälern der Verzweiflung wieder, und keine Goldmünzen fallen vom Himmel, um mich aufzuheitern. London ist ein sehr gefährlicher Ort: Gerichtsdiener kriechen in der Nacht aus ihren Löchern und gerichtsdienern, das Gebrüll der Gläubiger im Morgengrauen ist markerschütternd, und die Anwälte bekommen Tollwut und werden bissig.
Wie sehr ich Dich beneide, der Du unter Giottos Turm sitzt oder in der Loggia und jenen grün-goldenen Gott Cellinis betrachtest. Bestimmt schreibst Du Gedichte wie Apfelblüten.
Das *Yellow Book* [Literaturzeitschrift, mit der Wilde assoziiert war] ist erschienen. Es ist langweilig und abscheulich, ein großer Reinfall. Ich freue mich ja so!
Immer, mit viel Liebe, der Deine

Oscar

[Juli 1894]

Mein Junge, mein Lieber, mein Eigen, ich hoffe, Du hast die Zigaretten unbeschadet erhalten. Ich habe heute mit Gladys de Grey, Reggi und Aleck Yorke zu Mittag gegessen. Sie möchten, dass ich am Donnerstag mit ihnen nach Paris fahre: Sie sagen, man trägt Flanell und Strohhüte und diniert im Bois. Aber natürlich habe ich wie üblich kein Geld und kann nicht mitkommen. Und außerdem will ich Dich sehen. Es ist wirklich absurd. *Ich kann ohne Dich nicht leben.* Du bist so lieb, so wundervoll. Ich denke den ganzen Tag an Dich, ich vermisse Deine Anmut, Deine jungenhafte Schönheit, die blitzende Schärfe Deiner Zunge, die zarten Höhenflüge Deines Genies, so überraschend und schwalbengleich, ob nach Norden oder Süden, ob der Sonne entgegen oder dem Mond – vor allem anderen aber vermisse ich Dich. Das Einzige, was mich tröstet, sind die Worte der Sibylle aus der Mortimer Street (die die Sterblichen Mrs Robinson nennen). Wenn ich an ihr zweifeln könnte, würde ich es tun, aber ich kann nicht, und ich weiß, dass wir beide, Du und ich, Anfang Januar zusammen zu einer langen Reise aufbrechen werden, und dass Dein wundervolles Leben auf immer mit meinem

verwoben ist. Mein lieber, herrlicher Junge, ich hoffe, Du bist brillant und glücklich. [...]
Schreib mir eine Zeile und nimm all meine Liebe entgegen, jetzt und auf ewig.
Für immer und voller Hingabe … doch ich habe keine Worte dafür, wie sehr ich Dich liebe.

Oscar

[13. August 1894]

Mein Junge, mein Liebster, mein Eigen, wie lieb von Dir, mir jenes bezaubernde Gedicht zu schicken. Ich kann Dir gar nicht sagen, wie sehr es mich berührt; es ist voll von jener leichten, lyrischen Anmut, die Dich stets auszeichnet – und die jenen immer so einfach erscheint, die nicht begreifen, wie schwer es ist, die weißen Füße der Poesie so federleicht zwischen den Blumen tanzen zu lassen, ohne sie zu zertreten; während sie in den Augen jener, „die wissen" [Bezug auf Dantes *Inferno*, iv, 131], teuer und einzigartig ist. Ich meinerseits tue hier nichts anderes als baden und Stücke schreiben. Mein Schauspiel ist wirklich sehr lustig: Ich bin ausgesprochen angetan davon. Aber es ist noch nicht ausgereift. Es liegt in sibyllinischen Blättern im Raum verstreut, und Arthur hat schon zweimal alles ins Chaos gestürzt, weil er „aufräumen" wollte. Das Resultat war allerdings ziemlich dramatisch. Ich bin geneigt, zu glauben, das *Chaos* ein deutlicherer Beweis für die Existenz eines Vernunftbegabten Schöpfers ist als *Kosmos*; ich denke, diese Theorie muss ausgebaut werden. [...]
Lieber, lieber Junge, Du bist mir mehr als irgendeiner von ihnen sich überhaupt vorstellen kann; Du bist die Aura von Schönheit, durch die ich das Leben wahrnehme; Du bist die Fleischwerdung von allem, was schön ist. Wenn wir uns im Missklang befinden, dann verliert für mich die Welt alle Farbe; doch wir sind ja niemals wirklich im Missklang. Ich denke an Dich Tag und Nacht.
Schreib mir bald, mein Junge mit dem Honighaar! Ich bin immer, voller Hingabe, der Deine,

Oscar

Die folgenden Briefe schrieb Wilde im Gefängnis an Douglas, der sie zu Wildes Rehabilitierung veröffentlichen wollte, was nur in Frankreich möglich war; die Briefe wurden zu diesem Zweck ins Französische übersetzt und erst Jahre später aus dem Französischen wieder ins Englische übertragen; die englischen Originale sind nicht erhalten.

Montagabend [29. April 1895]

Mein liebster Junge. Ich schreibe Dir diesen Brief, um Dich meiner unsterblichen, meiner ewigen Liebe zu versichern. Morgen ist alles vorbei. Wenn Gefängnis und Unehre mein Schicksal sein sollten, dann denke daran, dass meine Liebe für Dich und der Gedanke, dieser noch göttlichere Glaube daran, dass Du mich wiederliebst, mich im Angesicht dieses Unbills bestehen lassen und mich, so hoffe ich, dazu befähigen werden, mein Leid geduldig zu ertragen. Da die Hoffnung, nein, vielmehr die Gewissheit, dass ich Dich in irgendeiner anderen Welt eines Tages wiedersehen werde, das Ziel und der Antrieb meines gegenwärtigen Lebens ist – ach! so muss ich wohl weiterhin in dieser Welt aushalten. [...]

Was Dich betrifft (mein Anmutiger, dessen großes Herz dem des Christus gleicht), was Dich betrifft, ich flehe Dich an, sobald Du alles getan hast, was Du tun kannst, geh' fort nach Italien, gewinne Deine Gelassenheit zurück und schreibe diese wundervollen Gedichte, die Dir mit so eigenartiger Eleganz aus der Feder fließen. Setze Dich nicht den Engländern aus, um nichts auf der Welt willen. Gäbe es eines Tages auf Korfu oder auf irgendeiner verwunschenen Insel ein kleines Häuschen, wo wir zusammen leben könnten – oh! das Leben wäre süßer denn je. Deine Liebe hat breite Schwingen, und sie ist stark, Deine Liebe ist das Licht aller meiner Stunden. Sollte das Schicksal gegen uns sein, werden jene, die nicht wissen, was Liebe ist, schreiben, ich hätte einen schlechten Einfluss auf Dein Leben gehabt, ich weiß. Wenn sie das tun, dann sollst Du schreiben, wenn die Reihe an Dir ist, zu reden, dass dem nicht so ist. Unsere Liebe war immer schön und edel, und wenn ich das Opfer einer furchtbaren Tragödie geworden bin, dann, weil die Natur dieser Liebe nicht verstanden worden ist. In Deinem Brief von heute Morgen sagst Du etwas, das mir Mut gibt. Ich darf es nicht vergessen. Du schreibst, dass es meine Pflicht Dir gegenüber und mir selbst gegenüber ist, trotz allem weiterzuleben. Ich denke, das ist wahr. Ich werde es versuchen, und ich werde es schaffen.

[...] Oh! dass ich leben möge, um Dein Haar und Deine Hände zu berühren! Ich glaube, dass unsere Liebe über mein Leben wachen wird. Sollte ich sterben, dann möchte ich, dass Du ein friedvolles Leben führst, irgendwo, wo es Blumen gibt und Bilder und Bücher und viel Arbeit. Sieh zu, mich bald etwas von Dir hören zu lassen. Ich schreibe Dir diesen Brief und leide sehr; der heutige Tag vor Gericht hat mich sehr erschöpft. Oh, warte auf mich! Warte auf mich! Ich bin, wie von dem Tage an, da wir uns zum ersten Mal sahen, voller Hingabe und mit unsterblicher Liebe der Deine,

Oscar

[Mai 1895]

Und was Dich betrifft, Du hast mich in der Vergangenheit mit der Schönheit des Lebens beschenkt und wirst mich auch in Zukunft damit beschenken, sollte es eine solche geben. Und deswegen werde ich Dir auf ewig dankbar sein, dafür, dass Du mich stets mit Deiner Bewunderung und Deiner Liebe inspiriert hast. Diese Tage der Freude waren unser Morgenrot. Jetzt, in Leid und Schmerz, in Kummer und Demütigung, ist mir, als ob meine Liebe zu Dir und Deine Liebe zu mir zwei Lebenszeichen wären, göttliche Empfindungen, die alle Bitterkeit erträglich machen. Niemand ist mir je in meinem Leben teurer gewesen als Du, nie war eine Liebe größer, heiliger, schöner ... Lieber Junge, egal, ob mich Freuden umgeben oder Gefängnismauern, Du und die Gedanken an Dich sind mein Ein und Alles. Ach! behalte mich immer in Deinem Herzen; du bist stets in meinem. Ich denke an Dich viel mehr als an mich, und wenn mich, manchmal, die Gedanken an mein schreckliches,

infames Leiden quälen, dann genügt ein Gedanke an Dich, um mich zu kräftigen und meine Wunden zu heilen. Wir wollen dem Schicksal, Nemesis oder den ungerechten Göttern allein die Schuld an allem geben, was passiert ist!
Jede große Liebe hat ihre Tragödie, und unsere hat jetzt die ihre, doch Dich gekannt und geliebt zu haben, mit solch tiefer Hingabe, Dich für einen Teil meines Lebens besessen zu haben – der einzige Teil meines Lebens, den ich jetzt noch für schön erachte – das ist mir genug. Meine Leidenschaft findet keine Worte, aber Du verstehst mich, Du allein. Unsere Seelen sind für einander geschaffen, und indem die meine die Deine in Liebe kannte, hat sie viel Böses überwunden, Vollkommenheit begriffen und ist zu dem göttlichen Sein der Dinge vorgedrungen.
Schmerz, sollte er meiner harren, kann nicht ewig währen; sicherlich werden Du und ich uns eines Tages wieder begegnen, und wenn auch mein Gesicht eine Maske des Kummers sein mag und mein Körper abgenutzt von der Einsamkeit, wirst doch Du, und Du allein, die Seele erkennen, die eine schönere ist, weil sie der Deinen begegnen durfte – die Seele des Künstlers, der in Dir sein Ideal gefunden hat, des Bewunderers der Schönheit, in dessen Augen Du ein makelloses, vollkommenes Wesen warst. Jetzt denke ich von Dir als einem goldhaarigen Jungen, in dessen Brust das Herz des Christus selber schlägt. Ich weiß jetzt, um wie vieles größer die Liebe ist als alles andere. Du hast mich das göttliche Geheimnis der Welt gelehrt.

Arthur Schnitzler

(1862-1931)

an Adele Sandrock (Dilly)

Der österreichische Dramatiker Arthur Schnitzler, dessen Werk stark von Siegmund Freuds Theorien beeinflusst wurde, hatte Affären mit zahlreichen Schauspielerinnen. Eine von ihnen, die 20 Jahre jüngere Olga Gussmann, heiratete er 1903, als ihr gemeinsamer Sohn, der Grund für die Heirat, bereits ein Jahr alt war. Aber die Ehe verlief nicht glücklich und wurde 1921 wieder geschieden; Schnitzler übernahm daraufhin alleine die Verantwortung für die beiden Kinder. Die Schauspielerin Adele Sandrock lernte er näher kennen, als sie 1893 die Hauptrolle in einem seiner Stücke übernahm. Sie war zu diesem Zeitpunkt bereits berühmt, Schnitzler dagegen noch relativ unbekannt. Die beiden erwiesen sich als gleich starke Spieler in einem turbulenten Verhältnis, das Schnitzler in seinem Einakterzyklus Reigen *festhielt. Der Selbstmord seiner Tochter im Jahre 1928 stürzte Schnitzler in eine schwere Krise und ließ ihn vereinsamen; er überlebte sie nur um drei Jahre.*

[4. Dezember 1893]

Beim Nachhausekommen find ich, mein verehrtes Fräulein, Ihren Brief, der zu Mittag gekommen sein soll – verlangt er eigentlich nach einer Antwort? Sie kennen schon meine Scheu vor den Worten, die „alle sagen, und die man allen sagt". Und wie ich jetzt da ein paar Augenblicke vor dem Briefpapier gestanden habe, die ersten Worte überdenkend, die ich Ihnen schreiben wollte – es waren doch wieder dumme, leere, unerträgliche Worte, die nicht mehr gelten, weil sie schon zu oft gegolten haben –

– und sollte ich überhaupt wagen, Ihren Brief zu verstehen? Sie müssen sich da in meinen Gedankengang hineindenken, der natürlich damit schließt: „Ich, ich, ich – gerade ich?" – Immer sehe ich Ihre merkwürdigen, unergründlichen Augen vor mir, suche sie zu deuten. Mancherlei ist darin, ich hab's Ihnen schon gesagt. Ein bisschen Spott, ein bisschen Zärtlichkeit und viel Freude am Spiel.

– Ich meine die Freude an den Spielen, mit denen wir uns über den ewigen Betrug des „ernsten" Lebens hinwegtäuschen; kunstvolles Spielen mit dem Dasein, dem Lebendigen und dem Zufall. – Und wenn man in einem Frauenauge Zärtlichkeit entdeckt, weiß man je, wem sie eigentlich gilt – ja weiß sie es selbst? Manchmal hat sie nur halb unbewusste Erinnerungen zu bedeuten, zuweilen nur Hoffnung oder Sehnsucht – und wer weiß, ob

nicht ihr Ausruf: „Ich habe gefunden" besser lauten sollte: „Ich bin müde zu suchen"? – Im Übrigen – was wären wir ohne diese süßen, lockenden Irrtümer? – Sollt es nicht unser einziges Ziel sein, Täuschungen zu glauben – statt immerwährend unangenehmen Wahrheiten nachzuspüren, an die wir schließlich auch nicht glauben würden? – Haben Sie keine Angst – ganz toll bin ich nicht – wenn Sie genau hinsehn, werden Sie sogar in allen diesen Sätzen eine verzweifelte Logik bemerken.
Aber weiterzuschreiben getraue ich mich doch nicht – da ist ein Irrgarten – und wenn man auch die Lichtung von Weitem sieht – den Ausgang kann man verfehlen. –
Vielleicht würde, was ich Ihnen sagen könnte, noch konfuser ausfallen, als was ich Ihnen zu schreiben vermag; – aber Sie werden's mir doch vielleicht erlauben?
Tausend herzliche innige Grüße

Ihr
ArthSch

Mittwoch, 6. Dezember 1893

So, hier bin ich wieder und bitte Sie vor allem um Entschuldigung, dass ich heute früh so flüchtig und am Ende gar unleserlich geschrieben habe. Aber ein paar Worte musste ich, wenn auch in aller Eile, erwidern, wenn es auch völlig klar ist, dass gerade zwei Menschen wie wir nur in mündlicher Unterredung all dieses nervöse Missverstehn vermeiden können, das in einem Briefwechsel niemals auszuschalten ist. Wenn man sich schreibt, bleibt es ja doch immer nur wie ein Hin und Her von schwarzen Buchstaben auf weißem Grund, man mag noch so sehr gewohnt sein, den hergebrachten Sinn hineinzulegen u. herauszulesen. Dann erst, wenn auch der Ton der Stimme und wenn die Augen mitzusprechen anfangen, kann man auseinander klug werden. Was bekanntlich nicht immer geschieht. Ach Gott, Adele, wenn Sie wüssten, mit was für einer ängstlichen Wut ich das hasse, was Sie die totgehetzten Worte nannten; dann würden Sie sich weder um Geschriebenes noch Gesagtes besonders viel kümmern und Ihrer Intuition vertrauen. Ich denke, wenn das eine darf, so

dürfen Sie es in der unergründlichen Tiefe Ihres künstlerischen Wesens, und am Ende wissen Sie eigentlich mehr von mir als ich selbst? Kam Ihnen das nicht in manchen Momenten so vor? – Es ist eigentlich sonderbar, wie in der Selbstbeobachtung selbst schon der Grund zu den falschen Ergebnissen liegt, welche sie liefert. Denn wie es im eignen Innern zugeht – während man sich nicht beobachtet, erfährt man ja damit gar nicht. – – Bitte sehr, nicht „wütend" sein heut Abend – und nicht sagen, dass es fast besser wäre, wir sähen uns nicht … Wenn Sie glauben, dass sich so was angenehm liest, irren Sie sich. Ich finde, es ist sehr gut, dass wir uns heute Abend sehen – denn was ein Wiedersehen zerstört, hat nie zu leben verdient. Und endlich werden Sie wahrscheinlich über diese blassen, grübligen, zuwidern, dummen Briefe lachen, die ich Ihnen schreibe – was auch gut ist. Ich sehne mich unbeschreiblich danach, wieder mit Ihnen zu reden! Wissen Sie denn auch, wie lang das ist? –
Auf Wiedersehen, auf Wiedersehen, auf Wiedersehen. Ich küsse Ihre lieben, bleichen Finger! Ich grüße Sie innig und bin der Ihre

ArthurSch

29. Dezember 1893

Wie ich mir wohl denken kann, mein süßes Dämonerl, ist Dein Brief nur geschrieben, um mich mit dem „Eigentlich" zu ärgern. Es wird gewünscht, dass ich mir die Gedankenreihe vor dem „eigentlich" vorstelle – mit Aufgebot meiner ganzen Phantasie, welche eine Spottgeburt aus Misstrauen und Leichtgläubigkeit ist.
Dilly (tragisch), Du kannst einen wirklich zur Verzweiflung bringen. – Was ich hiermit hoffentlich nicht getan habe. Hingegen will ich mir nicht versagen, Dich meiner von Sekunde zu Sekunde steigenden Sympathie zu versichern (Pose Nr. 47).
– Ins Wahrhaftige übersetzt: Ich hab Dich sehr, sehr, sehr lieb, ja wenn ich nicht für die bekannten Perlen aus der Krone fürchtete – könnte ich fast sagen, wahnsinnig lieb – auf die Gefahr hin, dass Du in … nun in irgendeiner unberechenbar fernen

Zeit, während du irgendwem, der heute noch ahnungslos ist, in den Haaren wühlst, dass Du (… bitte den Anfang des Satzes nachzusehen, sonst ist er unverständlich) Du Deiner Schwester sagst: „Erinnerst du dich, wie wir damals den Silvesterabend besprachen … und wie da einer danebensaß und Cognac trank – wie hieß er nur … ?“ – Und dann würd Dir der einen Brief schreiben, Nachmittag, und Du wirst an mich denken müssen. – Du wirst mir hoffentlich nicht den Vorwurf machen, dass ich mich sehr klar ausgedrückt habe. –

Mildernde Umstände: Erfrorenes Gehirn, verglühtes Herz. Auch war eben die Patientin da, welche blöd lacht und mich nervös macht. – Auch lese ich soeben das mir in Manuskript zugesandte Trauerspiel. – Auch liegt die kleine Veilchenblüte vor mir, die in Deinem Brief eingeschlossen war – Auch flattern die Möwen über irgendein fernes Meer – Auch sehn' ich mich nach Dir – – eigentlich

Je vous embrasse tendrement, ma bien aimée

Arth

2. Jänner 1894
Dienstag

Mein Diltsch, auf eine Weile leg ich die Blätter zur Seite, auf die ich in der letzten Stunde einiges gekritzelt*) (*) [Fußnote:] Bescheidenheit) – muss Dir zwei Worte schreiben, weil ich heute den ganzen Tag so fürchterlich ohne Dich bin, ohne den Blick Deiner süßen Augen, ohne eins deiner lieben geschriebenen Worte, ja sogar ohne das ferne ha … loooh, das mich etwas nervös und etwas glücklich macht. – Ich bleibe jetzt noch bis gegen acht zu Haus, dann geh ich zu den Saubermännern, dann vielleicht ins Central – und werde plötzlich einen ganzen langen Tag hinter mir haben, ohne die leiseste Spur einer Dilly. – Es ist aber ganz gut so, denn man kommt sonst zu gar keiner Idee, wie verschieden verschiedene Tage sein können!*) (*) [Fußnote:] Tiefsinn) Was Du heut gemacht hast, wirst Du mir wohl morgen oder übermorgen oder wann wir uns halt gelegentlich wieder einmal sehen, erzählen? – Wie Du geschlafen? den Vormittag verbracht? – Wer Dir sein Leben und seine Liebe zu Füßen gelegt? – Was für Leute, „die ich nicht kenne“ (dabei pflegst du in unqualifizierbarer Weise zu lächeln), bei Dir waren? – Ob Du mich für sehr „gemütsroh“ hältst? – Und so weiter. – Genug – ich kehre zu meiner Kritzelei*) (*) [Fußnote:] jetzt bereits Pose) zurück, werde dann noch die Briefe Goethe an die Stein lesen – (Goethe, weißt Du, Goethe, der die Rolle in Faust für Dich geschrieben u[nd] die Leonore, welche nicht im Clavigo vorkommt.)

… Also sag, kommst Du Dir jetzt sehr großartig vor, weil Du heute so gar nichts hast von Dir hören lassen? – Na, hast recht, dass Du mich nicht verwöhnst – bin schon arrogant genug. – Du süßer, einziger Diltsch! Dieser Ausruf ist nicht ernst zu nehmen. Sehr lieb hab ich Dich, das steht fest – aber offenbar spielt der Gedanke, dass Du – *la grande* etc. etc. bist, eine sehr große Rolle in der Sache … und eigentlich bin ich nur stolz, und durchaus nicht vergnügt. –

So, jetzt hat sie's. –

Leb wohl, und führe bis zu unserm Wiedersehn ein Leben, in welchem die Treue sechsmal unterstrichen ist. –

Adieu, Du Schatz! – Küsse, Küsse, Küsse

Arth

Adele Sandrock an Schnitzler

21.1.1896

Geliebter, einziger teurer, unvergesslicher Arthur!

Soeben bin ich im Begriff, nach Maria Lanzendorf zu fahren. Ich will wallfahrten und beten, dass ich wieder glücklich werde. Heute ist es ein Jahr, wo ich mich ins Unglück stürzte, ich habe schwer an Dir und an mir gesündigt – ich habe Dich – den Mann, den ich verbrecherisch liebte, elend und heimtückisch hintergangen – Dich habe ich nur dadurch befreit – mich habe ich unglücklich gemacht. Es ist ein Jahr verstrichen – aber vergessen kann ich es nicht. Ich habe schwer gelitten, Arthur – ich leide noch – ich kann Dich nicht vergessen – ein Weib, das von

Dir geküsst wurde, vergisst Dich nie! Ich habe die Schuld redlich abgebüßt, ich wurde von Dir in den Abgrund geschleudert, Du hattest kein Erbarmen mit mir. – Du hast mich elend verkommen lassen – hast mir nicht die Hand gereicht, mich zu erheben – hast mich mir selbst überlassen! Nun – ich lebe noch – aber Dein gedenke ich immer ewig. Ich liebe Dich mit derselben Glut – mit derselben Innigkeit wie vorher – auch heute möchte ich für Dich mein Leben lassen – in dieser langen schweren Zeit, wenn ein anderer Mann mich in seinen Armen umschlossen hielt, dachte ich nur an Dich – ich fühlte nur Deinen Atem, der meinen starren Körper beseelte, die Küsse, die ich empfing, sie schienen mir von Dir gegeben – und im Moment des seligen Entzückens, da sprach ich in Gedanken – bitte, bitte! Ich war bei Dir – mit meiner ganzen Liebe – mit der ganzen unbegrenzten Anbetung für Dich – ich war – ich bin Dein – und werde Dein sein – bis in den Tod! – In einer Zeit, wo ich an diesen Verhältnissen zu Grunde gehen zu glaubte, da stand Dein Bild vor mir – ein Christus erscheinst Du mir, der mir sanft und liebevoll sagte: „Verzage nicht – ich hab Dich dulden und leiden lassen – aber ich bin Dein Herr, Dein Gott, ich kann Dich wieder befreien von Deinem Elend, Du hast gesündigt, aber – ich bin größer als Du – ich vergebe Dir – ich ziehe Dich zu mir empor aus dem Schlamm – sieh mir frei ins Auge – Du liebst mich doch – ich vergebe Dir – ich bin Dein Herr, Dein Gott – Dein künftiges Leben soll eine Reihe von Demut und Qualen sein – zu meinen Füßen sollst Du büßen – aber ich verzeihe Dir – denn Du liebst mich und hast gesündigt aus Liebe zu mir."

So sprachst Du zu mir, mein Arthur – mein Kind, mein Leben – meine Welt – mein Licht – mein Alles! Was würdest Du beginnen – wenn die Tür zu Deinem Zimmer aufgerissen würde und man Dir ins Ohr brüllen würde, sie hat sich umgebracht???? Und ist denn das so ganz ausgeschlossen? Wer hat ein Recht, mich armes Geschöpf zu schelten? Ich – die ich mit dem Leben nicht fertig werden kann, gewiss nicht! Wer? Du vielleicht? Ich ging ja doch für Dich! Das alles hat wohl in unseren Kreisen niemals das mindeste Verständnis gefunden, im Gegenteil – Du

würdest hohnlachen und fröhlich sein – aber diese Fröhlichkeit ist traurig von Dir, mein guter, mein teurer Arthur! Wirst Du jetzt … „lüg nicht – sag es gedämpft – wirst Du mich noch verabscheun?“ – Arthur, meine ganze Seele – ein ganzes Herz – legt sich Dir zu Deinen Füßen. Weshalb verbitterst Du mir so das Leben? Warum fügst Du Dich nicht in das Unvermeidliche – tue, was Du längst hättest tun sollen – erhebe mich zu Dir – lass mich Deine Geliebte sein – erhebe mich in Deinen sonnigen Himmel hinein – wo Leid und Sorge vor Gottes Odem schweigt – wo Frieden ist! –
Ein reiner Engel – in hellem weißem Gewande will ich zu Dir niedersteigen vom blauen Himmel herab und dann bist Du meiner sicher! Du schweigst? Arthur, schreibe mir zwei Zeilen – ich bitte Dich darum

Deine Dilly

bis in den Tod.
Kind – ich möchte Dich sehn – wann und wo? Arthur, sei lieb – schreibe mir zwei Zeilen, wann ich Dich sehn kann!

Enrique Granados

(1867-1916)

an seine Frau Amparo (Titin)

Der spanische Pianist und Komponist Enrique Granados zählt zu den wichtigsten Erneuerern der spanischen Musik. Seiner Frau widmete er einen von den Bildern Goyas inspirierten Klavierzyklus. Auf der Heimreise von der Aufführung einer seiner Opern in New York wurde sein Schiff im Ärmelkanal von einem deutschen U-Boot torpediert und sank. Granados wurde aus dem Meer geborgen, ertrank dann aber bei dem Versuch, seine Frau ebenfalls zu retten.

(immer mehr)

Sonnabend, den 6.

Mein Schatz, stelle Dir meine Enttäuschung vor! Es ist kein Brief von meinem Himmelchen da!
Und dabei wartete ich schon eine Stunde, ehe die Post kam! Seit ich hier bin, ruhen weder mein Herz noch meine Nerven, und die Arznei war für mich schlimmer als die Krankheit. Ich müsste Dich ein klein bisschen weniger gernhaben. Die gute Laune fehlt mir gänzlich, Titin meiner Seele! Warum ist heute kein Brief von Dir angekommen?
Hast Du nicht einen einzigen Augenblick, nicht einmal fünf Minuten Zeit gehabt, mir zu sagen – sei es auch nur mit einem Bleistift –, dass Du mich liebst?
Titin, vielleicht habe ich zum Schreiben weniger Zeit als Du, doch ich komme dazu, obwohl nur in kurzen Augenblicken und mit verschiedenen Unterbrechungen. Ich fühle mich so wohl, wenn ich Dir schreibe! Es sind die einzigen guten Momente, die ich erlebe. Wenn Du von der Erleichterung wüsstest, die Du mir mit Deinem Briefchen bringst!
Denkst Du wirklich zu jeder Zeit an Deinen armen Enrique? Wenn Enrique nicht an Deiner Seite ist, bist Du zerstreut und erinnerst Dich nicht der tiefen Liebe, die Mimitos zu Dir in seinem Busen trägt? Sage mir doch, dass Du Dich meiner genauso erinnerst wie ich Deiner, und ich werde glauben, dass ich den größten aller Schätze besitze.
Gestern Abend habe ich Klavier gespielt. Der Saal war nie so voll besetzt. Jede Person der Anstalt interessiert sich für mich.
Die Frau des Malers Soler y Rovirosa ist von mir begeistert und geht überhaupt nicht mehr vom Klavier weg. Ich muss noch hinzufügen, dass hier mehr als dreißig Kinder sind, die wie Tote geschwiegen haben, als ich die ersten Töne erklingen ließ, und man konnte tatsächlich keine Fliege summen hören etc. etc. etc.
Ich war mit meinen Gedanken bei Dir und improvisierte köstliche Sachen die immer dies sagen: „Ich bete Dich an, Titin.“

Andere bedeuten „Leben meiner Seele" und wieder andere „Reiches Himmelchen!" Und vieles andere, wirklich Hübsches!
Du hast mein Herz gestohlen, mein Liebchen. Siehst Du in meinen Briefen nicht, dass ich für Dich so viel Liebe in mir trage?
Im Herzen von Titin darf nur der Name Ihres Mimitos eingeschnitten sein. Und dies steht mir auch wirklich zu, da ich so viel Deinetwegen leiden muss.
Wenn Du wüsstest, was in meinem Innern vorgeht, würdest Du sehen, *wie köstlich* es ist, Dich so zu lieben, wie ich es tue.
Meine Liebe ist wie ein Feuer, das selbst nicht von dem ausgelöscht werden kann, der es entzündet hat. Je mehr man es von dem trennt, das es nährt, umso stärker entzündet es sich. Und umgekehrt, wenn es sich meinem Leben nähert, entzündet es sich, es entzündet sich immer, immer, und wie dem auch sei, immer mehr. Immer mehr ist unser Motto, Titin …
Wie befinden sich unsere lieben kleinen Alten? Ich darf annehmen, dass der liebe Alte nichts Bedeutendes hat.
Don E. hat mir gesagt, dass wir um den 16. oder 17. herum von hier abreisen werden. Ach, Titin meines Lebens! Ich zähle so sehr die Tage, wie Du es Dir gar nicht vorstellen kannst. Ich habe unhaltbare Wünsche, meinen Himmel bald zu sehen!
Sicher hast Du nicht so große Eile.
Ich werde Dein Bildchen vom vielen Ansehen abnutzen … Dieses versteckt seine Äuglein nicht und schaut mich dauernd an.
Ich leide viel in meinem Innern, Himmelchen! Ich bin überzeugt, dass Deine lieben Alten für Dich etwas anderes gewünscht hätten als einen armen Musiker, sagen wir es deutlich! Vor allen Dingen, wenn ich von jungen Herren höre, die gewandt sind und eine Stellung besitzen … pst! Vergessen wir nicht, Titin, dass ich als einziges Vermögen mein Klavier besitze! Doch lassen wir es, ich fordere all diese Stellungen heraus, Dich mit Liebe zu überschütten. Was? Lass doch, sie sollen nur kommen und beweisen, ob sie Dir so viel geben können wie ich? Sie verstehen viel von Geld, aber nichts vom Herzen und von der Liebe.
Entschuldige meine verrückten Ideen, mein Schatz, doch denke stets daran, dass Du eine solch herrliche Liebe hast, besser ge-

sagt, besitzt, dass Du den Krieg allen Herzen erklären und, ihnen mein Herz zeigend, ihnen mit allen Kräften zurufen könntest: „Lernt eine Titin lieben, Dummköpfe!"

(Enrique)

(Immer mehr und mehr)

Sonnabend

Titin meiner Seele, wie glücklich machst Du mich mit Deinen herrlichen Briefen! Du sagst: Enrique meines Lebens!
Deines Lebens, mein Schatz?
Mmmmmein Leben!!!! Himmel! Ich wusste, dass ich Dein Leben bin, aber ich fühle mich überglücklich, es von Dir ausgesprochen zu wissen, mein Himmel.
Du fragst, ob ich mich auf den Weg nach Areyns erinnere? Ob ich mich der Prozession erinnere?
Und als wir unser … brachen?
Und unser kleiner Ausflug in den Wald, wo ich Dir auf den Boden schrieb, dass ich Dich verehre?
Und Du fragst mich darüber? Ich habe keine andere Idee als diese im Kopf.
Unsere Liebe wird nie verlöschen, Himmel meiner Seele.
Warum sagst Du, dass unsere Liebe zu einem vulgären Ende führen wird?
Die sich verheiraten, weil sie sich gegenseitig anbeten, sind nicht vulgär, nur jene die es tun, um ihre Frau öffentlich herumzuzeigen oder damit man sagt: „Jener hat sich verheiratet?" – „Wissen Sie nicht, dass sich X mit Z verheiratet hat?" – „Mein Freund, was für eine Heiratspartie !" (ein anderer) „Ja wirklich!" (ein Dritter) „Man sagt, dass sie …" (ein anderer) „Oh! Ih! Uffff …! Ohhhhhhh ………"

Um uns soll sich niemand kümmern.
(Ich) Titin meiner Seele!!!
(Du) Enrique meines Lebens!!!
(Und wir zwei) Ich bete Dich an!!!!!!!

Und nachher kommt der Himmel, meine Seele.
Mit jedem Tage, der vergeht, werden wir uns mehr lieben.
Weißt Du nicht, welches mein Motto ist?
Immer mehr! *Mein Motto*.

Mein Himmel, ich werde geliebte Blumen pflücken, um sie Dir zu schicken. Ich werde mich etwas im Wald tummeln, um Dich in Träumen zu sehen, um Dich anzusehen, mit Dir zu sprechen und Dich noch mehr zu lieben.
Sagen Dir meine Blumen, dass ich Dich liebe?
Gott gebe den Blumen seinen Segen, weil sie meinem Befehl nachkommen.
Und Du liebst mich so sehr! Wenn Du wüsstest, wie glücklich Du mich mit Deinen reichen Phrasen machst.
Du besitzt die Glückseligkeit, dass ich nur Dir gehöre, nur Dir allein, allein, allein. Ich wünsche meine Hände mit Deinen zu kreuzen und Deinen Äuglein zu sagen, dass ich sie anbete … und wie wahr es ist, dass ich sie anbete! So wird es niemand können.
Welch herrlicher Ton liegt in „Titin meiner Seele, ich bete Dich an!“ Sind dies nicht die süßesten Worte für Deinen Enrique, der Dich mehr als je anbetet?
Ich bin mit den Martis zusammen, und sie haben mich gebeten, Dir viele Grüße auszurichten. Wir kommen vom Abendessen und sitzen sehr ruhig in unserem Zimmer. Ich schreibe Dir, und sie sitzen da und unterhalten sich.
Mit diesen Blumen schicke ich Dir meine Seele, ich sende Dir mein ganzes Leben, alles, mein herrliches Himmelchen.
Wie fühlen sich meine lieben, kleinen Alten?
Am Mittwoch werden wir von hier abfahren, mein Liebchen. Wir werden um acht Uhr abends ankommen. Ich werde mein Liebchen sehen … Welche Glückseligkeit! Ich werde bei Euch zu Nacht essen neben Dir, meine Liebe! Ich liebe Dich, mehr als mein eigenes Leben, Titica, ich vergöttere Dich mit meiner ganzen Seele, mit all meinen Kräften. Es ist unmöglich, dass ich Dich noch mehr lieben könnte.

Morgen ist der letzte Tag, an dem ich Dir schreiben werde, meine Liebe. Du wirst den Brief am Dienstag erhalten und am Mittwoch wirst Du anstatt eines Briefes Deinen Enrique dicht neben Dir haben und von ihm kleine Herrlichkeiten erzählt bekommen. Ich werde zwei oder drei Tage bei Dir sein. Du wirst hören, was ich Dir erzählen werde, Du wirst sehen, was ich weiß, wenn man liebt, wie ich liebe, Du wirst sehen, in welcher Art und Weise Dein Enrique imstande ist, Dich zu lieben.
Ich werde Dir ganz aus der Nähe sagen, dass ich Dich anbete und vergöttere. Ich werde Dich ganz nahe bei mir haben und Deine herrlichen Äuglein sehen …
Ich werde Dich immer anbeten. Bis zum Tode bin ich Dein
Enrique Deiner Seele.

Adieu, mein Schatz!

Rainer Maria Rilke

(1875-1926)

an Lou Andreas-Salomé und Magda von Hattingberg (Benvenuta)

Rilke wurde durch einen ihrer Zeitschriftenartikel auf Lou Andreas-Salomé aufmerksam und besuchte sie in München, als er 21 und sie 36 Jahre alt war. Die unkonventionelle Lou hatte bereits zehn Jahre zuvor den 15 Jahre älteren Orientalisten Carl Andreas unter der Bedingung geheiratet, dass ihre Ehe nie sexuell vollzogen wird, nachdem er vor ihren Augen einen Selbstmordversuch unternommen hatte, indem er sich ein Messer in die Brust stach. Während der Ehe ging ihr Mann ein Verhältnis mit der Haushälterin ein, das Lou duldete; nach deren Tod kümmerte sie sich um das Kind aus dieser Verbindung und setzte es später als Haupterbin ein. Sie veranlasste Rilke dazu, seinen Vornamen von René zu Rainer zu ändern, und riet ihm, sich in seiner Dichtung weniger pathetisch auszudrücken. Nach zwei gemeinsamen Reisen nach Russland, Lous Heimat, im Sommer 1899 und 1900, ging Lou auf Distanz zu Rilke, da sie bemerkte, dass er immer abhängiger von ihr wurde und beiden das Verhältnis nicht guttat. Ihre Freundschaft hielt bis zu seinem Lebensende an, trotz des berühmten Abschiedsbriefs „Letzter Zuruf", den Lou 1901 an Rilke schrieb. Ihr Briefwechsel, der nahezu 30 Jahre umfasst, ist nur lückenhaft überliefert.

Rilke an Lou Andreas-Salomé

nach Rongas-Finnland
St. Petersburg, 11. August 1900]
Sonnabend, Vormittag.

Ich habe Deinen Brief, Deinen lieben Brief, der mir mit jedem Wort wohltut, der mich wie mit einer Welle anrührt, so stark und rauschend, der mich wie mit Gärten umgibt und mit Himmeln überbaut, der mich fähig macht und froh, Dir zu sagen, was mit meinem letzten schweren Briefe sinnlos rang: dass ich mich sehne nach Dir, und dass es namenlos bange war, diese Tage zu leben ohne irgendeine Nachricht, nach diesem unerwarteten und raschen Abschied und unter den fast feindlichen Eindrücken dieser schweren Stadt, in welcher Du nicht durch irgendein Ding aus der Ferne zu mir reden konntest. So kam es zu diesem hässlichen Brief von neulich, der, aus der Abgeschlossenheit, aus der ungewohnten und unerträglichen Alleinheit meiner Erlebnisse kaum herausfinden konnte und nur ein Drängen war, eine Verwirrung und Verworrenheit, etwas, was Dir fremd sein muss in der Schönheit, zu welcher Dein Leben sich gleich wieder geründet hat unter den neuen Verhältnissen.
[…]
Ja, bitte, sei Sonntag schon hier. Du glaubst nicht, wie lang die Tage in Petersburg sein können. Und dabei geht doch nicht viel hinein. Ein fortwährendes Unterwegssein ist das Leben hier, wobei die Ziele alle leiden. Man geht, geht, fährt, fährt und,

wo immer man auch ankommt, ist der erste Eindruck der der eigenen Müdigkeit. Dazu kommt, dass man die weitesten Wege fast immer umsonst macht. Trotzdem weiß ich nun schon so viel, dass wir noch einiges Schöne zu sehen haben, wenn Du kommst. Überhaupt denk ich seit zwei Wochen alles nur mit diesem Nachsatz: wenn Du kommst. –
Die Mondnacht von Mittwoch auf Donnerstag hab ich auch lieb. Ich ging noch spät an die Newa, an meine Lieblingsstelle, gegenüber der Isaaks-Kathedrale, wo die Stadt am einfachsten und größten ist. Dort war auch mir (und zwar ganz unerwartet) friedlich, froh und ernst zu Mute, wie jetzt, da ich Deinen Brief habe. Ich beeile mich, diese Zeilen abzusenden, damit, was Du mir am Montag sendest, (und Du sendest doch sicher einige Worte durch Deinen Bruder? Nur wenige Worte, ich verstehe sie alle!) schon Antwort auf dieses ist. Antwort auf die eine Frage: Bist Du froh? Ich bin es, hinter allem, was mich quält, so im Grunde, so voll Vertrauen, so unbesiegbar froh. Und danke Dir's.
Komm bald! Dein

Rainer.

Lou Andreas-Salomé an Rilke nach Berlin

Schmargendorf, Dienstag, 26. Februar 1901

Letzter Zuruf.
Jetzt, wo alles um mich in lauter Sonne und Stille steht und die Lebensfrucht sich reif und süß gerundet hat, kommt mir eine letzte Pflicht aus der uns gewiss Beiden noch teuren Erinnerung, dass ich in Wolfratshausen wie eine Mutter zu Dir trat. Lass mich darum als eine Mutter die Pflicht aussprechen, die ich vor mehreren Jahren infolge einer langen Unterredung Zemek [Friedrich Pineles, Psychoanalytiker und einer von Lous Liebhabern] gegenüber einging. Schweifst Du frei ins Ungewisse, so verantwortest Du nur für Dich selbst; indessen für den Fall, dass Du Dich bindest, musst Du erfahren, *warum* ich Dich auf einen so ganz bestimmten Weg zu Gesundheit unermüdlich hinwies:

Es war Zemeks Befürchtung eines Schicksals etwa gleich dem von Garschin [russischer Schriftsteller, der sich aufgrund seiner Depressionen umbrachte]. Das was Du und ich den „Andern“ in Dir nannten, – diesen bald deprimierten, bald excitierten, einst Allzufurchtsamen, dann Allzuhingerissenen, – das war ein ihm wohlbekannter und unheimlicher Gesell, der das seelisch krankhafte fortführen kann zu Rückenmarkserkrankung oder ins Geisteskranke. *Dies braucht jedoch nicht zu sein!* In den „Mönchsliedern“, in manchen Zeiten früher, vorigen Winter, diesen Winter, standest Du heil vor mir! Begreifst Du meine Angst und meine Heftigkeit, wenn Du wieder abglittest und ich das alte Krankheitsbild wiedersah? Wieder den zugleich lahmen Willen neben jähen, nervösen Willenseruptionen, die Deinen organischen Zusammenhang durchrissen, haltlos Suggestionen gehorchten und nicht untertauchten in die Fülle der Vergangenheit, um gesund zu assimilieren, zu verarbeiten, sich selbst vom Grund an aufzubauen! Wieder die schwankende Ungewissheit zugleich mit den lauten Akzenten und starken Worten und Beteuerungen, voll Wahn-Zwang, ohne Wahrheits-Zwang! Allmählich wurde ich selber verzerrt, zerquält, überangestrengt, ging nur noch automatisch, mechanisch neben Dir, konnte keine volle Wärme mehr dransetzen, gab die eigene Nervenkraft aus! Immer öfter stieß ich endlich Dich fort, – aber dass ich immer wieder mich von Dir an Deine Seite zurückziehn ließ, das geschah jener Worte Zemeks halber. Ich fühlte: Du *würdest* genesen, wenn Du nur standhieltest! Doch da kam etwas hinzu, – etwas, fast wie eine tragische Schuld gegen Dich: nämlich der Umstand, dass ich, trotz unseres Altersunterschiedes, seit Wolfratshausen immer noch wachsen musste, – weiter und weiter wachsen, bis in das hinein, was ich Dir beim Abschied so froh erzählte, – ja, so seltsam es klingt: *bis in meine Jugend hinein!* Denn erst jetzt bin ich jung, erst jetzt darf ich sein, was andere mit 18 Jahren werden: ganz ich selbst. Darum verlor sich Deine Gestalt, – in Wolfratshausen noch so lieb und deutlich dicht vor mir, – sich mir mehr und mehr wie Einzelteilchen in einer Gesamtlandschaft, – in einer weiten Wolgalandschaft gleichsam, und die kleine Hütte darin war nicht die Deine. Ich gehorchte, ohne es zu wissen, dem großen Plan des Lebens, das ein Geschenk über alles Verstehn und Erwarten lächelnd schon bereit hielt für mich. Mit tiefer Demut nehme ich es entgegen: und weiß nun seherklar und rufe Dir zu: gehe denselben Weg Deinem dunklen Gott entgegen! Er kann, was ich nicht mehr tun kann an Dir, – und so lange schon nicht mehr mit voller Drangabe tun konnte: Er kann Dich zur Sonne und Reife segnen. Über weite, weite Fernen schicke ich diesen Zuruf zu Dir, nichts vermag ich mehr als das, um Dich zu behüten vor der „schlechtesten Stunde", von der Zemek sprach. Drum war ich so bewegt, als ich beim Abschied die letzten Worte aufschrieb auf ein Stück Deines Papiers, *weil ich sie nicht aussprechen konnte: ich meinte alle diese Worte.* [Lou schrieb ihm damals: „Wenn einmal viel später Dir schlecht ist zumute, dann ist bei uns ein Heim für die schlechteste Stunde."]

Lou schrieb diesen Brief in Antwort auf den ersten Brief, den Rilke ihr fast drei Jahre nach dem „Letzten Zuruf" schrieb; auf den Zuruf selbst antwortete er damals nur mit drei Gedichten.

nach Paris
Westend bei Berlin Rüsternallee 36
27.VI. 1903 [Sonnabend]

Lieber Rainer,
jederzeit kannst Du bei uns sein, in schweren wie in guten Stunden. Und doch schlage ich vor: Lass uns in diesem Fall zunächst schriftlich uns wiedersehn. Für zwei alte Schreiberiche wie wir bedeutet das ja nichts Künstliches; und wovon Du mir auch sagen willst, es wird zu mir gerade so kommen wie einst zu

Lou.

Rilke an Lou Andreas-Salomé

nach Berlin-Westend
Paris, 3 rue de I' Abte de l'Epee
am letzten Juni 1903 [Dienstag]

Ich danke Dir, Lou, für diesen kleinen Brief, an dem ich stundenlang lesen kann wie an einem ganz großen. Es geht von ihm eine Beruhigung aus, die ich mit allen Sinnen empfange; und es ist jene Güte darin, an der ich Dich unter Tausenden erkennen würde.

Ich danke Dir.

Ich darf Dir schreiben, und da ist so viel, was ich Dir sagen möchte: Denn es war so viel. Wenn ich zurückschaue, so scheint mir mein Leben um viel mehr Jahre gewachsen als vergangen sind. Und doch bin ich nicht älter geworden, nicht geschickter zum Täglichen und nicht tüchtiger. Ich bin immer noch Lebens-Anfänger und habe es schwer. [...]

Als Rilke fast 40 war, erhielt er einen Brief von der ihm bis dahin vollkommen unbekannten Magda von Hattingberg, in dem sie ihm ihre Bewunderung für sein schriftstellerisches Werk aussprach. Ihre rege Korrespondenz wurde innerhalb kürzester Zeit sehr gefühlvoll; Rilke nannte sie Benvenuta, die Willkommene. Nach nur einem Monat drängte Magda ihn zu einem persönlichen Treffen, das beide schwer enttäuschte und das Ende ihres Kontakts bedeutete. Rilke schien in der Korrespondenz bereits zu ahnen, dass sich Magda, die ihn nur von seinen Büchern und Briefen kannte, ein falsches Bild von ihm gemacht hatte. (Verheiratet war Rilke ein Jahr lang mit der Malerin Clara Westhoff.)

Rilke an Benvenuta

Paris. 17, rue Campagne Premiere am ersten Februar 1914
Mein Papier, Briefpapier, ist nun da, gute Freundin, aber ich will großsprechen und sagen: Es war immer meine Gewohnheit,

Ihnen auf diesem hier zu schreiben, auf dem ich gewöhnlich arbeite, mag es dabei bleiben.
Es ist Sonntag, ich will ihn heilig halten, an Sie schreiben, die nun eine so wunderbare Zukunft für mich in Händen hat, die mächtig ist, Stürme, Gewitter und Klärungen, die reinsten Erschütterungen des Alls über mich zu bringen, so wie sie nur will. Meine Freundin, ich frage nicht, wann das sein wird – es wird sein. Hab ich doch nie gefragt, nicht einmal, da ich, als ein ratloses Kind, in der Militärschule steckte, wohin doch das Leben gar nicht kommen konnte, nicht ein einziges Lüftchen meines Lebens. Und dann war doch alles da, ja es war immer zu viel da, und alle die Nöte des Lebens kommen schließlich von seiner Fülle her! [...]
Ach, meine Freundin, ich träum's ja nur; einmal lassen Sie mich's erfahren, allein mit Ihnen – die Begriffe, die noch keinen Namen haben, sind ja wohl die künftigsten und sichersten, und so wird das, was wir nicht „Wiedersehen" nennen können, ja in den besten Händen sein. Aber vorher (vielleicht dauert's sehr lang) bitte, zuweilen eine Zeile, wenn Eindrücke, Menschen, ein Buch Sie unversehens des Freundes gedenken lassen.

Rainer Maria Rilke

Paris, am 4. Februar 1914. 17, rue Campagne Premiere.
Freundin, schönes Herz, wie strömt, wie strömt Ihnen mein Herz hinüber – Alle Briefe, die in Jahren möglich wären, möcht ich Ihnen auf einmal schreiben, wissen Sie, es gibt solche Morgen am Meer, heiter starke, alle Wellen wollen zugleich kommen, halten sich auf draußen, es glänzt, glänzt, und kommt keine.
Aber es ist lauter Freude zwischen uns, dic ist klar, da sehen sich die entferntesten Ortschaften, und die Glocken gehen fast sichtbar durch die empfängliche Luft.
Meine Freundin, kämen Sie doch – dann wieder, wenn ich denke, wir sähen uns, ist mir, als betrög ich Sie: Einmal, sehen Sie, müssen Sie im vollständigsten Verstande nehmen, was ich neulich von meinem Gehör Ihnen schrieb: dass es wie eines Saugkindes Fußsohle sei: Das will nicht nur heißen: so neu, so

ungebraucht, so vor aller Verwendung, sondern auch so ungeschickt, so unbrauchbar und unbeholfen und am Ende, (was man mir schon als Kind immer versicherte) gar nicht fähig, zu gehen, außerstande, auch nur drei Schritte zu lernen. (Wirklich, ich behalte keine Melodie, ja, ein Lied, das mir nahe ging, das ich dreißigmal hörte, ich erkenn es wohl wieder, aber ich wüsste auch nicht den mindesten Ton daraus anzusagen, das ist wohl die dichteste Unfähigkeit selber.) Dies. – Und dann ein anderes. Freundin, Schwester, Lieblingsschwester in dieser lauteren Seligkeit, Selige, Frohe, Helle, unaufhaltsame Seele: Der Zufall, dieser liebe, lebendige, hat Ihnen, eins ums andere, Bücher von mir ans Herz gegeben, die vor langer Zeit geschrieben sind; wer war ich damals? Wer bin ich jetzt? Bin ich auch nur im Recht, Ihre Briefe zu öffnen, gehören sie nicht alle einem Anderen Gewesenen zu, Einem, nach dem ich selbst manchmal eine Art Heimweh habe, wenn ich's denn sagen soll? Wie wäre alles geworden, wenn Sie stattdessen ein gewisses zweibändiges Prosabuch würden gelesen haben, eine Arbeit, in der ich meinte, Vorräte alter Schmerzen aufzuarbeiten, nicht wissend, dass ich mit ihr recht eigentlich meine Schmerztümer erst anträte, unsägliche Zeiten. Nicht, dass ich den Glauben an das Größeste aufgegeben hätte, nicht dass ich in ihm zaghaft geworden und zurückgegangen wäre, *alles das nicht*, ich bin sicher weitergegangen. Aber frag ich mich, *wie*, meine Freundin, mir ist, als wär ich einfach vor mich hin in einen Berg hineingegangen, und der Berg hätte wirklich nachgegeben, und ich hätte, durch fortwährende Wunder wider die Natur, weitergekonnt und hätte Stein eingeatmet und Stein ausgeatmet, wesend in nichts als Gestein. Nun lieb ich „Wunder" nicht und habe alle Lust zur Natur, da konnte es nicht fehlen, dass ich mir manchmal monströs vorkam in meinem Gebirg, ich ward ungeduldig, müde, erschöpft; ich hoffte auf einen, der mich mit der Hacke herausholte, der mich freimeißelte, der mich auf eine Wiese legte unter den Wind, der nichts sagte, der alles begriffe, der da wäre; ach, wahrscheinlich hab ich so geschrien, dass wirklich ein paar Vorübergehende sich daranmachten, mich herauszuholen, aber

da sie mich zutage hatten, die Guten, da war's völlig falsch. Ich habe keine Übung mit Menschen, ich stellte mich schlecht mit ihnen an, ich bat sie am Ende, zu gehen, und kaum waren sie fort, so kroch ich wieder in meinen Berg hinein, denn draußen verlor ich mich so sinnlos in die Leute hinüber, gab mich weg und bekam, aus Ungeschicklichkeit, nichts dafür wieder, während das Gestein mich wenigstens zusammenhielt und mir so rein und stetig zu tun gab, es war auch nicht überall gleich hart –; da übersprang mein Gefühl die Menschen, und ich wollte bleiben oder höchstens von dem Engel gerettet sein, mit *dem* getraute ich mir schon den richtigen Umgang zu haben.
Auch gibt es sicher einen Grad von Not, auf den die Engel hören, äußerste Notstrahlen, die die Menschen gar nicht wahrnehmen, die durch ihre dichte Welt durchdringen und erst drüben in eines Engels Schein ein leises leidvolles Violett anschlagen, wie der Amethyst in den Drusen des Bergkristalls.
Gute Freundin, dies ist zu sagen, *musste* gesagt sein: Der Ihnen schreibt, gleicht viel mehr dem Mann aus diesem (anhaltenden, noch nicht abschließbaren) Märchen als jenem einstigen jungen Menschen, dessen einzelne Bücher Sie, gerne und bewegt, gelesen haben. Dieser Mann (bei dem hier niemand Zulass hat) würde jedem schreiben, nicht zu kommen. Ihnen schreibt er, (seiner unvermuteten Freundin, zu der er das tiefste Vertrauen fasst): Handeln Sie, Freundin, nach Ihrer Freude: *Die* kann nicht anders als Recht tun, die hat Macht und Herrlichkeit auf ihrer Seite.

Rainer Maria Rilke

Paris, am 5. Februar 1914, 17, rue Campagne Premiere.
Da ist nun schon dieser (seit gestern) dritte Brief, meine Freundin, den Morgen habe ich Ihnen telegrafiert und schon im Voraus bereut, dass ich's tun würde, aber ich musste, um genau wahr zu sein – ach, was sag ich, wenn's auf die Wahrheit ankäme, ich müsste Ihnen Tag und Nacht schreiben, um nur alles auszudrücken, was da steigt und auf und ab wogt zwischen den Widersprüchen, und Gott weiß, ja selbst dann, ob ich mich ver-

ständlich machte, da ich doch selber das Ganze nicht verstehe. Und dabei ist's mir seit dem allerersten Brief unrecht, Ihnen mit lauter Umständen meines Lebens zu kommen, die Sie doch nicht angehn, es vor Ihnen wichtig zu machen und am Ende mit den vielen Worten nur die Freude zu trüben, die Sie mir rein entgegentrugen wie der Frühwind den Frühlingstag. Was soll ich tun?

Seit Monaten treib ich's mit dem Verstecken und nun, da Ihre gute Freude mich plötzlich sucht, benehm ich mich wie ein kleiner Junge, der die Sache furchtbar ernst nimmt, „Noch nicht! Noch nicht" schreit und erst noch viel besser versteckt sein will, um auch den äußersten Schreck und Jubel des Gefundenseins später für sich zu haben. – Dann wieder, wenn ich so schreibe, komm ich mir vor wie eine Landschaft, die die gute Sonne bittet, noch nicht aufzugehen (ja, ich bitte die gute Sonne), ihr erzählend, was die Nacht lang gewesen sei und was es für Sturm und Finsternis gegeben habe, und dass es eine Schande sei, wie ihre Bäume nun aussähen.

Wer sind Sie denn, liebe Freundin, dieser Garten fürchtet sich vor der Sonne, das kommt, weil er so aufgegraben und umgeworfen ist und jetzt gar nicht wie ein Garten aussieht, sich wieder in lauter Werden eingelassen hat, in lauter Vorbereitung, in rechte Winterverhältnisse, in ein Vor-Werden unter harter harscher hässlicher Oberfläche – gar nicht, dass er Sie empfangen dürfte, Strahlende, und den Gott oder Halbgott, der mit Ihnen ist und zur Wirkung drängt –: Stellen Sie sich vor, Orpheus wäre mit seiner unendlichen Leier dem Herrn in die Schöpfung gekommen, eh noch die Berge ganz Berge waren und das Wasser ganz Wasser; – so mein ich, ich müsste auch erst meine paar Felsen zum Dastehn bringen und meinen Fluss in Gang, und meinen zehn Bäumen sollte jeder erst ansehen, dass es Bäume sind –: Dann mag der begeisterte Sturm und die göttliche Stille damit ein Weiteres tun, Unbegreifliches, und sie bewegen und hinreißen. Betrüb ich Sie, Freundin? Nein, nicht wahr, das vermöcht ich gar nicht, wider Ihre wundervolle Freude!?

Nun denk ich mir, was ich da herzähle und in den Weg werfe, das dürfte Sie doch auch wiederum nicht abhalten, nächstens zu kommen, wenn Ihre Einteilung es ohne Gewaltsamkeit zulässt und die Lust dazu Recht behält. Denn außer mir ist ja, weiß der Himmel, Paris da, und so viel ist sicher, es ist auf den Frühling zu unvergleichlich viel schöner als im Herbst, besonders für einen, der es noch nicht gesehen hat. Ich will Ihnen nun aufrichtig sagen, wie ich mich, meiner einsamen Seele nach, dazu verhalten würde. Zunächst würde ich Ihre Hand in die meinen beiden nehmen, und sie sollte darin bleiben, solang es ihr gefällt; dann aber würd ich mich gleich ganz wieder in die gewohnte Abgeschiedenheit zurückziehen, nichts unternehmen und sehr wenig geben; immerhin, wir würden einzelne Nachmittage haben, einen Abend, einen gemeinsamen Weg, lauter Dinge, die uns nie beschieden gewesen und die so, als wenige, seltene, doch schon sehr viel wären. Zu sagen hätten wir uns über die Maßen viel Gutes, auch ließe sich am Ende etwas Zukünftiges sicherer und fasslicher verabreden, vielleicht wieder an der Hand jenes vielseitigen gelben Ungeheuers: Denn selbst, wenn es sich irgendwie praktisch mit einem Ort und einem Instrument durchsetzen ließe, mir ist zu Mut, als sollte Ihre Musik nicht hier über mich kommen, in dieser meinem Gefühl verzweifelt abgelebten und abgelittenen Stadt, die mir so schwer geworden ist, dass ich sie Ihnen nicht einmal arglos zeigen könnte, so schön wie sie doch ist in ihrem einzigen Wesen. Ihre Musik sollte (so lass ich mich zu träumen gehen) nicht nur die Innenwelt mir neu ordnen, sondern auch mit lauter neuen äußeren Beziehungen zusammenhängen – Sie werden sagen, dass ich unbescheiden bin, das bin ich auch, meine Freundin, wie denn wohl nichts ganz Dringendes bescheiden ist, am Wenigsten die Natur.

Rainer Maria Rilke

(Wenn Sie nur schreiben, dass Sie mir, über alledem, nicht ganz bös geworden sind!)

Genf –, lieber Gott, Magda, ich hab meinen Koffer nie so gesehen; da ich nur eben hinsah, wo er steht, er drang mir durch den Vorhang in die Augen und fühlte sich leer wie nie in seinem Leben und wollte auf der Stelle gepackt sein, so dass ich ihn jetzt richtig festhalten muss, sonst fährt er mir eines Tages allein nach Genf, leer, mit der Reisedecke, die auf ihm liegt. Du teures Herz, ist es denn möglich? Mein Brief inzwischen, einer, ich weiß nicht mehr welcher, wird Dir schon diese Antwort gesagt haben, und fühlen musst Du sie auch. Oh, *fühl* sie.
Und herrlich, dass es eine Stadt ist, in der ich nie war. Ich möchte zuerst mit Dir nur in lauter Orten sein, die ganz neu sind für mich, so strahlend neu wie alles dies, bis auch die alten, nach und nach, wie auferstehende, unrückblickend in unsere unsere Herrlichkeit übergehen.

Rainer Maria

Sei bei allem, was Dich beschäftigt und erfüllt, mein liebes Herz, glaub nicht, Du sollst auf jeden meiner Briefe schreiben, sei nur *da, sei nur da.*

Paris, am 20. Februar 1914

Inniges Herz
nun hab ich draußen in einer der schönsten Kastanien-Alleen der Welt (oh: Alleen, wer hat je genug empfunden, was das ist), wo ich am Morgen nahezu allein auf und niedergehe, Deinen Brief weiter gelesen und zu Ende, in dem lieben, in dem unendlichen Gefühl, dass sein Ende mich nicht unterbrechen kann im Dich-Fühlen, im Dich-Wissen, ich hebe den Blick und siehe, wo wärest Du nicht? Wo wärest Du nicht, Du schöner Sinn in der Welt, an dem ich will zu den höheren Sinnen übergehen des Welt-Alls, die wir noch nicht fassen. Oh, wie ein Quell ist's in meinem Herzen, daneben liegt mein alter, tiefer, mürrischer Brunnen, mag er; diese Tage schöpf ich nicht aus ihm. Ach, ich weiß nicht, wie mir geschieht, ich gehe ein wenig scheu an ihm vorüber, ein Gebüsch wilder Rosen verbirgt mich ihm, wie wirft es seine Ranken so herzlich aus sich heraus – ich

wende mich, ich knie hin: oh, und mein Quell springt mir in die Hände.
Dass ich doch jung genug wäre, Dich lieb zu haben, dass an meinem Körper keine Stelle wäre, zu schwer, zu dicht, zu trüb für den Geist meiner Liebe: ach, die Götter, wenn sie, solchen Geistes, einen Moment in eine menschliche Gestalt traten, so war's ja eine heile, nur dafür erfundene Gestalt, sie waren sicher, überall durchzustrahlen. Aber ich in einem gebrauchten, schon etwas abgetragenen Leib –. Ja, Herz, ich wollte auch, Du nenntest mich bei einem Namen, den ich habe, ohne es recht zu wissen, so wie in der Bibel plötzlich einer angerufen wird, anders als seine Mutter ihn rief –, und es wird ihm nicht etwa gesagt, dass dies ein Name sei wie der bisherige Namen, sondern da heißt es, ich rufe Dich so: *denn Du bist* … Ich besinne mich nicht genau auf meine sonstigen Vornamen, fand sie nie interessant, so aus der nächsten Verwandtschaftsumgebung aus Rücksicht zusammengeklaubt; nicht aus den älteren Überlieferungen entlehnt, so da etwas mitrauschte drin, was man nicht weiß und was noch zu einem gehört, Gott weiß woher…
– Dass Du schriebst „achtzehn“ Tage, dass es jetzt schon wieder weniger sind und jeden Tag ein ganzer fortfällt, dass Du mich hoffen (ich sage nur: hoffen!) lässt, wir dürften dann, von jenem Ort aus, noch etwas anderes Gemeinsames (Unseres) tun – Liebe, Liebe, das alles denk ich noch gar nicht, trag's nur auf dem Grunde jedes Gedankens.

Rainer

Am 24. Februar früh

Ich finde dieses Blatt: Dann ist immer wieder auf einem anderen weitergeschrieben worden, Brief auf Brief, keiner hätte auch nur eine Stunde in der Lade warten können, Liebste, sie stürzten alle zu Dir. Nun aber, ich seh's, steckt die Welt doch noch ganz voll von der Eifersucht, die ich immer für die veraltetste, nach allen Seiten hin ausgelebteste Leidenschaft zu halten geneigt war – kaum setze ich mich an den Tisch, so empört sich mein Koffer, meine Koffer, Köffer – oder wie sie alle zusammen heißen mögen, denn da sind mehrere, unter denen ich zu wählen und zu verfügen habe (jetzt sei an ihnen wieder einmal die Reihe, behaupten sie), ja, und ich gebe ihnen ja recht, denn sie wollen zu Dir, nur siehst Du, ich auch, vor der Hand ist ja das Papier immer noch mein ganzes so armes und doch so herrliches Mittel, Magda, bei Dir zu sein, zu Dir zu sprechen. Hab ich denn je zu einem Menschen gesprochen, Du liebes Herz, nein, ich weiß nicht, was das war, womit ich mich zu ihnen hin mitteilte, ich fuhr so drauf los, ich glaube, ich überfuhr sie, und sie lagen hernach da und waren tot, oder sie wichen noch im letzten Augenblick erschrocken aus, und dann fuhr ich immer weiter und fuhr wie ein Blinder um die Erde und meinte doch immerzu, in dem Menschen herumzufahren, jenem, der sich gerettet hatte. Zu Dir sprechen, das heißt gar nicht hinauswirken, das ist In-Sich-Gehen, das ist ein wenig wachsen, wo's niemand sieht, das ist, wie wenn das Kind sich rührt im Schoße seiner Mutter.

Wie ist doch, dacht ich gestern, das leiseste Beziehen zwischen den Menschen bestimmt durch die Verfassung in der sie's tun – wie kommt gleich das Grolle herein, wenn das Grolle nur da ist, ja es kann keiner, in dem es sich wach hält, zu einem Kutscher etwas sagen, ohne dass sofort zwischen dem Kutscher und ihm eine unvermutete Milde ist, eine Freudigkeit für einander, ein Sakrament. Ich hatte einige eilige Wege, überall war's gut, überall begegneten einem die Augen mit einem staunenden Empfang, Bereitschaft war in den Menschen wie in der umgewendeten Frühlings-Erde …

Benvenuta an Rilke

Lieber, es ist spät geworden – so unendlich viel wäre noch zu sagen – was kann am Ende so ein beschriebenes Papier ausdrücken! Noch eins: Wenn die Menschen nicht wissen, worum es sich handelt, lass sie doch ruhig etwas von den Strahlen der großen Wärme fühlen, die durch sie hindurch gehen, fernen Zielen zu. Bist Du doch so reich in Deines Herzens Fülle, mein

Bruder, und hast unerschöpfliche Quellen der Seele. Darum wird sich alles, woran Du zweifelst, lösen. Wie glaube ich daran!

Magda

Berlin, 14. Februar 1914

Lieber, – War das ein guter, langer, schöner Brief! – Alles „Vornehmen“ geht durch ihn wieder in nichts über, denn ich wollte Dir jetzt vier, fünf Tage nicht schreiben, damit Deine Arbeitsblätter nicht eifersüchtig werden. Hab ich's vorausgeahnt? Heute schreibst Du davon, dass das eine ein wenig vorwurfsvoll war, nun kommt Dein Brief, den Du am neunten begonnen und gestern beendet hast – und ich las ihn und war auch schon an meinem Schreibtisch, um Dich sichtbarlich zu grüßen. Weißt Du, was ich möchte? Ich möchte Dein Herz strahlen machen, wie es nie geahnt hat, dass es sein könnte! Als ob es noch gar nie gewusst hätte, was Licht heißt und alle Begriffe, die es schmücken und umgeben! –

Nein Lieber, mühe Dich nicht, das Vorurteil gegen Dich trägst Du mir ja doch nicht zu - ich glaube auch das, was Du an Dir schlecht und grob, ja brutal nennst, ich glaube, *dass Du könntst* … (so sagst Du), aber es erschreckt mich nicht, weil ich weiß, dass Du nur der wenigen Dinge bedarfst, die Du der tiefsten Aufgabe willen brauchst, das Gleichmäßige, „das Gute“, wie Du es nennst. Hast Du es einmal, dann wirst Du erlöst sein; das alles ist doch so einfach und klar, Du Lieber, Guter; horche in es hinein, Du wirst sehen, mit einem Male hast Du die große Zuversicht, und die kann Dich dann nicht mehr verlassen. Wenn ich darf, helfe ich Dir dazu, ich stelle Dich nicht zurück, wie sollt ich denn, da ich Dein Herz sehe? Und wenn ich Dich bitten darf, dass Du es mir bringst, gerade in seinem Unsichersten, in der Furcht seiner Zweifel, dann bitte ich Dich, lass es mich lieben und schützen und sag ihm, dass ich weiß, was es ist: Weder eine helle, starre Stelle im Gestein noch etwas Dumpfes, Schweres; es ist eben ein Menschenherz – und dann sag ihm noch, was es für mich ist: eine Heimat, mit weit offenen Türen, die nicht halten noch gehen heißen; die einfach da sind, immer offen und bereit, eine Heimat, wie sie Menschen noch so selten wussten, dass ein Staunen um sie ist und ein innerer Jubel. Haben wir einander nicht schon gekannt, auf einem andern Stern? Im Himmel? Noch ehe wir als Menschen zur Erde kamen?

M.

Franz Kafka

(1883-1924)

an Hedwig Weiler, Felice Bauer und Milena Jesenská

Kafka lernte Felice Bauer 1912 über seinen Freund Max Brod kennen. Zwei Jahre und zahlreiche Briefe später verlobten sie sich, lösten die Verbindung jedoch nur sechs Wochen danach wieder auf; Kafka hielt sich unfähig für eine Ehe. Ähnlich lief es mit der Journalistin Milena Jesenská. Entfalten konnten sich die Beziehungen im Grunde nur brieflich. Der 19-jährigen Hedwig Weiler begegnete Kafka 1907 bei einem Sommerurlaub in Mähren, den beide bei Verwandten verbrachten; ihre Beziehung dauerte zwei Jahre.

an Hedwig Weiler

Prag, 29. August 1907

Du siehst, ich bin ein lächerlicher Mensch; wenn Du mich ein wenig lieb hast, so ist es Erbarmen, mein Anteil ist die Furcht. Wie wenig nützt die Begegnung im Brief, es ist wie ein Plätschern am Ufer zweier durch eine See Getrennter. Über die vielen Abhänge aller Buchstaben ist die Feder geglitten, und es ist zu Ende, es ist kühl, und ich muss in mein leeres Bett. [...]

Dein Franz

an Felice Bauer

II. XI. 12

Fräulein Felice!

Jetzt werde ich Ihnen eine Bitte vortragen, die wahrhaftig wahnsinnig aussieht, und ich würde sie nicht anders beurteilen, wenn ich den Brief zu lesen bekäme. Es ist aber auch schon die stärkste Probe, auf die man den gütigsten Menschen stellen kann. Also ich bitte:

Schreiben Sie mir nur einmal in der Woche und so, dass ich Ihren Brief Sonntag bekomme. Ich ertrage nämlich Ihre täglichen Briefe nicht, ich bin nicht imstande, sie zu ertragen. Ich antworte z. B. auf Ihren Brief und liege dann scheinbar still im Bett, aber ein Herzklopfen geht mir durch den Leib und weiß von nichts als von Ihnen. Wie ich Dir angehöre, es gibt wirklich keine andere Möglichkeit, es auszudrücken, und die ist zu schwach. Aber eben deshalb will ich nicht wissen, wie Du angezogen bist, denn es wirft mich durcheinander, dass ich nicht leben kann, und deshalb will ich nicht wissen, dass Du mir gut gesinnt bist, denn warum sitze ich, Narr, dann noch in meinem Bureau oder hier zu Hause, statt mit geschlossenen Augen mich in den Zug zu werfen und sie erst zu öffnen, wenn ich bei Dir bin. Oh, es gibt einen schlimmen, schlimmen Grund dafür, warum ich das nicht tue und kurz und gut: Ich bin noch knapp gesund für mich, aber nicht mehr zur Ehe, und schon gar nicht zur Vaterschaft. Aber wenn ich Deinen Brief lese, könnte ich noch mehr als das Unübersehbare übersehen.

Hätte ich nur schon Deine Antwort! Und wie scheußlich ich Dich quäle, und wie ich Dich zwinge, in Deinem ruhigen Zimmer diesen Brief zu lesen, wie noch kein abscheulicherer auf Deinem Schreibtisch lag! Wahrhaftig, manchmal scheint es mir, als zehrte ich wie ein Gespenst von Deinem glückbringenden Namen! Hätte ich doch meinen Samstagbrief abgeschickt, in dem ich Dich beschwor, mir niemals mehr zu schreiben und Dir für mich das gleiche Versprechen gab! Du lieber Gott, was hat mich abgehalten, den Brief wegzuschicken! Alles wäre gut.

Gibt es aber jetzt noch eine friedliche Lösung? Hilft es, dass wir einander nur einmal in der Woche schreiben? Nein, das wäre ein kleines Leiden, das durch solche Mittel zu beheben wäre. Ich sehe ja voraus, ich werde auch diese Sonntagsbriefe nicht ertragen. Und deshalb, um das am Samstag Versäumte gutzumachen, bitte ich Dich mit der am Ende dieses Briefes schon etwas versagenden Schreibkraft: Lassen wir alles, wenn uns unser Leben lieb ist!

Wollte ich mich mit Dein unterschreiben? Nichts wäre falscher. Nein, mein und ewig an mich gebunden, das bin ich, und damit muss ich auszukommen suchen.

Franz

14. XI. 12

Liebste, Liebste! Wenn es so viel Güte in der Welt gibt, dann muss man sich nicht fürchten, muss nicht unruhig sein: Dein Brief kam – ich saß bei meinem Chef, und wir besprachen die Versicherung der Feldspatgruben – da packte ich den Brief wieder mit dem alten Händezittem und sah den Chef wie eine Erscheinung an. Aber kaum hatte ich ihn zwei-, dreimal gelesen, war ich so ruhig, wie ich es mir schon lange gewünscht und worum ich vor 3 Tagen in der Nacht gebetet habe. Dein Umschlag – (das ist ja falsch, der Umschlag soll es heißen, aber das Du und Dein will sich immerfort sehen lassen) – der Umschlag mit den Beruhigungszeilen kann es nicht bewirkt haben, denn die habe ich erst später gelesen, und was in dem Briefe stand, das hätte mich doch schütteln müssen, denn je mehr man bekommt, desto mehr muss man sich fürchten auf dieser rollenden Erde – es kann also nur das Du gewesen sein, das mich festgehalten hat, dieses Du, für das ich Dir auf den Knien danke, denn die Unruhe um Dich hat es mir abgezwungen, und nun gibst Du es mir ruhig wieder zurück. Du Liebste! Kann ich jetzt Deiner sicher sein? Das „Sie“, das gleitet wie auf Schlittschuhen, in der Lücke zwischen 2 Briefen kann es verschwunden sein, man muss dahinter herjagen mit Briefen und Gedanken am Morgen, am Abend, in der Nacht, das Du aber, das steht doch, das bleibt wie Dein Brief da, der sich nicht rührt und sich von mir küssen und wieder küssen lässt. Was ist das für ein Wort! So lückenlos schließt nichts zwei Menschen aneinander, gar wenn sie nichts als Worte haben wie wir zwei.

[…] Nichts mehr davon. Ich werde wieder Deine Briefe bekommen, schreib, wann Du willst oder besser wann Du kannst, halte Dich nicht im Bureau meinetwegen bis in den Abend auf, ich werde nicht leiden, wenn kein Brief kommt, denn wenn dann wieder einer kommt, wird er mir unter der Hand lebendig werden, wie es noch – scheint mir – keinem Briefe je geschehen ist, und meinen Augen und Lippen wird er alle nicht geschriebenen Briefe reichlich ersetzen. Du aber wirst mehr Zeit haben und spazieren gehen an diesen schönen Abenden, die es jetzt gibt (gestern war ich mit meiner jüngsten Schwester von 10 bis ½ 12 in der Nacht spazieren, um 10 sind wir weggegangen und um ½ 12 zurückgekommen, Du stellst sie Dir vielleicht nicht richtig vor, sie ist schon 20 Jahre alt und geradezu riesig-groß und stark, aber kindisch genug), wenn Du nicht gerade zu den Proben eilen musst. Dass Dir der „Humor" gut gelingt! Ich quäle ja Max und habe ihm schon auf allen möglichen Gassen Deinetwegen fast den Arm ausgerenkt, aber der Dumme weiß von dem ganzen Telephongespräch fast von nichts als von Deinem Lachen zu erzählen. Wie gut musst Du das Telephonieren verstehen, wenn Du vor dem Telephon so lachen kannst. Mir vergeht das Lachen schon, wenn ich ans Telephon nur denke. Was würde mich sonst hindern, zur Post zu laufen und Dir einen Guten Abend zu wünschen? Aber dort eine Stunde auf den Anschluss warten, sich an der Bank vor Unruhe festhalten, endlich gerufen werden und zum Telephon laufen, dass alles zittert, dann mit schwacher Stimme nach Dir fragen, endlich Dich hören und vielleicht nicht imstande zu sein zu antworten, Gott danken, dass die 3 Minuten vorüber sind und mit einem, jetzt aber schon unerträglichen Verlangen nach Hause zu gehen, wirklich mit Dir zu reden – nein, das lasse ich lieber sein. Übrigens die Möglichkeit bleibt ja als schöne Hoffnung, welches ist Deine Telefonnummer, ich fürchte, Max hat sie vergessen.

So, und jetzt werde ich musterhaft schlafen. Liebste, meine Liebste, ich bin ganz unmusikalisch, aber wenn dazu nicht Musik gehört!

Dein Franz

17. XI. 12

Liebste, Allerliebste, ich ganz und gar Verdammter habe also den Ruhm, Dich Gesunde krank gemacht zu haben. Schone Dich, Du, höre, schone Dich, was ich an Dir verschuldet habe, mache es mir zuliebe an Dir wieder gut! Und ich wage es, Dir Vorwürfe wegen Deines Nichtschreibens zu machen und vergrabe mich so in eigene Unruhe und eigenes Verlangen, dass ich gar nicht fühle, dass Du krank bist, sondern lächerliche Vermutungen habe, Du seiest in Proben oder Unterhaltungen. Wahrhaftig, wenn wir durch Erdteile getrennt wären und Du irgendwo in Asien lebtest, wir könnten nicht weiter auseinander sein. Jeder Deiner Briefe ist ja für mich unendlich, und sei er noch so klein (Gott, was dreht sich mir denn alles zu scheinbaren Vorwürfen, Dein heutiger Brief ist nicht klein, er ist genau 10000 mal größer als ich ihn verdiene), ich lese ihn bis zur Unterschrift und fange ihn wieder an, und so geht es im schönsten Kreise. Aber schließlich muss ich doch einsehn, dass er einen Schlusspunkt hat, dass Du von ihm aufgestanden und weggegangen bist, für mich ins Dunkel. Da möchte man sich vor den Kopf schlagen.

[…] Aber heute am Tag musste ich den Briefträger ganz anders herbeiziehen. Unsere Briefträger sind so unpünktlich. Um ¼ 12 erst kam der Brief, zehnmal wurden die verschiedensten Leute von meinem Bett aus auf die Treppe hinausgeschickt, als könnte ihn das heraufLocken, ich selbst durfte nicht aufstehn, aber um ¼ 12 war der Brief also wirklich da, aufgerissen und in einem Atemzug gelesen. Ich war unglücklich über Dein Kranksein, aber – jetzt enthüllt sich meine Natur – ich wäre unglücklicher gewesen, wenn Du bei guter Gesundheit mir nicht geschrieben hättest. Aber jetzt haben wir uns also wieder und wollen nach einem guten Händedruck einer den andern gesünder machen und dann gesund miteinander fortleben. Wieder antworte ich auf nichts, aber Antworten ist eben Sache der mündlichen Rede, durch Schreiben kann man nicht klug werden, höchstens eine Ahnung des Glücks bekommen. Ich werde Dir übrigens heute wohl noch schreiben, wenn ich auch noch heute viel herumlaufen muss und eine kleine Geschichte niederschreiben werde, die mir in dem Jammer im Bett eingefallen ist und mich innerlich bedrängt.

Dein Franz

[am Rande] (Sei nicht unruhig, ich telephoniere auf keinen Fall, tu es auch nicht, ich ertrüge es nicht.)

an Milena

[Meran, 4. Juni 1920]
Freitag

Heute gegen Abend habe ich, eigentlich zum ersten Mal, allein einen größeren Spaziergang gemacht, sonst bin ich mit andern Leuten gegangen oder, meistens, zu Hause gelegen. Was für ein Land ist das! Du lieber Himmel, Milena, wenn Sie hier wären, und du armer denkunfähiger Verstand! Und dabei wäre es eine Lüge, wenn ich sagte, dass ich Sie vermisse, es ist die vollkommenste, schmerzhafteste Zauberei, Sie sind hier, genau wie ich und stärker; wo ich bin, sind Sie wie ich und stärker. Es ist kein Scherz, manchmal denke ich mir aus, dass Sie, die Sie ja hier sind, mich hier vermissen und fragen: „Wo ist er denn? Schrieb er nicht, dass er in Meran ist?"

F

Meine zwei Antwortbriefe haben Sie bekommen?

[Meran, 13. Juni 1920]
Sonntag

Heute etwas, was vielleicht manches erklärt, Milena (was für ein reicher schwerer Name, vor Fülle kaum zu heben und gefiel mir anfangs nicht sehr, schien mir ein Grieche oder Römer nach

Böhmen verirrt, tschechisch vergewaltigt, in der Betonung betrogen, und ist doch wunderbar in Farbe und Gestalt eine Frau, die man auf den Armen trägt aus der Welt, aus dem Feuer, ich weiß nicht, und sie drückt sich willig und vertrauend dir in die Arme, nur der starke Ton auf dem i ist arg, springt dir der Name nicht wieder fort? Oder ist das vielleicht nur der Glücksprung, den du selbst machst mit deiner Last?):
Du schreibst zweierlei Briefe, ich meine nicht die mit Feder und die mit Bleistift, trotzdem auch die Bleistiftschrift an sich manches andeutet und schon aufhorchen lässt, aber diese Unterscheidung ist doch nicht entscheidend, der letzte Brief mit der Wohnungskarte ist z. B. mit Bleistift geschrieben und macht mich doch glücklich; glücklich machen mich nämlich (verstehe, Milena, mein Alter, Verbrauchtsein und vor allem die Angst und verstehe Deine Jugend, Deine Frische, Deinen Mut; und meine Angst wird doch immer größer, denn sie bedeutet ja ein Zurückweichen vor der Welt, daher Vergrößerung ihres Drucks, daher weiterhin Vergrößerung der Angst, Dein Mut aber bedeutet ein Vordringen, daher Verkleinerung des Drucks, daher Wachsen des Muts) die friedlichen Briefe, zu Füßen dieser Briefe könnte ich sitzen glücklich ohne Maß, das ist Regen auf den brennenden Kopf. Wenn aber diese andern Briefe kommen, Milena, und seien sie ihrem Wesen nach glückbringender als die ersten (ich kann aber infolge meiner Schwäche erst nach Tagen zu ihrem Glück durchdringen), diese Briefe, die mit Ausrufungen anfangen (und ich bin doch so weit) und die ich weiß nicht mit welchem Schrecken enden, dann, Milena, fange ich tatsächlich zu zittern an wie unter der Sturmglocke, ich kann das nicht lesen und lese es natürlich doch, so wie ein verdurstendes Tier trinkt, dabei Angst und Angst, ich suche ein Möbel, unter dem ich mich verkriechen könnte, ich bete zitternd und ganz besinnungslos in der Ecke, dass Du, wie Du in diesem Brief hereingebraust bist, wieder aus dem Fenster fliegen möchtest, ich kann doch einen Sturm nicht in meinem Zimmer halten; Du musst in solchen Briefen den großartigen Kopf der Medusa haben, so zucken die Schlangen des Schreckens um Deinen Kopf und um meinen allerdings noch wilder die Schlangen der Angst.

Wieder höre ich von Deiner Krankheit. Milena, wenn Du Dich zu Bett legen müsstest. Und vielleicht solltest Du es. Und vielleicht liegst Du, während ich das schreibe. War ich nicht vor einem Monat ein besserer Mensch? Sorgte mich um Dich (in meinem Kopfe allerdings nur), wusste von Deinem Kranksein, jetzt nichts mehr, jetzt denke ich nur an meine Krankheit und meine Gesundheit und beides allerdings, das erste wie das zweite, bist Du.

F

Ich hatte heute einen kleinen Ausflug gemacht, um mich herauszureißen aus dieser schlaflosen Luft mit jenem Lieblings-Ingenieur. Ich hatte dort auch eine Karte an Dich geschrieben, konnte sie aber nicht unterschreiben und wegschicken. Ich kann Dir nicht mehr wie einer Fremden schreiben.
Der Freitagsbrief kam erst am Mittwoch, Express und Rekommandobriefe gehn langsamer als gewöhnliche Briefe.

[Meran, 15. Juni 1920]
Dienstag

Heute früh habe ich wieder von Dir geträumt. Wir saßen nebeneinander, und Du wehrtest mich ab, nicht böse, freundlich. Ich war sehr unglücklich. Nicht über die Abwehr, sondern über mich, der ich Dich behandelte wie eine beliebige stumme Frau und die Stimme überhörte, die aus Dir sprach und gerade zu mir sprach. Oder vielleicht, ich hatte sie nicht überhört, aber ich hatte ihr nicht antworten können. Trostloser als im ersten Traum ging ich fort.
Es fällt mir dabei ein, was ich einmal bei jemandem etwa so gelesen habe: „Meine Geliebte ist eine Feuersäule, die über die Erde zieht. Jetzt hält sie mich umschlossen. Aber nicht die Umschlossenen führt sie, sondern die Sehenden."
Dein
(nun verliere ich auch noch den Namen, immerfort ist er kürzer geworden und jetzt heißt er: Dein)

Fernando Pessoa

(1888-1935)

an Ophelia Queiroz*

Fernando Pessoa war einer der bedeutendsten portugiesischen Schriftsteller des 20. Jahrhunderts; seine Dichtung zeichnet sich vor allem dadurch aus, dass er zahlreiche sogenannte Heteronyme erfand, fiktive Alter Egos mit eigenen Namen und Biographien, die ihm die fehlenden zwischenmenschlichen Beziehungen ersetzten. Eines dieser Alter Egos, Alvaro de Campos, könnte der Grund dafür gewesen sein, warum seine Beziehung zur 19-jährigen Ophelia Queiroz, die als Sekretärin im selben Handelsunternehmen wie Pessoa arbeitete, nach nur sechs Monaten auseinanderging; entweder war Campos eifersüchtig auf Pessoa, weil er Ophelia selbst liebte, oder er mochte sie nicht. Das war 1920. Neun Jahre später begegneten sich die beiden wieder, und die „Liebelei", wie Ophelia die Beziehung nannte, begann erneut, nur um von Fernando im Jahr 1930 zum zweiten Mal abgebrochen zu werden, mit der Begründung, er sei ganz und gar verrückt geworden.

Ophelchen,
um mir Ihre Verachtung, oder zumindest Ihre Gleichgültigkeit, zu zeigen, brauchen Sie sich keineswegs – durchsichtigerweise – hinter einer derart langen Abhandlung zu verstecken, hinter einer so endlosen Reihe von „Gründen", wie Sie sie mir geschrieben haben, und die genauso wenig ehrlich sind wie überzeugend. Es genügt völlig, wenn Sie mir selbige Verachtung oder Gleichgültigkeit einfach ins Gesicht sagen. Ich verstehe es zwar so auch, aber es ist schmerzvoller.
Wenn Sie mir den Jungen vorziehen, mit dem Sie eine Beziehung unterhalten und den Sie natürlich sehr gernhaben, wie könnte ich Ihnen das übelnehmen? Das Ophelchen kann seine

* Überserzung aus dem Portugiesischen von Katharina Maier

Gunst erweisen, wem es will: Sie sind, so glaube ich doch, in keinster Weise verpflichtet, mich zu lieben, und es ist auch wirklich nicht notwendig (es sei denn, Sie wollen sich einen Zeitvertreib verschaffen), dass Sie so tun, als würden Sie mich lieben.
Wer wahrhaft liebt, schreibt keine Briefe, die daherkommen wie das Schreiben von einem Anwalt. Die Liebe analysiert nicht derart systematisch Ursache und Wirkung, und sie behandelt den anderen auch nicht wie einen Angeklagten, der durch die Mangel gedreht werden muss.
Warum sind Sie nicht offen und ehrlich mit mir? Was treibt Sie dazu, jemanden leiden zu lassen, der Ihnen niemals etwas getan hat – weder Ihnen noch irgendjemandem sonst –, dem sein eigenes isoliertes und trauriges Leben als Schmerz und Last vollauf genügt, so dass man ihm nicht auch noch falsche Hoffnungen zu machen braucht, indem man ihm angebliche Zuneigung vorgaukelt, und das alles, ohne dass ersichtlich wäre, was denn Ihr Motiv sein könnte, wenn nicht Schadenfreude, oder welchen Nutzen Sie aus dem allen ziehen, wenn nicht Amüsement.
Es ist mir durchaus bewusst, dass das alles sehr komisch ist, und das Komischste von allem bin ich.
Ich selbst fände die ganze Angelegenheit sehr drollig, würde es mir nicht das Herz abdrücken in der Brust, und wenn ich Zeit hätte, an irgendetwas anderes zu denken als an das Leid, das es Ihnen gefällt, mir zuzufügen, ohne dass ich – denn es kann nicht sein, weil ich Sie liebe – es verdient hätte, denn ich glaube fest, dass Sie zu lieben nicht Grund genug ist, es verdient zu haben. Nun ja …
So habe ich also das „schriftliche Dokument“ angefertigt, um das Sie mich gebeten haben. Beglaubigt wird meine Unterschrift vom Notar Eugenio Silva.

1.3.1920
Fernando Pessoa

Geliebtes Babylein,
Dein Brief hat mich sehr erschreckt und bedrückt mich ganz furchtbar. Was hast Du nur? Du fühlst Dich jetzt immer krank,

bist immer traurig, immer unergründlich. Ich bin ja unfähig, mir einfach nur Sorgen um Dich zu machen; nein, ich bin dazu gezwungen, dieser Sorge auch noch Zweifel hinzuzufügen, verschiedenste Mutmaßungen, fürchterliche Dinge zuweilen …
Ich sage jetzt nichts mehr. Du hast mir auf so einige Art und Weise Kummer gemacht; doch vor allem anderen wegen dieser rätselhaften Krankheit.
Ich wünsche Dir vielmals gute Besserung. Ich hoffe, ich kann Dich morgen sehen und mit Dir plaudern.
Viele Küsse von Deinem, so sehr Deinem

Fernando
2.7.1920

Antrag in 30 Zeilen

Fernando Pessoa, alleinstehend, volljährig, zusammengestaucht, wohnhaft, wo es Gott gefällt, ihn wohnen zu lassen, in Gesellschaft diverser Spinnen, Fliegen, Mücken und anderer dem guten Zustand von Wohnstätten und dem guten Schlaf zuträglicher Artgenossen; der laut – übrigens nur telephonischer – Mitteilung, die Möglichkeit erhält, von einem noch festzulegenden Datum an als [*zehn Zeilen*] Mensch behandelt zu werden, wobei die besagte Behandlung als Mensch nicht aus einem Kuss bestehen soll, sondern lediglich aus einem Versprechen desselben, das auf unbestimmte Zeit aufzuschieben ist, bis besagter Fernando Pessoa den Beweis erbracht hat, das er 1) acht Monate alt ist, 2) schön ist, 3) existiert, 4) der für die Verteilung der [*20 Zeilen*] Ware zuständigen Körperschaft zusagt und 5) vor Vollstreckung keinen Selbstmord begeht, wie es eigentlich von der Natur vorgesehen wäre; stellt, zum Wohle des Seelenfriedens der für die Verteilung der Ware zuständigen Person, den Antrag, dass ihm ein ärztliches Attest ausgestellt wird, in dem bescheinigt wird, dass er 1) nicht acht Monate alt ist, 2) ein Saukerl ist, 3) nicht einmal existiert, 4) von der die Ware verteilenden Körperschaft gering geschätzt wird [*30 Zeilen*] und 5) Selbstmord begangen hat.

Abschluss der 30 Zeilen.

Hier gehörte sich nun eigentlich hin: „In Erwartung von Bewilligung", aber ich erwarte gar nichts,

Fernando
ABEL
[von Pessoa frequentierte Weinstube]
18.9.29

Brief von „Alvaro de Campos" an Ophelia Queiroz:

Sehr geehrte Frau Ophelia Queiroz,
ein gemeines und armseliges Individuum, genannt Fernando Pessoa, mein besonderer und lieber Freund, hat mich beauftragt, Eurer Exzellenz mitzuteilen – angesichts der Tatsache, dass sein geistiger Zustand ihn außerstande setzt, irgendjemandem irgendetwas mitzuteilen, und wäre es einer verschrumpelten Erbse (ein Muster an Gehorsam und Disziplin) –, dass es Eurer Exzellenz verboten ist:

1) auch nur ein Gramm weniger zu wiegen
2) wenig zu essen
3) nicht zu schlafen
4) Fieber zu haben
5) an das fragliche Individuum zu denken.

Ich – der ich ein enger und wahrer Freund des Nichtsnutzes bin, dessen Mitteilung weiterzuleiten ich mich (unter Protest) verpflichtet habe – rate Eurer Exzellenz für meinen Teil, das Bild, das Ihr Euch in Eurem Geiste von dem fraglichen Individuum gemacht haben mögt, dessen Botschaft dieses ziemlich passable, weiße Papier verdirbt, zu packen und eben dieses Bild in die Gosse zu werfen, denn es ist schlicht und ergreifend unmöglich, dieses gerechte Schicksal jenem vorgeblich menschlichen Wesen

namens Fernando Pessoa angedeihen zu lassen – müsste er ihm auch anheimfallen, gäbe es noch Gerechtigkeit auf der Welt.
Es grüßt Eure Exzellenz

Alvaro de Campos
Schiffsingenieur

25.9.1929
ABEL

Guten Tag, Baby,
Sie haben mich gern, und nur mich? Ich komme nicht vom Abel, aber ich hätte von dort kommen sollen; und auf jeden Fall beeinflusst das Baby auch den Stil des Abels. Einfluss hat es zwar auch aus der Ferne, aber doch noch mehr aus der Nähe, vom Schoß aus (da, wo die Babys doch am natürlichsten sitzen). Und Abel hat süßen Branntwein, doch die Lippen des Babys sind auch süß und brennen vielleicht auch ein wenig, aber das ist gut so. Haben Sie mich gern? Warum? Ja, wirklich?
Ich bin verrückt und kann keinen Brief schreiben: Es kommt nur Unfug dabei heraus. Wenn Sie mir einen Kuss geben könnten, wären Sie so gut? Also, warum geben Sie mir dann keinen? Sie Böse! Die Wahrheit ist, dass der Tag heute so ein Durcheinander ist, dass ich kaum Zeit finde, Ihnen einen so schlechten Brief in so kurzer Zeit zu schreiben. Sie Wespe!
Ich muss mich jetzt nach Hause flüchten, um gegen 8 zu Abend zu essen und mich danach zum Hause jenes meiner Freunde zu begeben, bei dem ich normalerweise Samstags zu Abend esse. Heute gehe ich dort für eine Weile hin, aber erst nach dem Abendessen. Sie Raubtier!
Schluss, fertig, aus. Reichen Sie mir Ihren kleinen Mund zum Verzehr?

Ibis (der Name eines ägyptischen Vogel, der er selbst ist)
2.10.1929

Raubtierbaby,
bitte verzeihen Sie die Belästigung, und wenn auch nur ein wenig. Die Feder des alten Automaten in meinem Kopf ist zer-

sprungen, und mein Verstand, um den es ohnehin schon düster bestellt war, macht tr-tr-r-r-r- …
Nachdem ich gerade erst den Hörer aufgelegt habe nach unserem Telefongespräch, bin ich jetzt sofort dabei, Ihnen zu schreiben, und natürlich werde ich Sie auch nochmals anrufen, das heißt, falls das Ihnen nicht allzu sehr auf die Nerven geht. Ich werde Sie selbstverständlich nicht irgendwann anrufen, sondern genau dann, wenn ich Sie anrufe.
Haben Sie mich gern, weil ich ich bin oder weil ich nicht ich bin? Oder haben Sie mich gar nicht gern, ganz egal, ob ich ich bin oder ob ich nicht ich bin? Was denn nun?
[…] Von Mal zu Mal wächst der Drang in mir, nach Cascais zu fahren, zu den Klippen des Boca do Inferno, zum Schlund der Hölle, nur hat dieser Schlund Zähne, und ich hänge darüber mit dem Kopf nach unten, und das war's dann, Schluss, aus, dann gibt es keinen Ibis mehr, nie wieder. Und so wird es geschehen, dass man dort am Grund den Abdruck jenes eigenartigen Vogeltiers wird finden können.
Aber wenn das Baby ein Küsschen herzugeben hätte, würde der Ibis das Leben vielleicht noch ein bisschen länger ertragen. Geben Sie eins her? – Hier, sehen Sie, da meldet sich die gesprungene Feder – r–r–r–r–r–r–r–r–r–r–r–
Zu Hilfe

9.10.1929

Kurt Tucholsky

(1890-1935)

an Mary Gerold

Mary Gerold war die zweite Ehefrau des Schriftstellers Kurt Tucholsky. Sie lernten sich während des Ersten Weltkrieges kennen und waren von 1924 bis 1933 verheiratet, lebten aber nur phasenweise zusammen. 1933 verbrannten die Nationalsozialisten Tucholskis

Bücher und bürgerten ihn aus; Tucholsky hielt sich bereits seit 1924 nur noch sporadisch in Deutschland auf und übersiedelte 1929 nach Schweden. Von einer chronischen Atemwegserkrankung geschwächt, starb er 1935 an einer Überdosis Schlaftabletten – ob aus Versehen oder mit Absicht, ist unklar. Nach seinem Tod gab Mary Gerold seine Briefe zunächst in gekürzter Fassung heraus; ihre eigenen Briefe an ihn sind bisher unveröffentlicht. Tucholsky redet sie in dem Briefwechsel oft mit „Er" an.

14. Juni 1918

[…]

Dicker, wie ich von Ihm weggegangen bin, da habe ich genau gewusst, dass man Ihm richtige Briefe schreiben kann, weil Er das versteht, und dass Er nach dem dritten, wenn er sentimental süßlich wäre, gelangweilt auf die Straße schauen würde. Das kommt ja auch gar nicht in Frage, zwischen uns beiden. Aber – das muss Er mir schon erlauben, zu sagen – aber solange ich nun von Autz bin, und das ist ja nicht lange, das ist wahr, habe ich eine richtige fixe Idee. (Denn der wahre Ausdruck ist mir zu pathetisch.) – Es kann nun sein, was es will: etwas Persönliches, oder eine Landschaft oder eine spaßige Situation oder ein schönes Buch oder ein Bild oder irgendetwas … ich muss immer denken: Was würde sie dazu sagen? Und: Das müsstest du ihr eigentlich zeigen? Und: Sie muss überall dabei sein. – Es ist ja gar nicht das, dass ich glaube, Du müsstest nun immer das Beste und Klügste dazu sagen, das ist ja Unsinn – Du bist jung und ein Mädchen, und es ist gar nicht Deine Sache. Aber das ist der Zusammenklang und das Gefühl: Sie gehört dazu, und wenn sie es nicht miterlebt, dann macht es dir keinen Spaß.

Das kann man nicht aufschreiben. In dem, was ich hier und da für Dich drucken lasse, ist auch nicht ein Hundertstel davon. Ich scheue mich kaum – aber man kann das nicht. Das Gefühl quillt über die Druckseiten, und das ist dann nachher Sache des Herzens, aber nicht mehr der Literatur. Und es geht nicht einmal ganz – obgleich ich mir einbilde, deutsch schreiben zu können, in den Briefen. Wahrscheinlich überhaupt nicht in

Worten. Es lässt sich ausdrücken – und Du erlaubst schon, dass ich es einmal, in neunzehn Schreibebriefen – sage: wenn man über Deine Hand streicht. –

Ganz
Sein
Nungo

24. Juni 1918

[...] Worauf Er denn in Seinem Brief Nr. 16 – von Ihm ist übrigens noch keiner verlorengegangen – schreibt, man könnte doch zwischen den Zeilen lesen. Kann man. Man muss gewiss nicht alles sagen, Meli. Man kann nicht einmal alles sagen. Aber soviel, dass Er mit dazugehört, und dass es keiner Versicherungen bedarf, für die auch Tinte nicht der Stoff ist, um diesen hier wissen zu machen, dass es mit ihm ebenso ist. Es gibt viele Frauen, die man küssen kann – aber es gibt immer nur eine, mit der man sagen kann: Wir. Ich weiß eine.
Mit einem unendlich langen Kuss in die Beuge zwischen Ober- und Unterarm, wo es ganz weich und warm ist –

Sein – nicht „der“ –
ganz und gar Sein
Nungo

30. Juni 1918

[...] Es ist nichts mit diesen südlichen Frauen – –
(Große Klammer. Aber wenn was mit ihnen wäre, du dicker, dicker Matz –: dann wäre auch nichts mit ihnen. Ich habe jetzt ein Buch vor von einem, der lange in Russland gefangen war, der schreibt dergleichen auch seiner Frau. Ich werde Dir Buch und die Besprechung, die ganz für Dich ist, dann schicken. Man kann ja gar nicht. Ich kann mir denken, dass das Natürliche mit einem durchgeht, aber ich kann mir keine menschlich-erotische Beziehung zu einer andern Frau denken. Das sind nun durchaus keine fein ausgedachten Unterschiede: denn wenn man wirklich einmal bewusst und kräftig über die Stränge haut – von dem Mädchen weiß man am nächsten Morgen nichts mehr. Ich

brauche auch das kaum – untreu sein, das wird wohl nicht gut gehen. Es gibt doch nur dies oder das: entweder aus – oder aber Du bist da, und dann gehörst Du dazu, und dann kann man doch nicht einer andern Frau Dinge sagen, die nur Du hören sollst. Und so alt ich in allen andern Dingen bin, in diesem einen Punkt muss Er mir erlauben, dass ich komme und meinen Kopf in Seinen Schoß lege. Er braucht dann gar nichts zu sagen – wenn Er mir mit der Hand über die Haare streicht, weiß ich alles. Tut Er das –?) Und dann will ich diese große Klammer wieder zumachen.

Dr. Blaich, der mit seinem Schriftstellernamen Dr. Owlglass (so viel wie Eulenspiegel) heißt, hat mir heute geschrieben, dass er Dir durch Lunkebein das Gedichtbuch geschickt hat, von dem ich schrieb. Hoffentlich kommt's an. Da ist ein Gedicht drin *Daheim* – na, Dicker, nun lies es nur und dann sage, ob es nicht für alle Liebenden geschrieben ist. Und ich wünschte so sehr, dass wir erst in dem kleinen blauen Häuschen, sagen wir, wären …

Ich küsse Ihn sehr und außerordentlich lange. Er schwebt mir sonst immer als Mensch und Dame vor und als Freundin – aber heute – Sie entschuldigen schon! – über die Maßen als Frau. Ich kann nicht sagen, dass das ein übermäßig ergötzlicher Zustand ist, so weit entfernt von dem zu sein, das man mit allen Fasern begehrt. Und so heiß wie in den vollsten Stunden damals nicht. Sondern viel, viel mehr. Ach! was weißt Du davon –! Was Du davon weißt? Alles. Und deshalb hat man Dich noch viel mehr lieb.

Mit sieben Küssen
Sein
Nungo

21. Juli 1918

[…] So viel liegt an Worten. – Meli, manchmal möchte ich diese Briefe, die ich mit allem Möglichen anfülle, nur mit dem Einen nicht, unterbrechen, und das Eine schreiben. Es geht mir aber wie Dir: Ich kann's nicht. Das Letzte nicht. Weil man das nicht einmal sagen kann. Nur: zusammen schweigen. – Erlaube, dass ich etwas einmal sage: Er sagt immer, ich sei frech. Nun bin ich literarisch bewusst sehr frech und menschlich im allgemeinen nicht schüchtern. Bei Dir kann ich nicht frech sein. Ich mag die Männer nicht leiden, die ihre Frauen zu Heiligen machen – die fallen dann herunter von dem Sockel, und dann geht gewöhnlich etwas kaputt – und ich bin Mann genug, um genau zu wissen, dass es bei jeder Frau eine kleine winzige Stelle gibt, in der Seele, die Spaß an diesen und jenen Dingen hat und ein bisschen ins Lächeln kommt – ein ganz klein bisschen. Und ich habe daran ein viel zu lausejungenhaftes und aufrichtiges Vergnügen, um dann still zu sein. Aber: zugegeben, dass wir Menschen sind – und das kann man ja nicht vergessen, sonst lügt man – ich kann nicht frech sein. Ich erstarre gewiss nicht in Heiligkeit und bleibe ganz natürlich: Aber zum Frechsein langt's nicht. Aber zu etwas ganz, ganz anderem. So – nach allem Spaß und den kleinen spitzbübischen Späßen und allerhand Krimskrams – habe ich dann so das feste Gefühl, das keine Frechheit aufkommen lässt, weil sie nicht hinpasste –: sie gehört mit dazu. Sie muss da sein. Und Du musst sie in Deinen Armen halten, sonst ist alles nicht richtig. – Ich weiß, dass ich Dir gewiss noch manchen Spaß erzählen werde und Dir – aber die Stunde muss danach sein – manches ins Ohr sagen werde, wofür ich einen kleinen Klaps bekomme (aber lachen musst Du doch) – aber, kleine Meli, Du kannst viel mehr als eine Geliebte. Und ich glaube, und das musst Du mir schon erlauben zu glauben, es ist so selten, so ganz selten, dass eine Frau einmal beides zugleich ist: Gefährtin und Geliebte. Die Geliebten können keinen Kaffee kochen, und die Gefährten vernachlässigen sich nach dem ersten Kind, weil ja keine Konkurrenz mehr da ist, wie sie denken. Und ich bin sehr froh, einmal eine gefunden zu haben, die – immer, ja? – beides ist und sein wird: eine liebe Gefährtin am Tag und – das andere.

Es küsst Ihn lange wie je Sein
Nungo

16. Juli 1918

[…] Manoli linksherum – mein holder Abendstern – das ist aber Berlin 1912 – na, Du wirst ja bald zu andern, noch lieblicheren Ausdrücken übergehen. Bist Du vielleicht ein feines Mätzchen? Mitnichten.

Dicker, das geht mir ebenso, dass ich allerhand Späße und Kleinigkeiten in die Briefe stopfe, genau wie Er. Ich wundere mich nicht darüber, weil ich genau fühle, was das ist und was dahinter steckt. Ich weiß, dass es nichts weiter ist, als das Bedürfnis, sich mit jemandem auszusprechen, jemandem alles, auch das Letzte, einfach alles zu sagen. Man muss so einen Menschen haben. Manche haben ihre Mutter, aber da ist bei einem Mann vieles, was ihr der Junge noch erzählte, der Mann aber nicht mehr. Manche haben einen Freund – und manche – das ist selten, dass es einmal klappt – eine Frau. Ich, der ich Dich bekanntlich überschätze, habe Ihn. So: gewissermaßen als Beichtbüchse. Nein, wohl mehr. Es ist eine halbe Sache, wenn Er etwas nicht weiß. Das hat mit Vertrauen nichts zu tun – das ist viel mehr. Und weil es viel mehr ist, deshalb küsst Ihn jemand ganz lange – und wenn er Atem geschöpft hat – noch einmal ganz, ganz lange – auf alles Blonde.

Sein alter und dicker und an Ihn denkender
Nungo

Und Er ist *nicht* hochnäsig. – Bleib so.

31. Juli 1918

[…] Lieber Melimatz, Er hat mir mit Seinem Familientagebuch eine solche Freude gemacht, das kann Er sich gar nicht denken. Ich habe Ihn – *si c'erait possible* – noch einmal so lieb. Es war so warm, wie wenn einen jemand über die Hand streicht, und man braucht das manchmal. Er ist ein ganz lieber und sauberer Matz, und ich überschätze Ihn gar nicht. Siehst Du, Dicker, das, was einem Menschen selbstverständlich erscheint, das, worüber er nicht viel Worte verliert, das ist für seine Beurteilung das Entscheidende, so ist er wirklich, wie er sich da gibt. Wenn

ich die Erziehung Seiner Mama nach dem einen beurteilen soll, dann muss ich sagen, dass sie ihr Ziel erreicht hat, anständige Menschen heranzubilden. Er ist einer. Und ich kann das nicht alles „beantworten“ – zumal in einem Brief nicht – was da alles drinsteht. Ich möchte es mir durch den Kopf gehen lassen … Und ich will mich – aber das ist natürlich, auch wenn Er mich nie gefragt hätte, revanchieren, dazu muss Er mir einmal den richtigen Tag vergönnen.
Und ich sehe und fühle und empfinde beim Lesen und bei alledem immer, immer dasselbe. –
Liebster Dicker, ich weiß schon. Und ich bin auch nicht so dumm, wie ich dick bin. Man muss es mir nicht mit plumpen Worten sagen – gewiss nicht – aber vergiss nicht, wie unnatürlich und unsinnig das alles ist: Ich habe Dich lieb, und Du bist nicht da. Ich habe niemals gezweifelt, dann würde ich nicht schreiben – ich brauche auch keine Bestätigungen, aber Du weißt doch von Dir selbst, wie ein Ausdruck von Zuneigung tut: Man weiß das alles, und es läuft einem doch kalt und heiß über den Rücken. Alles andere wäre Freundschaft, Sympathie, was Du willst, aber nicht das. Ich habe auch mit dem Schlusssatz der „Tscheinik“-Kritik nicht treffen wollen oder gar verletzen, das weißt Du ja: Aber als ich das schrieb, war mir im Augenblick so: Du musst ihr einmal sagen, und sei es auch nur in dieser Form, wie sehr du sie liebst, und dass du sie aus den Gedanken nicht lassen kannst, und dass sie fast körperlich da ist. Du sollst Dich nicht schämen. Gewiss, Du bist ein Mädchen, eine Frau – (Dicker, so ungeeignet die Maschinenschrift dazu ist: Du bist aber kein Mädchen –) und ich weiß sehr wohl, dass eine Frau nicht alles sagen kann oder gar soll, was sie empfindet. Aber einmal – Es gibt so Augenblicke, an denen das alles schmilzt. Ich weiß gewiss immer, was ich sage – und würde mich vor jedem und jeder Fremden ungeheuer in acht nehmen, ehe ich aus mir herausginge. Denn Späße – das ist ja nichts. Aber nicht bei Dir. Wenn ich da nicht ganz offen herausströmen lassen soll, was da ist – bei wem dann? Ich muss Dir nicht nur alles sagen, was ein Mann einer Frau sagen kann und darf – ich weiß noch, dass ich

einmal richtig zugehört habe, wie ein Herz geklopft hat, um das auch noch zu hören. Das und das und alles.
Und Du sollst Dich nicht schämen und den Kopf wie der Vogel Strauß in den Sand stecken. Wenn Du ihn durchaus irgendwohin stecken musst, dann leg ihn mir auf die Schulter und sag gar nichts. Ich weiß schon. Ich mag dann nur Ihm die Gedanken von der Stirn küssen und Ihm die Haare streicheln – sagen: nein. Da hat Er ganz recht. Und man weiß doch aber alles gegenseitig: auch das, was Er nicht aufschreiben wollte. Weil Er's aber einmal aufgeschrieben hat: welche Gewalt haben Briefe! Meine? Seine auch – oder: Seine wahrscheinlich so stark, wie Er es nicht weiß. Das ist kein Vorwurf; und ich sag's auch nicht, wie sehr das mich jedesmal packt. Es ist doch nicht der Krimskrams, der da in Autz oder hier in Rumänien passiert. Das wissen wir doch beide. Es ist doch ganz etwas anderes: Es ist doch einfach, dass man ohne einander nicht mehr auskommen kann.
Und 7 ist nicht meine Lieblingszahl – aber drei Küsse … Meli, lass mich bei sieben. Ich weiß warum. Ein anderer auch. Und es küsst Ihn sieben, sieben, sieben Mal – und jeder Kuss dauert länger als der vorhergehende – und der längste ist der letzte – es küsst Ihn sieben Mal.

Sein – ganz Sein – alter dicker
Nungo

19. August 1918

[…] Und immer denselben, selben Gedanken. Ich wünschte, ich hätte Dich erst bei mir. Gar nicht romantisch denke ich mir das –, ich wäre schon ausgeglichen und froh, wenn ich Dich im Nebenzimmer wüsste – es ist ja der Gedanke, zu fühlen, dass Du da bist. Ich sehe immer mehr, dass man allein nicht alles ist – es fehlt etwas. Man möchte sich doch tausend Dinge erzählen und man möchte (das habe ich so gern) nach roten Stürmen und wilden Stunden ganz still und ruhig eine Hand fassen. Dann erst ist das Leben rund und voll. Und ich will mir ein blondes Haar durch die Finger gleiten lassen, man möchte das Haar über die Augen gelegt haben und schweigen. Und ich will ein kleines

Herz klopfen hören – Wie lang kann eine Nacht sein, und wie still ein blauer Morgen –! Ich liebe Dich, Mätzchen, ich liebe Dich. – Und ich sehne mich so nach Dir.

Und küsse Dich sieben Mal Dein alter Nungo

Gib mir mal die Fingerspitzen –! So. Und – – („Mach mir die Frisur nicht in Unordnung!") Wupp. Weg.

Und es küsst Ihn nochmal
ganz lange
Nungo

22. August 1919

[…] Wir sind hier ganz unter uns – Frauen gar nicht, was bewirkt, dass wir nachmittags alle Mann hoch nackt unter der Brause einhertanzen. Aber man kommt nicht zu sich selbst dabei – und auf die Dauer mag ich das nicht.

Über den Schluss Seines Briefes sind wir uns doch einig. Natürlich schadet es gar nichts, wenn ein junges Mädchen sich im Leben umsieht, sich wehrt und den Wind um die Nase wehen lässt – aber immerzu? Und diesen Wind? Die Umstände ziehe ich schon in Betracht – ich weiß, in welcher Zeit wir und in welchem Lande Du lebst. Du wirst es verstehen müssen, dass es kein sympathischer Gedanke ist, die Frau, die man liebt, in einer Umgebung von Männern zu wissen, die sie jeder, jeder nur mit dem einen Gedanken betrachten. Eifersucht? Du lieber Gott, dafür habe ich gar kein Gefühl – das wäre nicht mehr meine Meli. Aber es ist unnütz vertane Kraft, die da draufgeht, und ich will, dass wir bald weiterkommen.

Darüber ist nun nicht viel zu sagen – es muss durchgebissen und abgewartet werden. Und ich denke weiter. Und weiß wohl, dass eine Ehe nicht nur aus Turteltauben besteht. Sehe aber doch dies eine:

Es ist morgens, und der Himmel ist sehr hell. Und sie öffnet die Augen und muss sich besinnen, wo sie ist, und ihr Blick fällt auf ihn, und sie schließt die Augen beruhigt zu und lehnt ihren Kopf an seine Schulter und schläft wieder ein. Und er fasst sie

fester in seine Arme und weiß, dass sie zu ihm gehört, diesen Tag und alle Tage.
Danach sehne ich mich, Meli.

Es hat Ihn lieb wie je
Sein Nungo

30. August 1919

[…] Und der Wind weht und schüttelt die Bäume. Als ich herfuhr, saß unterwegs ein Mann im Zuge, der brachte seine junge Frau nach Mecklenburg, es war mir eine Vorbedeutung. Wann –?
So mag ich nicht mehr lange. Ich vertröste mich immer selber und weiß genau, dass es nicht an uns liegt – aber es macht keinen Spaß. Ich wäre zufrieden, wenn ich wüsste, Du säßest nebenan, in Deinem Zimmer. – Du bist so wenig für Flitterwochen geschaffen wie ich – aber zu fühlen, dass einer für den andern da ist, mit einem feinen Bande aneinandergeknüpft zu sein – das wäre schon etwas. – Ich sprach so mit Karlchen – das ist einer der rumänischen Bekannten – über die Ehe: Er sagte, das Hübscheste sei, sich abends im Bett noch über alles zu unterhalten, was so vorgeht. Er meinte das natürlich durchaus unerotisch – er meinte einfach [?] Gemeinschaftsgefühl, das bindet. Wann? –
Ich denke an Ihn wie immer und küsse sehr lange Seine Fingerspitzen. Alle zehn.

Sein alter und dicker
Nungo

5. Oktober 1919

[…] Außerdem, Mätzchen, es treibt und drängt. Er weiß, dass ich in diesen Briefen fast nie von dem spreche, was sonst so in Liebesbriefen aufgezeichnet steht, weil ich es für nicht richtig halte, das aufzuschreiben. (Schon weil die Briefe geöffnet werden können.) Ich kann es Ihm nur andeuten, nicht einmal das.
„Geben Sie mir bitte Wein!“ sagte der Kranke. „Ich verdurste.“ – „Wein ist nicht da,“ sagte die Schaffnerin. „Trinken Sie doch,

bis er kommt, solange Wasser!" – Der Kranke schüttelt den Kopf. Er hat einmal Wein getrunken – und seitdem schmeckt ihm kein Wasser mehr. – Und ist kribblig und aufgestört und nicht so ausgeglichen und harmonisch wie er wohl möchte. Also blanker Egoismus. –
Und hat Ihn lieb wie je und möchte alles Ihm zeigen und Ihm geben und Ihm schenken. Und küsst Ihm sorgsam die Fingerspitzen – aber nur brieflich; denn *in natura* täte er's nicht. Sondern ganz, ganz etwas anders.
Ganz und durchaus

Sein
Nungo

9. Oktober 1919

[…] Wenn ich einmal mit Ihm in der Stille an der See sitze, muss ich das merkwürdige Phänomen aufschreiben, wie der Herbst mein Frühling ist. Ich bin – nach einem Hauptmannschen Wort umgebildet – herbstbetrunken. Was mich immer wieder reizt, das ist die gänzliche Absichtslosigkeit der Natur – sie will in dieser Zeit gar nichts – nicht reifen, nicht blühen, gar nichts, nichts. Sie schwebt noch so dahin – wie ein Rad saust, dessen Antrieb schon gehemmt ist – sie läuft leer. Man möchte diese Zeit, die blaue Zeit, in die Ewigkeit verlängern …
Ist das ein Liebesbrief –? Und wenn Er mir ein Kochrezept aufschreibt, so ist auch dies ein Liebesbrief; denn man kann niemals vergessen, dass Er eine Frau ist, und was Er für eine Frau ist.

Mit sieben Küssen wie immer
Sein alter
Nungo

12. Oktober 1919

[…] Wenn ich mir das alles überdenke: Einmal (das ist ein Gedankensprung, als ob ich eine kleine Dame sei) gingen wir aus dem Nest hinaus in die Richtung Groß-Autz und kamen auch – es war, glaube ich, abends – ein ganzes Stück weit. Wir sprachen so von allerhand. Von einem kleinen Haus, in dem wir wohnen

müssten – ich sehe noch Sein gänzlich ungläubiges Gesicht vor mir, so, nach der Melodie: „Was Er alles fazählen kann!“ – Und das war eigentlich das erste Mal, dass ich das Gefühl hatte: Es müsse sich doch sehr nett mit Ihm zusammenleben lassen. Und: Das sei tägliche Sonne im Alltag. Und: Geht das überhaupt? Solche Dinge bilden sich ja langsam heraus – blitzartig ist immer nur eins (und das ist da oder nicht, und man kann es nicht herbeizaubern und nicht abschaffen, und es vergeht auch kaum) – das Gefühl: diese. Es ist nicht nur eine Angelegenheit der Sinne, das ist nicht wahr. (Aber ich verachte sie nicht etwa – ganz im Gegenteil.) Es sind auch die Haare und so weiter. Aber es ist noch etwas. Etwas, das nichts mit dem Verstand und mit der Bildung zu tun hat. Es ist doch unmittelbar – nenn es, wie Du willst – das Herz.
Sieben Küsse – das ist eine runde Zahl. Aber wir wollen – weil heute Sonntag ist – und weil Meli guter Laune war, als sie den letzten Brief schrieb – und weil ein bisschen die Sonne scheint, wir – wollen nach dem fünften einen kleinen Kuss 5a einschalten: einen leichten Kuss aufs Herz.

Ganz Sein
Nungo

Hindås, 19.12.1935

Liebe Mala,
will Ihm zum Abschied die Hand geben und Ihn um Verzeihung bitten für das, was Ihm einmal angetan hat.
Hat einen Goldklumpen in der Hand gehabt und sich nach Rechenpfennigen gebückt; hat nicht verstanden und hat Dummheiten gemacht, hat zwar nicht verraten, aber betrogen, und hat nicht verstanden. […] Die letzten Nächte habe ich im Bett die Hand nach rechts ausgestreckt, da war keiner. Es ist dasselbe Bett, in dem zum letzten Mal mit Ihm in der Nacht vom 2. zum 3. Dezember 1926 geschlafen hat […] [u]nd jetzt sind es beinah auf den Tag sieben Jahre, dass weggegangen ist, nein, dass hat weggehen lassen – und nun stürzen die Erinnerungen nur so

herunter, alle zusammen. Ich weiß, was ich in Ihm und an Ihm beklage: unser ungelebtes Leben.
Wäre die Zeit normal (und ich auch), so hätten wir jetzt ein Kind von, sagen wir, 12 Jahren haben können, und, was mehr ist, die Gemeinsamkeit der Erinnerungen. [...]
Will Ihn nur noch um Verzeihung bitten.
Ich bin einmal Schriftsteller gewesen und habe von S[iegfried] J[acobsohn] geerbt, gern zu zitieren. Wenn Er wissen will, wie sich das bei den Klassikern ausnimmt, so lies den Abschiedsbrief nach, den Heinrich von Kleist an seine Schwester geschrieben, in Wannsee, 1811. Und vielleicht auch blättere ein bisschen im *Peer Gynt* herum [...] Da kraucht der Held gegen den Schluss hin im Wald herum, kommt an die Hütte, in der dieses Schokoladenbild, die Solveig, sitzt, und sie singt da irgendetwas Süßliches. Aber dann steht da: „Er erhebt sich – totenbleich" – und dann sagt er vier Zeilen. Und die meine ich.
„O – Angst" ... nicht vor dem Ende. Das ist mir gleichgültig, wie alles, was um mich herum noch vorgeht, und zu dem ich keine Beziehung mehr habe. Der Grund, zu kämpfen, die Brücke, das innere Glied, die *raison d'être* fehlt. Hat nicht verstanden.
Wünscht ihm alles, alles Gute–
und soll verzeihen.

Nungo

Quellenverzeichnis

von Arnim, Bettina. *Bettina in ihren Briefen.* Hg. Hartmann Goertz. Leipzig: Insel 1935.
Bonaparte, Napoleon. *Briefe Napoleon des Ersten in drei Bänden. Auswahl aus der gesamten Korrespondenz des Kaisers.* Hg. F. M. Kircheisen. Stuttgart: Lutz 1909.
Brentano, Clemens u. Sophie Mereau. *Briefwechsel zwischen Clemens Brentano und Sophie Mereau.* Hg. Heinz Amelung. Leipzig: Insel 1908.
Byron, George Gordon. *Selected Letters and Journals.* Hg. Leslie A. Marchand. London: John Murray 1982.
Deutsche Liebesbriefe. Hg. Julius Zeitler. Hellerau: Avalun.
Fontane, Theodor. *Theodor Fontanes Briefe an seine Familie in Zwei Bänden.* Hg. K.E.O. Fritsch. Berlin: F. Fontane & Co. 1905.
Goethe, Johann Wolfgang. *Goethes Briefe an Frau von Stein.* Hg. Julius Petersen. Leipzig: Insel 1911.
Goethe, Johann Wolfgang. *Goethes Schönste Briefe.* Leipzig: Insel 1936.
Goethe, Johann Wolfgang. *Goethes Briefe.* Hg. Ernst Hartung. Ebenhausen: Wilhelm Langewiesche-Brandt 1924.
Gontard, Susette. *Die Briefe der Diotima.* Hg. Karl Viëtor. Leipzig: Insel 1934.
Heine, Heinrich. *Briefe.* Hg. Hans Daffis. Berlin: Pan 1906.
Hölderlin, Friedrich. *Briefe von Friedrich Hölderlin.* Hg. Erich Lichtenstein. Weimar: Lichtenstein 1922.
Hugo, Victor. *Lettres à Juliette Drouet. 1833-1883. Le livre de l'anniversiare.* Hg. Jean Gaudon. Paris: Harpo 1985.
Keats, John. *The Love Letters of John Keats.* Hg. O. E. Madden. Oxford: Ivy Books 1993.
Klopstock, Friedrich Gottlieb. *Briefe von und an Klopstock.* Hg. Johann Martin Lappenberg. Braunschweig: Westermann 1867.

Love Letters of Great Men and Women: From the Eighteenth Century to the Present Day. Hg. C. H. Charles. New York: Brentano's 1924.
Mozart, Wolfgang Amadeus. *Mozarts Briefe*. Hg. Albert Leitzmann. Insel 1924.
Origo, Iris. *The Last Attachment. The Story of Byron and Teresa Guiccioli*. London: John Murray 1972.
Pessoa, Fernando. *Cartas de amor de Fernando Pessoa*. Hg. David Mourão-Ferreira. Lissabon: Ática 1978.
Plinius, Gaius Secundus. *Epistularum Libri Decem*. Hg. R. A. B. Mynors. Oxford: Clarendon Press 1963.
Poe, Edgar Allan. *The Last Letters of Edgar Allan Poe To Sarah Helen Whitman*. Hg. James A. Harrison. Virginia: Folcroft Library Editions 1974.
Russische Meisterbriefe. München: Musarionverlag 1922.
Schiller, Friedrich. *Schillers Briefe*. Hg. Fritz Jonas. Stuttgart u.a.: Deutsche Verlagsanstalt, 1892.
Schumann, Robert. *Robert Schumanns Briefe*. Hg. Gustav Jansen. Leipzig: Breitkopf u. Härtel 1904.
Shelley, Percy Bysshe. *The Letters of Percy Bysshe Shelley*. Hg. Frederick L. Jones. Oxford: Clarendon Press 1964.
Stifter, Adalbert. *Briefe*. Hg. Friedrich Seebaß. Tübingen: Wunderlich 1936.
Twain, Mark. *The Love Letters of Mark Twain*. Hg. Dixon Wecter. Westport: Greenwood Press 1976.
Voltaire. *Correspondance III (janvier 1749-1753)*. Hg. Theodore Besterman. Paris: Gallimard 1975.
Wagner, Richard. *Tagebuchblätter und Briefe an Mathilde Wesendonck*. Hg. R. Sternfeld. Berlin: Dt. Buchgemeinschft 1925.
Wilde, Oscar. *The Complete Letters of Oscar Wilde*. Hg. Merlin Holland und Rupert Hart-Davies. New York: Henry Holt and Company 2000.